습관의 탄생

손톱을 물어뜯는 여자,
매일 늦는 남자

습관의 탄생

앤 가드 지음 | 한상덕 옮김

SIAA 시아

우리는 때때로 낯선 곳에서 일상의 철학자를 만난다. 버트는 아프리카 동부 해안 트랜스케이로부터 조금 떨어진 곳에서 호텔을 운영하고 있었다. 내가 뜨거운 태양을 피해 호텔 바에 들어갔을 때 버트는 맥주를 마시고 있었다. 술을 따르며 그는 말했다.

"얼마나 많은 관광객들이 밖에 나가지 않고 호텔에만 머물러 있는지 아신다면 놀라실 겁니다."

실제로 나는 그 말을 듣고 놀라지 않을 수 없었다. 이곳까지 찾아온 사람들이 어떻게 아름다운 풍경을 구경하지 않고 호텔에만 머물 수 있을까? 모험은 때로 불편하고 또 때로는 두려운 일이지만, 우리에게 활기를 주기도 한다. 우리는 모험의 과정에서 낯선 환경에 대한 두려움을 극복하게 되는 것이다.

막연히 길을 떠난 적이 있다. 그 길은 사실상 진흙과 바위투성이였고 구덩이의 연속이었다. 결국 깊은 구덩이 때문에 차를 멈추었을 때 우리는 마을 사람 20여 명을 만났다. 우리가 타라는 손짓을 하자 이들은 사륜구동의 차 안으로 밀려들었다. 차 안이 가득 차 더는 들어올 수 없게 되자 나머지 몇 명은 차 지붕과 보닛에까지 매달려 무임승차를 즐겼다. 차의 내부 온도가 60도에 치달았고 이 무더위 속에서 수천 마리의 벌레가 득실대는 우림을 지났다. 이어 네 발이 달린 물뱀이 살고 있는 호수를 건너기도 했다.

나는 왜 그 호텔이 사람들에게 인기 있는지 알 수 있었다. 많은 이들이 새로운 경험에 대한 두려움 때문에 외부 세계로 나가기를 꺼린다. 마찬가지로 이들은 자기의 내면을 직면하려고 하기보다는 그 언저리에서 편하게 안주하는 것이 행복이라고 믿는다.

이해가 언제나 편안한 것은 아니다. 무언가를 조금 더 이해할수록 이전의 방식을 고수하기가 그만큼 힘들어진다. 예를 들어 신체적 세계의 새로운 면을 발견하는 일은 흥미로운 일이지만, 감정적 세계의 또 다른 면을 발견하는 일은 불편한 일이 될 수도 있다. 결론적으로 이 책을 읽는 일은 쉽지 않을지도 모른다. 우리의 어두운 면을 마주하기 위해서는 용기가 필요하지만 대부분의 사람들은 그 같은 일에 준비가 되어 있지 않다. 우리는 종종 자신의 이미지를 상정해두고 그 이미지를 위협하는 생각에 적대감을 품거나 이를 부인한다.

그림자는 우리가 받아들일 수 없다고 느끼는 부분이나, 사회나 가족이 옳지 않다고 말하는 편에 숨어 있다. 우리는 스스로도 의식하지 못한 채 그림자를 지니고 살아간다. 이 그림자는 원하지 않을 때 우리의 행동을 통해 모습을 드러낸다. 바로 탐험을 외면하고 불편함을 피하는 버트 호텔의 많은 관광객들처럼 말이다.

그러나 소중한 것은 우리의 그림자에 존재한다. 자아의 심연을 파고들면서 우리는 진정한 평화와 자유로운 나를 찾을 수 있다. 아프리카의 우림을 지나는 일처럼, 모험의 과정이 늘 편안한 여정이 될 수는 없다. 하지만 모험은 스스로를 자각시켜준다는 점에서 충분한 보상을 담보한다. 당신은 앞으로 글을 읽으면서 스스로의 습관과 행동방식을 일깨우는 이 책의 통찰력에 짜증을 느끼거나, 되레 그 유효성을 부인할지도 모른다. 이는 당신이 변화할 필요가 있다는 것을 의미하며, 그 변화의 과정은 겨울에 찬물로 목욕을 하는 것과 같은 자극이 될 것이다.

생계를 유지하기 위하여 하루하루를 살아내는 것이 인생의 전부는 아니다. 인생은 우리의 진정한 자아가 무엇인지, 우리가 진정 누구인지를 찾아가는 길이다. 이런 깨달음에 이르기 위하여 우리는 굳어버린 지각력과 본질을 겹겹이 둘러싼 오해의 틈을 찾아 뚫고 들어가야 한다. 이 책은 당신이 이런 과정을 잘 수행할 수 있도록 도울 것이다.

여러분 중 일부는 이 책 읽기를 포기할 수도 있다. 그래도 괜찮다. 그러나 깨달음의 과정을 감내할 수 있는 참을성과 용기를 가진다면 이 여행은 더 깊은 이해와 연민, 기쁨, 달콤한 평화에 도달할 수 있도록 해줄 것이다.

Section 2 **실제 습관 진단하기**

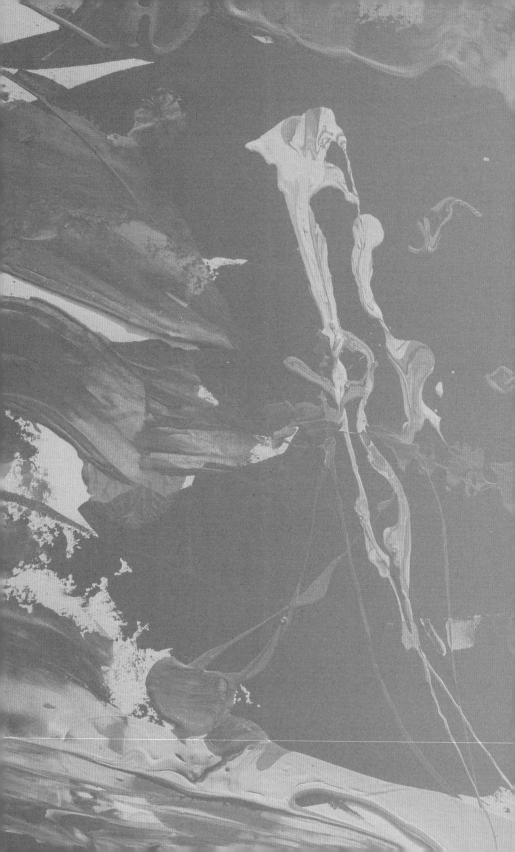

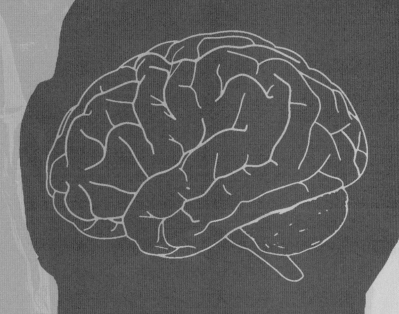

Section 1 개요

습관은 어디에서 비롯되는 걸까?

통찰력을 갖고 습관을 바라보는 것이 어떻게 우리를 치유할 수 있는지 설명하기 위해
한 여성의 예를 들겠다. 수는 자신의 문제가 무엇인지 알려달라며 내게 이메일을 보냈다.
수는 두 아이의 양육을 위해 회사를 그만두었지만
그 전에는 큰 회계법인에서 공인회계사로 일했던 매력적인 30대 여성이었다.
그녀는 대학 졸업반 시절 만난 남성과 결혼했고,
가끔 의사소통 문제가 불거지긴 했지만 결혼생활은 행복했다.
그러나 수의 들쑥날쑥 찢어진 손톱은 모든 것이 보이는 것과 같지 않음을 의미했다.

순간적인 충동, 때때로의 탐닉, 일시적인 변덕이 자주 반복된다
면 뿌리 뽑기 힘든 습관이 될 것이다. 그러한 열망을 반복적으로 충
족시키다 보면 습관이 형성된다. 습관은 통제하기 힘든 열망이 되고
마침내는 의문의 여지 없이 자동적으로 튀어나오게 될 것이다. 이는
곧 습관적인 반복이 심적 충동으로 발달하게 됨을 의미한다.

- 냐나포니카 테라

　우리는 거짓말을 하고, 곧잘 열쇠를 잃어버리고, 꾸물거리며, 손
톱을 물어뜯거나, 시간을 정확히 지키기 위해 고투하거나, 코를 골
고, 머리카락을 쥐어뜯으며, 커피를 너무 많이 마시거나, 하루에 담
배 20개비를 피우기도 한다.

　우리들 대부분은 위의 행동 중 적어도 하나 이상은 하고 있을 것
이다. 위에 나열하지 않은 습관 수백 가지와 더불어 이 모든 행동들
은 단기적으로는 긴장을 해소하게 만드는 것처럼 보이지만, 장기적

으로는 우리를 짜증나게 하고 종국에는 건강에 해를 끼친다. 초조할 때나 슬프거나 화날 때 담배를 짧게 피우거나 손톱을 물어뜯는 일을 후회할 만한 상황은 한참 후에야 벌어진다. 당신은 5층 계단을 오를 때 흡연을 후회할 것이고, 데이트에서 손을 내놓지 못할 때 열심히 손톱을 물어뜯은 사실을 후회하게 될 것이다.

그럼에도 우리는 그런 행동의 이유를 고민하지 않고 의미 없고 해로운 행동을 지속한다. 그런 행동으로 직업을 잃거나, 인간관계나 건강에 악영향을 끼치고, 다른 이에게 불쾌감을 줄지라도 우리는 쉽게 변화하지 못한다.

우리는 해로운 행동을 반복하면서 감정적이고, 정신적이고, 육체적인 수준에 머문다. 해로움을 인정하는 사람들은 괴로워하지 않아도 된다. 수년간 상담자로 일하면서 나는 부정적인 습관을 갖지 않은 사람을 만난 적이 없다. 이쯤 되면, 여러분은 자신은 단점이라고 할 만한 행동을 하지 않는다고 항의할 법도 하다. 당신은 무언가를 씹거나 비정상적인 성 습관을 지니지 않았을 수도 있다. 그러나 스스로를 윤색하기 전에 친구나 가족, 동료에게 당신의 습관에 대해 물어보라. 분명 놀라게 될 것이다.

당신은 다행히 너무 큰 목소리로 말한다거나, 생각에 빠져 있을 때 가랑이를 긁고, 코를 훌쩍거리거나 코털을 만지며 노는 등의 행동을 인식하지 못할 수 있다. 이 책을 쓰기 위해 만나본 많은 사람들은 스스로가 인식하지 못한 습관이 있다는 사실에 놀라워했다. 당신이 담배나 마약, 술 등에 중독되어 있지 않을 수는 있다. 그러나 홍

차에 설탕을 세 스푼씩 넣거나, 초콜릿이라면 무조건 거부하지 못할 수도 있고, 실제 느끼는 대로 화를 표현하는 대신 친절하고 예의 바른 모습을 보이는 데에 집착할 수도 있다.

습관적인 행동은 우리 존재에 내재돼 있는 것일까? 그것이 무슨 영향을 미칠까? 지금까지 우리는 습관을 과소평가하고 심지어는 부정했다. 그러나 몸과 마음의 관계가 점차 밝혀짐에 따라 우리는 행동과 감정의 밀접한 관계를 깨달을 것이다.

시소의 균형을 맞춰라

감정이 시소와 같다고 상상해보자. 지면과 평행할 때 시소는 완전한 균형 상태다. 시소가 한쪽으로 치우치면 한쪽은 너무 높고, 다른 한쪽은 너무 낮아진다. 타인에게 격정을 일으키는 사람이나 주변 환경의 문제는 균형을 깨뜨리는 요인이다. 문제가 무거워질수록 시소는 평행 상태를 유지하기 힘들어진다. 결과적으로 우리는 흔들리거나 안정을 찾지 못하고, 부정적인 감정 상태가 될 가능성이 높다. 균형이 잡혔을 때, 인생이라는 운동장에서 어떤 일이 벌어지든지 우리는 고요하게 남아 있을 수 있다.

우리가 시소의 균형을 맞추려고 애쓸 때마다 주변 사람이나 사건이 10톤짜리 짐을 한쪽 시소에 올려놓곤 한다. 비스듬히 놓인 상태는 우리를 스트레스 가득한 상황으로 이끈다. 이런 상황에서는 요가

나 단전호흡, 명상 등도 소용이 없다. 스트레스를 받거나 감정 소모가 커지고, 얼이 빠진 상태가 되면 우리는 반드시 예전의 습관으로 돌아가게 된다. 기분전환을 위해 콩으로 만든 음식 대신 맥도날드의 빅맥을 먹고, 요가를 하는 대신 술집에 가는 식이다. 문제는 이 같은 행동이 시소를 한쪽으로 더욱 치우치게 만든다는 사실이다. 시소의 한쪽에 앉아 마음에 드는 사람이나 일자리를 아무리 기다리고 복권이 당첨되길 바라도 목표를 성취할 수 없다.

이런 모든 종류의 스트레스는 결과적으로 우리를 소모시키고, 진정으로 문제를 해결할 의지나 에너지를 감소시킨다. 게다가 시소가 한쪽에서 다른 쪽으로 급격히 기울게 만든다. 그래서 우리는 한쪽에 털썩 내려앉아 스스로 안주하고 포기하게 된다.

이 책은 시소의 균형을 깨뜨리는 문제에 대해 인식하고, 이해함으로써 우리가 원하는 대로 삶의 방향을 바꿀 수 있도록 도와줄 것이다.

마음속에서 울리는 두 가지 목소리

사람은 누구나 양면성을 가지고 있다. 양심에 따라 행동하는 면과 그것을 기만하고 무시하는 면이다. 당신이 초콜릿을 다섯 조각째 먹었을 때 당신 내면에서 울리는 목소리를 듣는다.

'마지막 남은 한 조각 초콜릿을 먹어. 포장된 이 초콜릿을 거의 다 먹긴 했지만 괜찮아. 맛이 아주 끝내 줄 거야. 괜한 인내는 쓸데없는

짓이야.'

그러면 당신의 양심이 답한다.

'그래선 안 돼. 그건 나에게 안 좋아.'

다시 대답이 들린다.

'이봐, 순간을 살라고. 즐겨! 체중감량 프로그램 같은 건 잊어버려. 한 조각 정도는 문제 될 게 없어.'

이렇게 밀고 당기는 목소리는 초콜릿 같은 사소한 것에서부터 회사를 속이는 것 같은 큰일에까지 반복된다. 결국 나쁜 습관은 고귀한 자신의 반대 선상에 서 있는 천박한 자신의 또 다른 표현이다.

우리는 건강하길 원하지만 정크푸드 섭취와 흡연을 멈출 수 없다. 진실을 말하는 사람이 되고 싶지만 골치 아픈 상황은 거짓말을 하도록 만든다. 더 나은 사람이 되기 위해서는 자신의 이런 그늘진 면을 바라봐야 한다.

우리는 장기적으로 이익을 볼 것이라는 '좋은 녀석'의 간청을 무시하고 즉각적인 이익을 내세우는 '나쁜 녀석'에게 돌아가면서도 그 패배를 인정하고 싶어 하지 않는다. 그러고는 언짢음이나 죄책감을 느낀다. 이 같은 주기는 다시 반복된다. 이렇게 지속적으로 반복되는 악습관은 우리가 행복하고 건강한 인간이 되는 길을 방해한다.

통찰력을 갖고 습관을 바라보는 것이 어떻게 우리를 치유할 수 있는지 설명하기 위해 한 여성의 예를 들겠다. 수는 자신의 문제가 무엇인지 알려달라며 내게 이메일을 보냈다. 수는 두 아이의 양육을 위해 회사를 그만두었지만 그 전에는 큰 회계법인에서 공인회계사로 일했던 매력적인 30대 여성이었다. 그녀는 대학 졸업반 시절 만난 남성과 결혼했고, 가끔 의사소통 문제가 불거지긴 했지만 결혼생활은 행복했다. 그러나 수의 들쑥날쑥 찢어진 손톱은 모든 것이 보이는 것과 같지 않음을 의미했다. 언제부터인지 기억할 수 없을 정도로 수는 손톱을 물어뜯었다. 보기 흉한 손톱은 일순간이나마 안도감을 느끼기 위해 치러야 하는 대가였다.

　내 첫 책《습관 고치기》를 읽었을 때 수는 곧바로 억압된 분노가 손톱을 물어뜯는 행위의 원인이라는 것을 알아차렸다. "남편이나 아이들, 시어머니에게 화가 날 때마다 손톱을 물어뜯었어요. TV를 볼 때나 운전 중 도로가 막혔을 때와 같이 딱히 할 일이 없을 때가 손톱을 물어뜯기에 가장 좋은 시간이었죠. 하지만 분노와 손톱을 물어뜯는 행위 사이의 연관성에 대해서는 생각한 적이 없었어요. 나중에 내 행위를 객관적으로 바라본 후에야 그 연관성을 깨닫게 됐죠."

　"손톱을 물어뜯는 것과 억압된 분노가 연결되어 있다는 것을 이해했을 때 나는 나를 자극하는 사람들을 대면하여 문제를 해결하기로 결심했어요. 나를 화나게 한 사람들에게 내가 어떻게 느끼는지 말했어요. 그들을 피하고 조용히 분노를 억눌렀던 것과는 전혀 다른 방법이었죠. 때로는 심하게 화를 내기도 했어요. 이상적인 방법은 아니었지만, 이를 통해 확실히 이들의 주의를 끌 수 있긴 했죠. 남편에게는 그런 행동을 고치지 않는다면 섹스나 데이트도 없을 것이고, 내게 원하는 것을 얻지 못할 것이라고 확실히 말해뒀죠. 처음에는 남편과의 사이가 멀어지고 내 주위 사람들에게도 인정받지 못하는 게 아닌가 두려웠어요. 하지만 이제는 초기 상태의 분노가 표현됐고, 심한 말을 하지 않고도 내가 느끼는 바를 말할 수 있는 법을 알게 됐어요."

수는 자기중심적이고 엄한 시어머니를 두고 있었다. 시어머니는 어떤 음식을 요리할 것인지부터 시작해 온갖 사생활에 이르기까지 다 참견하여 가정 전체를 통제하려 들었다. 가족들이 주말을 즐기러 나갈 때에도 수는 이 트집 잡기 좋아하는 시어머니를 돌봐야 했다. 수는 이 문제와도 대면했다. "나는 시어머니의 그 트집들을 거둬서 어디에 둬야 할지 정확하게 말했죠. 말할 필요도 없이 시어머니는 역정을 냈고, 다음날 내게 전화를 해서 신랄하게 퍼붓더군요. 나중에 나는 남편더러 시어머니가 내게 했던 말에 대해 사과하지 않는다면 더 이상 내 집(맞아요, 내 집!)에서 환영받을 수 없을 거라고 확실하게 말했어요. 결국 그 이후로 더 이상은 시어머니와 부딪힐 일이 없었죠. 지금은 아주 평화롭지만, 나는 이게 태풍 전야의 고요라고 생각해요. 하지만 앞으로 어떤 일이 일어나더라도 잘 대처할 수 있을 것이라고 느껴요."

"나는 분노에 대한 두려움, 다른 이들을 실망시킬 것이란 우려, 완벽한 아내, 엄마, 며느리가 되지 못하리라는 점 때문에 스스로를 옭아매고 있었다는 것을 깨달았어요. 오히려 다른 사람에게 내가 느끼는 감정을 솔직하게 말하는 것은 효과가 있었어요. 우리 가족은 이제 내가 변했다는 것을 알고 있어요. 어쩌면 분에 차 있지만 참기만

하던 예전의 나를 더 좋아할지도 모르겠어요. 남편은 심지어 내가 갱년기라고 비난하기도 했다니까요. '표현할 줄 아는' 새로운 내가 이전에 비해 다른 이들을 덜 감동시키더라도 나는 더 이상 순종적으로 굴어야 한다고 강요하는 것들을 받아들이지 않을 거예요. 이건 전투적으로 살겠다는 뜻이 아니라, 더 이상 정신적인 학대를 받아들이지 않겠다는 뜻이에요. 정말 간단해요. 지난 몇 년간 나는 그런 것들을 받아들일 필요가 없다는 점을 깨달은 거예요. 좌절감을 없애버리자 손톱을 물어뜯겠다는 욕구도, 심한 두통이 있은 후 가슴을 찌르던 통증도 없어졌어요."

"이제 일요일에 TV를 볼 때 나는 손톱에 매니큐어를 발라요. 이건 내 손톱을 지키는 데 더 도움이 되죠. 여전히 나는 체육관의 러닝머신 위에서 걷거나 깊은 호흡을 하면서 삶에서 오는 일상적인 스트레스를 해소하려고 애쓰고 있어요."

수는 주말에 여행을 가자는 친구의 제안을 받아들였다. 예전 같으면 생각도 못했을 일이었지만, 새로운 수는 떠났다. "정말 환상적인 휴식이었어요. 고작 1박2일의 짧은 여행이었지만 장기간 휴가를 받은 기분이었어요. 우리 가족은 내가 없어도 잘 해냈고, 내 손톱은 여전히 예뻐요."

나쁜 습관에서 벗어난 또 다른 예는 코를 골았던 40대 남성이다. 숀은 밤마다 코를 골아 아내를 잠 못 들게 했다. 어느 휴일 대가족이 모였을 때 숀의 코골이는 여느 때보다 제대로 심각한 지경이었다.

나무로 만든 집에서 잠을 잔 가족들은 숀의 코 고는 소리가 집안 전체에 울려 퍼지는 탓에 잠을 이룰 수 없었다고 불평했다.

숀은 자신의 문제점을 자각한 후 특별히 고안된 베개, 목구멍 스프레이, 코골이 고약, 약초제, 진동 손목대 등 갖은 방법을 다 써봤지만 소용이 없었다. 숀과 아내는 절박했다. "그건 일정한 간격의 코골이가 아니라 소리가 점점 커지다가 갑자기 멈추고, 또다시 시작되는 불규칙한 코골이였어요." 숀의 아내는 이렇게 말했다.

5장에서 다루겠지만, 코골이는 새로운 경험에 대한 두려움, 환경 변화에 대한 저항과 관련되어 있다. 또 우리는 새로운 혁신을 시도할 때 자신에 대한 실망과 타인에 대해 분노를 느끼게 된다.

숀은 당시 문젯거리가 많은 동업자와 사업을 하고 있었지만, 해결 방안을 찾지 못하고 있었다. 그의 동업자는 일을 별로 하지 않으면서 높은 보수를 받았다. 주말에 일이 생기면, 그 일을 하는 것은 숀이었다. 사업상 출장을 가야 할 때면 숀은 비행기 일반석을 이용했지만, 동업자는 비즈니스석을 이용했다. 모든 직원들이 사태의 심각성을 숀에게 보고하는 와중에도 동업자는 잡지를 읽고 있었다.

숀은 그가 도둑질을 한다고 확신하고 있었다. 그럼에도 숀은 혼자서 사업을 운영할 자신이 없었기 때문에 어떤 행동도 취하지 못했다. 그는 동업자에게 맞서서 동업 관계를 깨는 위험을 감수하기보다는 묵과하는 쪽을 택했다. 그는 이런 상황에서 문제를 해결하지 못하는 자신의 무능함에 화가 났다. 그는 인생을 개선시키려는 노력 대신 알코올을 택했다. 음주는 코골이를 더 심하게 만들고 몸무게를 늘리는 결과를 낳을 뿐이었다.

우리가 변화를 거부할 때 인생은 우리가 그것을 극복해낼 수밖에 없도록 극적인 상황을 만들어낸다. 숀의 경우도 예외는 아니었다. 동업자의 무위도식 정도가 심해져 묵과할 수 없는 정도가 되자 그는 무언가 행동을 취할 수밖에 없었다. 오랫동안 씨름한 끝에 숀은 교활한 동업자와 결별할 수 있었다. 주도권을 장악하게 되자 그는 자신이 혼자서도 회사를 잘 운영할 수 있고 스스로가 원했던 방식으로 변화를 이끌어낼 수 있다는 것을 깨닫게 되었다.

이렇게 되자, 숀은 (여전히 술을 마시긴 하지만) 술의 필요성을 덜 느끼게 됐다. 코골이는 점차 잦아들다가 완전히 사라졌다. 이후 그는 삶에 더 많은 변화를 주도했고, 점차 새로운 변화에 당황하는 일이 줄어든다는 사실을 깨닫게 됐다. 숀은 술을 줄였기 때문이 아니라, 그의 동업자를 향해 더 이상 분노할 필요가 없어졌기 때문에 코골이를 퇴치할 수 있었다. 그는 더 이상 스스로에게 화를 낼 일도, 자신이 처한 상황을 개선하려는 이들에게 상관 말라고 짜증낼 일도 없어졌다.

숀은 나의 '감정 상태와 코골이의 연관성'에 관한 강연을 듣고 직접 나를 찾아왔다. 그는 내 강연과 자신의 사례가 통하는 게 있다고 말했다. "내가 왜 갑자기 코골이를 멈췄는지 늘 궁금했습니다. 논리적으로 설명하기가 힘들었거든요. 나는 여전히 술을 마시고 여전히 과체중이지만 코는 거의 골지 않아요. 내가 어디에 위치해 있고 어느 지점에서 성장했는지 이해하기 시작하면서 코골이를 멈췄다는 당신의 설명이 맞는 것 같아요. 우습게도 내 아내가 코를 골기 시작했지만요! 이제는 아내가 두려워하는 변화를 이끌어내는 데 내가 도움이 될 수 있을 것 같습니다.”

과거의 상처에 지배당하고 있는 당신

안 좋은 습관을 갖고 있다는 것은 균형 잡힌 상태가 아니라는 암시이며, 삶의 어떤 부분에 제대로 대처하지 못하고 있다는 것을 의미한다.

습관이 반복되는 것은 우리가 여전히 과거의 어딘가에 머물러 있다는 것을 뜻하며, 현재를 온전히 살기 위해 과거의 문제를 정리할 필요가 있음을 알려주는 것이다. 예를 들어, 어렸을 적 누군가가 당신에게 당신이 쓸모없는 존재라고 말했다면 당신은 그 자리에서 스스로가 작고 보잘것없다고 느꼈을 것이다. 설령 당신이 한참 후에 그 말을 잊었다 하더라도 그때의 상처는 남아 있다. 막 성공을 눈앞에 두었을 때 그때의 상처가 무의식적인 불안을 만들어내고 아마도 당신은 자신도 모르는 채 장애물을 만들어낼 것이다. 회사의 칵테일 파티에서 술을 너무 많이 마신 뒤 상사의 아내를 모욕했다가 승진 기회를 놓칠 수도 있다. 중요한 보고서 작성을 미루다가 유력한 새 고객을 놓칠 수도 있고, 상대에게 좋은 인상을 주려고 자신의 업적에 대해 허풍을 늘어놓다가 정반대의 결과를 낳을 수도 있다. 중요한 것은 당신이 과거의 상처에 지배당하고 있다는 점이다. 습관을 이해함으로써 당신은 스스로가 어떤 사람이며 어떤 상처를 털어버려야 하는지 충분히 자각할 수 있을 것이다. 이러한 자각은 과거의 상처에서 벗어나 성장할 수 있는 잠재력을 제공할 것이다.

주변 사람들이 해주어야 할 것들

동료가 사무실 여기저기에 커피를 자주 쏟는다면, 아이가 잠자리에서 지도를 그리곤 한다면, 배우자가 끊임없이 당신을 비난한다면, 우리는 그들이 왜 그러는지 몰라서 당황할 것이다. 이러한 반응은 자칫 일을 복잡하게 만들거나, 나중에 후회할 만한 결과를 낳을 수도 있다. 미국 원주민들의 속담에 '다른 사람의 신을 신고 1마일을 걷기 전까지는 그 사람을 판단하지 말라'는 표현이 있다. 이 속담을 활용한다면, 그 사람들이 왜 그런 식으로 행동하는지 이해할 방법을 찾을 수 있다. 당신은 그들을 깊이 이해함으로써 그들에게 동정심을 느낄 수 있고, 그들이 문제에 처했다면 해결에 도움을 줄 수도 있다. 당신은 그들의 치부를 동료들에게 떠벌리는 대신 더 좋은 도움을 줄 수도 있다. 당신이 다른 사람들과 함께 그들의 문제를 이해하려고 듦으로써 그들은 스스로의 문제를 발견할 수 있을 것이다.

이는 호사가들의 호기심을 충족시키기 위해 타인의 개인사를 노출하는 것과는 엄연히 다르다. 상급자에게 다른 동료를 헐뜯는 습관은 당신의 몰락 외에는 아무런 결과를 낳지 못할 것이다(다른 사람의 광채를 어둡게 하는 험담 대신 자신의 장점을 어필하는 법에 대해서는 뒤에 나오는 장을 살펴보라). 다른 사람이 당신에게 특별히 조언을 구하지 않는 한 남의 개인사를 드러내지 말라. 설령 그들의 요청이 있었다고 해도 말이다.

스트레스부터 잡아라

자신을 있는 그대로, 조건 없이 사랑하라.
당신이 가진 장점을 평가하기 위해 당신이 부자가 되거나 현명해지고,
늘씬해지는 날이 오길 기다리지 말라.

일반적으로 스트레스는 부정적인 행위를 반복하게 만든다. 스트레스 자체는 두려움이나 분노, 질투, 근심 등 여러 감정적인 요소에 의해 생겨난다. 이런 원인들이 스트레스로 되돌아오는 것이다. 스트레스는 폭이 넓은 붓 자국이다. 이는 우리를 특정한 방식으로 행동하게 만든다.

　이 책에서 우리는 스트레스뿐 아니라 스트레스를 일으키는 감정적인 원인도 살펴볼 것이다. 이를 통해 우리는 습관에 대한 깊은 이해를 넘어서 우리 자신을 이해할 수 있게 될 것이다. 우리가 어떤 행동을 왜 하는지 이해함으로써 유인을 찾아내고 그 행동을 멈추거나 줄일 수 있다. 스트레스 자체는 습관을 유발하지 않는다. 오히려 우리 삶을 스트레스로 가득하게 만드는 감정들이 근본적인 원인이다. 우리는 표출하지 못하고 억압당할 때 스트레스를 받는다.

　특정 습관과 원인을 살펴보기 전에 스트레스를 진단해보자.

우리를 괴롭히는 것들

당신이 아직 잠들지 못했다는 사실을 깨닫고 벌떡 일어나 소리를 지른다면 그때 느껴지는 것이 스트레스다.

오늘날 우리 삶은 옛날보다 스트레스를 더 많이 발생시킨다. 정신과 전문의 리처드 H. 래히는 지난 30년간 스트레스가 평균적으로 45% 증가했다는 연구 결과를 런던에서 발표했다. 인수합병과 구조조정, 사업 축소가 일상적으로 일어나는 오늘날의 기업 환경에서 평생직장이라는 개념은 더 이상 존재하지 않는다. 영국의 중간 관리자 5,000명을 대상으로 조사한 결과에 따르면, 61%는 조직적인 구조조정을 항시 겪고 있다고 응답했다.

표현할 수 없는 분노와 억압된 공격성은 완전한 무력감과 합해져서 스트레스 수위를 높일 뿐 아니라 절망감으로 나타난다. 최고경영자CEO들이 회사를 새로 만들거나 개선할 때 여기에 함께하지 못한 이들은 무력감을 느낀다. 이들은 삶에서 일어나고 있는 일을 제대로 통제하지 못한다고 여긴다. 높은 성과를 냈다 하더라도 자리를 유지하기가 쉽지 않은, 회사라는 커다란 체스판에 붙들려 있는 것이다.

1990년 영국의 노동력 조사에 따르면, 전체 인구의 1%가 일과 관련한 스트레스, 불안 장애, 우울증으로 고통 받고 있다고 한다. 이 같은 수치는 5년 후에 30%로 치솟았다. 이런 추세라면 이 수치는 더 높아질 것이 확실하다. 스트레스와 우울증 때문에 일어나는 무단결

근은 1인당 연 28일로, 근골격장애로 인한 경우(19일)보다 높았다.

특정 직업은 높은 수준의 스트레스를 유발하기도 한다. 경찰이나 소방관, 교도관 등 신체적 위협이 존재하는 직업에 종사하는 이들은 끊임없이 스트레스를 받게 된다. 의사나 간호사 등 건강·사회복지와 관련된 전문직, 건축 기술자, 건물 중개인, 교사나 연구원 등이 이같은 직업에 포함된다.

재택근무를 하는 주부처럼 여러 개의 일을 동시에 해내는 것도 스트레스가 쌓이는 일이다. 세 살 난 아이의 요구와 고객의 요구를 동시에 처리하는 일은 극심한 스트레스를 유발한다. 자신에게 어떤 업무가 할당될지 예상하기 힘든 신입 직원도 스트레스를 받게 된다. 심지어 승진처럼 긍정적인 일의 경우도 스트레스를 동반한다. 인간관계에서 오는 요구, 적절치 않은 경영 형태, 사람들에 대한 이해 부족 등도 일과 관련해 큰 스트레스를 유발할 수 있다. 특정 방식을 고수해야 한다거나, 다른 사람의 기대에 부응해야 하는 등 동료나 집단에서 일어나는 압력도 개인에게는 큰 부담이 될 수 있다.

환경도 스트레스의 원인이 될 수 있다. 사람으로 북적대거나 사생활이 보장되지 않는 곳, 덥거나 추운 곳, 시끄러운 곳에서 일해야 할 때 스트레스 수위는 올라간다. 펜 주립대학의 로라 커즌 클라인 교수가 응용사회심리학 저널에 기고한 연구 결과에 따르면, 사무실에서 끊임없이 울리는 전화, 프린터의 작동음, 동료들의 수다 등 소음에 노출된 여성은 자신도 모르게 좌절감을 느끼게 된다. 이런 여성들은 나중에 지방이 많이 함유된 음식을 비롯하여 각종 주전부리를 찾는 경향을 보였다. 클라인은 이렇게 말한다. "흥미로운 사실은 근무 중 소란 속에서도 사람들은 상황에 적응해 일을 처리해낸다는 사실이다. 이들은 주변의 다른 것에 담을 쌓아야만 일을 잘 해낸다. 그러나 여기에는 심리적, 정신적 대가가 따른다. 상황이 끝나고 스트레스 요인이 사라진 후에 우리는 부정적인 행동을 하고 있는 자신을 발견하게 된다."

이는 우리의 부정적인 습관들이 어떻게 작동하는지를 제대로 보여준다. 우리가 억누르는 감정은 습관으로 발산된다. 그런 반응이 환경적 요인이든, 사람이나 상황에서 비롯된 것이든 관계없다. 감정을 억누를수록 습관은 더 생겨난다.

직장에서만 스트레스가 증가하는 것은 아니다. 전통적인 가족 구조가 해체되면서 혼자서 자녀 양육을 책임져야 하는 편부모 가정도 좋은 예이다. 이들은 자녀를 키우면서도 종일 직장에서 근무해야 한다. 이런 책임을 다하지 못했을 경우 우리는 좌절감과 스트레스, 공허함을 느끼게 된다. 이런 옴짝달싹 못하는 상황을 끝낼 수 있는 방법은 결국 스스로에게 있다. 감정적으로 공허해지면 우리는 그 공허함을 채울 누군가나 무엇을 찾으려 하지만, 이는 올바른 선택이 아니다. 특히 누군가가 우리의 절실함을 이용하려 할 때나 상황이 악용될 때, 어떤 것에 탐닉하게 될 때가 그렇다. 이는 오히려 스트레스를 치솟게 만들 것이다.

지금 당신의 스트레스 수위는?

당신의 생활사가 곧 당신의 일대기가 된다.

- 캐롤린 미스

"사무실의 레이저 프린터를 손보려 할 때 스스로 초조해하는 것을 안다"고 쓰인 자동차 스티커를 보라! 주어진 임무와 감정을 분리할 수 있는 능력이 없기 때문에 우리는 첫 발작이 찾아오거나, 다른 종류의 병에 걸리기 전까지 실제로 얼마나 스트레스를 받는지 깨닫지 못한다.

그러므로 우리는 왜 스트레스를 받고 아픈지 진단한 뒤 대처하기보다는 서서히 자신을 망가뜨리는 길을 택하게 된다. 내 친구 남편이 발작을 일으켰을 때가 바로 이런 상황이었다. 친구 남편은 의사의 조언을 듣지 않고 다음날부터 바로 직장에 돌아갔다. 그는 자신이 며칠간 회사에 없다면 회사가 망할지 모른다고 생각한 것일까? 아니면 자신에게 일어난 일과 삶을 위협할지도 모르는 결과와 대면하길 두려워한 것인가? 두 가지 다 맞을 것이다. 우리 대부분도 다르지 않다.

우리는 자신의 문제에 대해 관대하기 때문에 이 목록을 당신의 파트너나 동료에게 보여주고 객관적인 의견을 구하는 것이 도움이 될 것이다. 예전에 나는 가정에 극도로 집착하는 남성과 일을 한 적이 있다. 그는 끊임없이 아내에게 전화해서 집안이 완벽하게 돌아가고 있는지 확인하려 했다. 그 남자는 자주 화를 내고 장황한 연설을 늘어놓으면서, 자신의 이런 행동의 이유가 아내보다 더 잘 '가족과 집안을 보살피기 위해서'라고 착각했다. 과음이나 약물 복용은 '단지 약간의 즐거움'을 갖는 것뿐이라고 여겼다. 이는 극단적인 예일 수도 있다. 하지만 우리가 타인보다 스스로를 잘 보지 못하는 것은 사실이다.

여기 당신의 스트레스 수위를 자각할 수 있는 몇 가지 경고 신호가 있다.

* 다른 사람에게 큰 기대를 건다.
* 자신과 다른 사람에게 지나친 요구를 하고 완벽을 기한다.
* 완벽에 대한 기대가 충족되지 않았을 때 자신이나 남에게 지나치게 실망한다.
* 급격히 화를 내고, 편협하며, 참을성이 없다.
* 나중에 당황할 만한 비현실적인 목표를 세운다.
* 자신과 남을 가혹하게 평가한다.
* '반드시' '꼭' '틀림없이' 같은 단어를 자주 사용한다.
* 현실도피적인 행위와 나쁜 습관이 늘어난다.

토머스 H. 홈즈 박사와 리처드 H. 래히 박사는 1967년 미국에서 행해진 연구에서 스트레스 자가 테스트를 고안해냈다. 이들은 배우자의 죽음(100)에서 열차표 끊기(11)까지 스트레스를 유발하는 원인을 계량화했다. 과거에 겪었던 경험의 합을 계산해서 스트레스와 연관된 질병이나 증상이 생길 만한 가능성을 예측할 수 있도록 한 것이다. 그러나 홈즈 박사와 래히 박사는 사람들이 비슷한 상황에 다르게 반응할 수도 있다는 점을 감안하지 않았다. 어떤 이들은 실직을 회복하는 데 몇 년이나 걸릴 비극이라고 생각하지만, 어떤 이들은 늘 하고 싶었지만 시작하기 두려워 망설였던 새로운 분야로 나갈 기회라고 생각할 수도 있다. 후자의 사람들은 얼마간은 두려움을 느끼지만 새로운 각오가 근심을 누를 것이다.

우리가 하는 일에서 자극을 얻기 위해 약간의 스트레스는 필요하다. 예를 들면, 어떤 교수는 자극이 되는 일보다 매일 비슷한 일을 반복할 때 더 스트레스를 받을 것이다.

고위 경영자 층보다 중간 관리자들이 심근경색을 더 많이 겪는다는 사실은 흥미롭다. 이는 CEO들이 의사결정 순간에 무엇이든 할 수 있다고 느끼는 반면, 그 아래 관리자들의 직무는 자신이 어떤 선택을 하는지의 여부와 상관없이 CEO의 결정에 달려 있기 때문이다. 이들은 상사에 의해 끊임없이 판단되고 비판받는다. 우리가 받는 스트레스는 스스로 얼마나 영향력을 행사할 수 있는지와 직접적으로 연관되어 있다.

희생자 정신부터 버려라

스스로가 다른 사람이 하는 행동의 희생자라고 느낀다면 스트레스는 가중될 것이다. 힘을 지닌 사람들은 스스로 능력이 있기 때문에 부정적인 영향을 줄이기 위해 자신의 삶에 유동적인 변화를 가할 수 있다고 느낀다. 하지만 스스로 무력하다고 생각하는 사람은 책임을 다른 이에게 돌리며, 일의 결과를 바꾸려는 시도를 잘 하지 않는다.

힘을 지닌 사람은 배우자가 부정을 저지르고 있다는 것을 알았을 때 상대를 탓하기보다 자신의 어떤 행동이 그런 상황을 불러왔는지 판단한다. 어쩌면 그들이 일에 너무 몰두했거나, 배우자를 무시하기 시작했거나, 관심과 배려가 부족했거나, 너무 진지해져서 서로의 관계에서 재미가 사라져버렸을 수도 있다. 힘 있는 사람들은 이런 문제점을 고찰하고, 두 사람의 관계가 끝난 데에는 자신의 책임도 있음을 받아들인다. 그리고 서로를 용서함으로써 그 경험에서 빠져나올 수 있다.

이런 과정에서 스트레스가 생길 수밖에 없지만 힘을 지닌 이들은 무력한 사람들보다 금방 벗어난다. 무력한 사람들은 그런 결과에 자신은 전혀 책임이 없다고 여기며, 복수를 꿈꾸느라 몇 년을 허비한다. 그들은 배우자를 탓하고 배우자의 새로운 사랑을 미워하면서 두 사람 모두의 삶을 지옥으로 만들어버린다. 이런 사람들은 일이 벌어지면 스스로를 결백한 희생자로 여긴다. 희생자는 소극적이기 때문에 어떤 행동을 취하거나 현 상황에서 벗어나려고 하지 않는다. 결국 전처가 과거를 벗어나 행복하게 된 후에도 이들은 몇 년씩이나 스트레스를 겪는다. 상처에 집착함으로써 이것이 스스로 존재하는 이유가 돼버리는 것이다. 이런 사람에게 과거에서 벗어나라고 말한다면, 감사의 인사를 받는 것은 고사하고 무릎을 걸어차이지 않는 게 다행스러운 일일 것이다.

이런 사람들은 자신의 행동에 책임을 질 때 스스로를 치유하고 독자적인 힘을 얻을 수 있다. 조심하지 않는다면 넘어지기 쉽고, 멀고 험준하기까지 한 길이다. 하지만 적은 스트레스, 더 나은 건강과 생활이라는 보상을 얻을 수 있는 길이다.

'스트레스'는 옛 프랑스어 'destresse'에서 나온 말이다. 'destresse'는 '떨어져 가다, 갈라놓다'란 뜻을 지닌 라틴어 'distringere'에서 파생된 단어이다. 스트레스를 받을 때 우리는 부정적인 방향으로 끌려간다. 스트레스를 받는 일은 온전한 전체로서의 자신을 느낄 수 없다는 의미이다. 그때 우리는 자신이 나뉘고, 조각나고, 찢기는 것 같은 느낌을 받는다.

스트레스에서 해방되는 방법

우리 대부분은 스트레스 받는 상황을 피할 수 없다. 출근길에 꽉 막힌 도로에서 한 시간을 허비하거나, 회사에 출근해야 하는데 아픈 아이를 보살펴야 하는 상황처럼 말이다. 이런 상황에서 우리가 할 수 있는 일은 거의 없다. 그러나 이런 상황에 어떻게 반응할 것인지는 결정할 수 있다. 교통신호가 바뀌었는데도 빨리 출발하지 않는다고 손가락질하는 사람 때문에 하루를 망칠 것인가, 아니면 그의 행동을 웃어넘기고 몇 분 후에 잊을 것인가? 여기 우리 자신을 스트레스로부터 해방시킬 수 있는 방법이 있다.

왜 남에게 일을 맡기지 않으려고 하는가?

위임을 말하긴 쉽지만 행동으로 옮기기는 쉽지 않다. 위임은 어느 선 이상으로는 통제권을 포기한다는 것을 뜻하며, 이런 이유 때문에 우리는 위임을 회피한다. 우리는 결과를 스스로 통제하기 위해서 밤 늦게까지 일하고 스트레스로 지쳐버린다. 완벽주의인 것이다. 그러나 완벽한 결과물을 만들어내기 위해서는 우리 자신보다 다른 사람이 필요하다!

우리는 왜 위임을 싫어하는가? 우리는 통제권 상실을 두려워한다. 삶과 사람들을 믿지 못하며 살아왔기 때문에 믿을 사람은 우리 자신밖에 없다고 확신한다. 이는 만족감을 추구하는 퇴화한 자아와 연관되어 있으며, 어리석은 일이다. 우리는 자신만이 능력을 갖고 있다고 되뇌면서 스트레스를 만들어낸다. 우리는 직장에서도 자주 이처럼 행동하지만, 불가사의하게도 우리가 없어도 회사는 아주 잘 돌아간다.

이렇게 되면 추가 근무시간과 이로 인한 스트레스는 더 이상 소용이 없다. 당신만이 일을 잘 해낼 수 있다는 믿음은 당신을 쥐고 흔드는 왜곡된 에고이며 두려움일 뿐이라는 것을 자각하라. 다른 사람을 신뢰하고, 그들의 능력을 믿고, 그들에게 권한을 줌으로써 당신은 진정으로 스스로에게 힘을 부여하는 큰 걸음을 내딛게 된다. 이는 또한 오래 지속된 스트레스를 줄일 것이다.

많은 사람들이 이를 실행하려고 애쓰지만 권한을 위임받은 이들을 진심으로 믿지 않기 때문에, 일이 제대로 돌아가고 있는지 끊임없이 걱정하느라 더 큰 스트레스를 받곤 한다. 위임은 일을 처리하는 방식이 당신 생각과 다르더라도 임무가 잘 수행되리라고 믿는 것이다.

잠시 그 자리를 벗어나라

많은 이들이 휴가나 15분간의 여유를 꺼린다. 이는 다른 사람이 우리 공백을 눈치채지 못하게 하거나, 우리가 조직에 꼭 필요한 존재가 아니라는 것을 깨닫게 될까봐, 또는 권한을 위임하게 되는 것을 두려워하기 때문이다.

카페인이나 니코틴으로 짧은 휴식을 채우거나, 이메일을 확인하면서 샌드위치를 아귀아귀 먹어대는 것은 마음을 진정시키지 못한다. 오히려 심장의 작용을 방해하거나 혈압을 높이는 요인이 될 것이다. 대신, 짧게 산책을 하거나 숨을 깊게 쉬며 안정을 취하고, 몇 분간 창밖을 바라보라. 스트레스를 주는 상황에서 잠시 좀 떨어져라.

그도 당신이 말해주길 원한다

많은 이들이 쉬운 임무를 피하기 때문에 스트레스 수위가 높아진다. 불편한 전화 연락, 충분한 역량을 발휘한다고 느끼지 못하는 업무, 틀에 박힌 지루한 일들이 그 결과이다(꾸물거림에 관해서는 12장에서 더 설명하겠다). 특별한 실행 계획을 세우거나 일에 우선순위를 매김으로써 하기 싫은 일을 회피하려는 상태에서 벗어날 수 있다. 임무가 끝난 후 느끼는 만족감과 줄어든 스트레스는 그런 노력에 충분한 보상이 된다.

억누르지 말고 표현하라. 맘에 들지 않는 사람이 있다면 그에게 말하라. 그냥 놔둬서 곪게 만드는 것은 당신과 그에게 이롭지 않다. 대부분의 사람들은 당신이 분노의 먹구름 아래 조용히 거닐고 있는 것보다는 불편하게 느끼는 것이 무엇인지 말해주길 원한다. 예를 들어 회사 생활에 문제가 있고 정식으로 고충 처리 절차를 밟았는데도 성과가 없었다면, 당신은 현재 하고 있는 일을 즐기지 못하는 것일 수 있다. 스트레스 쌓이는 상황에서 하루하루를 미워하면서 살기보다는 변화를 고려하는 것이 나을 수 있다.

운동을 활용하라

운동은 긴장을 풀 수 있는 방법이다. 그러나 경쟁심을 표출시켜 즐거움을 느낄 수 있는 상황을 망치지 말라. 당신이 이기지 못한다고 자책하지 말고, 새로운 사람을 만나고 웃음을 나눌 수 있는 기회로 운동을 활용하라.

당신의 욕구를 재발견하는 것

최근 무언가 다른 일을 한 때가 언제인가? 오랫동안 신지 않던 신발을 신은 것 같은 일이 아니라, 계획하지 않았던 일 말이다. 공원에 소풍을 간다거나, 한 번도 먹어본 적이 없는 새로운 음식을 먹기 위해 새로운 식당을 찾아간다거나, 춤을 배운다거나, 한 번도 가본 적 없는 시골로 드라이브를 가는 것 같은 일 등. 이런 새로운 일들은 단 몇 시간이라도 당신이 스트레스 쌓이는 상황에서 벗어날 수 있도록 해준다.

당신의 집이 천국

집을 천국으로 만들자. 당신이 머무는 집을 빨리 돌아가고 싶은 곳으로 만들어라. 잡동사니를 줄이고 잔잔한 음악을 곁에 두어보자. 하루 동안 일어났던 일을 배우자와 공유하라. 하지만 서로 하루가 얼마나 나빴는지 늘어놓는 데에 열을 올리지 않도록 주의하라.

자칫 '나에게 미안해하기' 상을 타기 위해 모든 좋은 것들을 간과해 버리는 우를 범할 수 있다.

오늘 당신에게 일어났던 일을 들어주는 사람은 나쁜 일들이 흘러가도록 도움을 줄 수 있다. 하지만 이는 상대와 주고받아야 한다는 것을 기억하라.

왜 자꾸 당신을 남과 비교하는가?

모든 사람이 똑같아야 한다는 믿음은 불만과 스트레스를 유발할 수 있다. 다른 이가 가진 것이나 성취한 것들을 부러워하며 자신을 탓하게 될 수 있다. 자연은 공평하지 않다. 독수리는 비둘기보다 높게 날며, 장미는 민들레보다 아름답고 더 좋은 향을 지녔다. 정글은 사막보다 더 비옥하다. 그런데도 우리는 우리 모두가 동등하다고 우긴다. 불만은 여기에 자리 잡는다. 우리 중 일부는 키가 작고, 누구는 키가 크다. 어떤 이는 매력적이지만, 어떤 이는 추하다. 누군가는 뚱뚱하고, 다른 누군가는 날씬하다. 어떤 사람은 돈이 많지만, 다른 어떤 이는 빈곤에 허덕인다. 현명한 이가 있는 반면 그렇지 못한 사람도 있다. 세상이 공평하지 않다는 것을 받아들이되, 한계 안에서 최선을 다한다면 질투나 집착, 비난에서 비롯되는 스트레스를 크게 줄일 수 있다.

자신을 있는 그대로, 조건 없이 사랑하라. 당신이 가진 장점을 평

가하기 위해 당신이 부자가 되거나 현명해지고, 늘씬해지는 날이 오
길 기다리지 말라.

습관보다 더 무서운 강박장애를 조심하라

'인생이라는 책의 첫 페이지는 거울이다'라는 속담이 있다.
우리는 스스로를 이해함으로써 모든 것들의 본성을 이해하는 첫걸음을 떼게 된다.

강박장애OCD: Obsessive Compulsive Disorder는 흔하지 않다. 성인의 3%가 강박장애를 앓고 있으며, 어린아이의 경우(0.3~2%)는 더 적다. 차 문이 잠겼는지 한 번 이상 확인하거나, 하루에 네 번 이상 부엌 조리대를 닦는다고 당신이 강박장애에 걸린 것은 아니다. 이를 염두에 두고 강박장애가 무엇인지, 습관과는 어떻게 다른지 살펴보자.

　명칭에서 알 수 있듯, 강박장애는 강박관념과 강박행위라는 두 가지 면을 담고 있다. 일반적으로, 언제나 그런 것은 아니지만 강박장애를 앓는 사람들은 두 가지 증상을 모두 보인다.

당신을 갉아먹는 강박관념

　강박관념은 적절치 않게, 원하지 않는데도 끼어들어 끊임없이 되풀이되는 생각, 심상, 충동이다. 뚜렷한 이유도 없이 강박관념이 지속되면서 사람을 지치게 하고 삶을 힘들게 할 때는 개입이 필요하다. 강박관념은 일자리를 잃을까봐, 또는 남편이 바람을 피울까봐 지속적으로 걱정하는 것과는 다르다. 이런 것들은 때때로 실현되는, 현실에서 일어나는 근심거리다. 강박관념은 생각이나 심상, 충동에 빠진 이가 어떤 특정한 행동이나 충동을 행할 때에야 사라지는 것을 가리킨다. 따라서 그런 행동이나 충동은 결과일 뿐이지, 원인이 아니다. 때때로 이들은 그런 행동을 일으키는 원인이 단순히 그들의 마음에서 만들어진 것을 알지만, 이런 자각을 한다고 해서 이런 생각과 심상, 충동을 쫓아내기란 쉽지 않다.

우리가 갖고 있는 습관과 강박장애OCD 사이에는 회색 지대가 있다. 특정한 방식으로 어떤 일을 하는 것은 OCD가 아니라 정상적이다. 예를 들면, 우리는 출근길에 차를 몰면서 좋아하는 장소를 지나가기 위해 어떤 길을 택할 수 있다. 이 길로 차를 몰지 않는다면 배우자가 끔찍한 차 사고를 당할 것이란 믿음 때문에 이런 행동을 하는 것이 아니다. 만약 우리가 특정한 길로 가지 않으면 차 사고를 당할 것이라고 믿기 때문에 그 길로 운전을 한다면, 이는 OCD라고 볼 수 있다.

강박관념의 단짝, 강박행위

강박행위는 강박관념에 들러붙는 상호작용이다. 강박행위로 고통 받는 사람들은 이를 실행하지 않으면 큰 불행이나 어떤 상황이 벌어질 것이라고 믿는다. 강박행위를 따르지 말라고 강요한다면 이는 큰 스트레스를 유발하고, 이런 강박 충동을 자유롭게 만들 뿐이다. 강박행위를 반복적으로 실행하면 환자는 강박관념이 사라질 것이라고 믿는다. 이는 반복된 행동 양식을 만든다. 환자가 비록 강박행위를 하는 것이 비논리적이라는 사실을 자각한다고 하더라도, 경험상 이런 행동이 두려움과 긴장을 줄인다는 것을 알기 때문에 긴장을 풀기 위해 환자는 다시 이런 행동을 반복하게 된다.

어떤 두려움은 먼지나 세균에 감염될 것이란 두려움처럼 좀 더 일반적이다. 감염원이 된다고 여기는 물건이나 사람과 접촉하도록 강요받는다면 에이즈나 무서운 질병에 감염될 수 있다는 우려 때문에 환자는 극도의 두려움에 빠질 수 있다. 이는 환자가 반복적으로 몸을 씻게 만든다. 이런 사람들은 따끔거리거나 염증이 생길 정도로 손이나 몸을 씻어댄다.

성적 행동은 건드려서는 안 되는 영역이라는 큰 두려움을 상징할 수도 있다. 다른 사람을 만지는 것은 이런 생각이나 열망 때문에 촉발된 긴장을 줄이기 위해 선택하는 강박행위가 될 수 있다. 어떤 젊은 남성은 강박적이고 떨치기 힘든 성적 욕망을 해소하기 위한 방법으로 자신과 대화하는 상대방의 팔을 쓰다듬고 싶은 충동에 사로잡힌다.

자동차 번호판이든, 보도의 틈이든 무언가를 세거나 더하는 것은 종교적·도덕적 견지에서 옳지 않은 행동을 했다는 두려움과 연관된 강박관념의 결과일 수 있다. 이는 조용한 가운데 행해지기 때문에 남들은 어떤 일이 일어나는지 인식하지 못한다. 부정은 OCD의 특징 중 하나이기 때문에 이 사람은 처음 센 것이 맞는지 확인하기 위해 지속적으로 세고 또 센다.

배열이나 정리정돈도 두려움에 따른 행동일 수 있다. 한 소녀는 잠들기 전 침대가 정해진 방법에 따라 말끔히 정리되지 않거나 곰인형들이 제대로 놓여 있지 않을까 걱정했다. 어른이라면 방 안의 물건들이 머릿속에 자리 잡은 '규칙'에 들어맞도록 특정 방식에 따라 배열해야 한다고 생각할 수 있다.

이들은 자신(자해에 관해서는 14장에서 다룬다)이나 자신과 가까운 이들이 끔찍한 상황에 빠지는 상상을 함으로써 두려움을 반복적으로 느끼기도 한다. 자신이든 다른 사람이든 누군가를 해치는 상상을 하는 것은 아주 불안한 강박관념이다. 단어나 구절, 시구를 반복하는 것은 이런 강박관념을 쫓아내는 방법이 될 수 있다.

도달하기 힘든 지점까지 자신을 몰아붙이는 완벽주의도 극단으로 치달을 수 있다. 완벽해지려는 욕구는 큰 스트레스를 유발하며, 이는 종종 수집(10장에서 자세히 다룬다)을 통해 경감된다. 완벽해지려는 욕구는 모든 것을 100% 확실하게 하기 위해 밤늦게까지 회사에 남도록 만들 수 있다.

집이나 차 문이 제대로 잠겼는지 확인하기 위해 돌아섰던 적이 있는가? 이는 아주 흔한 습관이다. 그러나 두 차례 확인한 후에도 제대로 잠긴 것이 맞는지 계속 의심하거나, 논리적으로는 집이나 차가 안전하다는 것을 인정하면서도 계속 확인하려고 돌아선다면 OCD 일 가능성이 크다. 계속 확인하려는 욕구는 연구 과제나 프로젝트 제출이 늦는 것과도 관련이 있다. 업무가 끝나지 않았기 때문이 아니라 완벽을 기하기 위해 정보가 맞는지 확인하고 또 확인하기 때문이다. 이는 앞서 언급한 완벽주의와 연결돼 있다. 확인하고 싶은 욕구는 난폭한 충동이나 난폭한 감정을 제어하지 못할지도 모른다는 두려움의 반대 욕구일 수 있다.

끊임없이 기도해야 하는 사람이 있다면, 그 사람의 심리에 숨기고 있는 부분이 많아서 고해를 하거나 다른 이에게 이야기를 해야 하는 것일 수 있다(일반적으로 응답이 불러올 결과에 대한 두려움 때문에). 그렇게 하지 않으려는 저항이 끊임없는 기도를 하게 만드는 것일 수 있다. 이는 죄책감을 줄이거나 무서운 생각을 피하는 방법이다. 이는 또 다른 사람의 비밀을 폭로하고 싶은 욕구, 즉 다른 사람의 죄를 고백함으로써 자신의 죄를 숨기려는 욕구를 보여주는 것일 수도 있다. 그러나 고정된 규칙은 없으며, 이런 예는 강박행위의 보편적인 방식이다.

강박장애가 주는 것은 순간적인 안도뿐이다

강박장애OCD가 습관과 두드러지게 다른 점은 그런 행동을 해도 전혀 즐겁지 않다는 점이다. OCD는 강박관념에서 비롯된 긴장과 두려움을 줄일 뿐이다. 매주 금요일마다 술집에서 맥주를 몇 잔씩 마시는 것은 습관이나 중독(얼마나 많은 양을 마시느냐에 중독의 여부가 달려 있다)일 수 있지만, 그럼에도 즐거울 수 있다. 꾸물거리는 것이나 코를 후비는 것은 매우 즐길 만한 일은 아닐 수 있지만, 이런 행동은 어느 정도 즐거움을 준다. 비록 이런 행동은 당신이 마감을 앞두고 업무에 얼마나 무신경한지를 회사에 보여주거나, 더욱 시원하게 숨을 쉴 수 있게 할 뿐이지만 말이다. OCD가 주는 것은 강박관념으로부터의 순간적인 안도뿐이다.

OCD 증상이 환자의 삶에 미치는 영향은 아주 크다. 그래서 직장생활이나 인간관계에도 지장을 초래하며, 이는 큰 고통이 될 수 있다. OCD 환자들 대부분은 이런 문제를 초래하는 원인이 자기 마음이란 것을 알고 있다(이것이 정신분열증 같은 정신질환을 앓고 있는 환자들과 다른 점이다). OCD는 사람을 매우 불안하게 한다. 어떤 경우에는 증상의 정도가 약할 수 있고, 증상이 나타났다가 사라질 수 있으며, 매우 자주 일어날 수도 있다.

요약하자면, OCD는 강박적인 생각/관념/욕구, 이 같은 생각/관념/욕구에 응해 무언가를 하려는 반동이나 강박행위로 이뤄져 있다. 습관은 단순히 포기하기 어려운 일상적인 경향이나 관행이다.

외부의 도움이 필요할 때도 있다

강박장애는 세로토닌이라는 뇌신경 전달물질이 저하되면 발병할 수 있으며, 세로토닌 약물요법이나 인지행동 심리치료를 통해 치료할 수 있는 것으로 알려져 있다. 뇌 앞부분과 뇌저신경절 사이의 전달 문제도 언급되고 있으나, OCD를 일으키는 원인이 무엇인지 명확히 밝혀진 바는 없다.

OCD는 때로 인식되지 않는다. 강박장애재단에 따르면, OCD가 발병해서 적절한 치료를 받기까지는 평균 17년이 걸린다고 한다. 이는 환자들이 OCD에 걸린 사실을 비밀에 부치기 때문이거나, OCD가 널리 이해되는 장애가 아니기 때문이다. 또는 늘 적절한 치료법을 찾을 수 있는 것이 아니기 때문에 OCD가 진단되지 않을 수도 있다. 적절한 치료를 받는다면 환자의 고통을 경감할 수 있고, OCD를 치료하지 않고 놔뒀을 경우 더한 문제(인간관계 파괴나 우울증 같은)가 생겨날 위험을 줄일 수 있다는 점에서 이는 매우 안타까운 일이다. 치료를 통해 많은 환자들이 장기적으로 증후를 줄일 수 있는 효과를 본다. 또 어떤 이들은 완치되기도 한다.

홈즈와 래히 박사의 스트레스 진단(2장에서 언급한 바 있다)에서 습관 교정은 24등급이었다. 주요 생활환경 변화(재건축 같은)의 바로 아래 단계였으며, 직장 상사 때문에 겪는 문제의 바로 위 등급이었다. 습관을 없애기란 쉽지 않다. 우선 왜 그런 습관이 생겼는지 이해하는 것이 단순한 결과물인 습관을 고치는 것보다 내재된 원인을 제거하는 데에 큰 도움이 된다.

　OCD를 개선하는 것은 가능하며, 완전히 벗어난 사례도 있다. 그러므로 당신이나 누군가가 OCD를 앓고 있는 것은 아닌지 관심을 갖고 외부의 도움을 받는 것은 가치 있는 일이다.

중독 뒤에 도사리고 있는 강박

　'습관habit'이란 단어는 '상태, 복장, 품행 또는 풍모'를 뜻하는 프랑스어에서 파생됐다. 이 단어는 '갖다, 붙들다, 지니다'란 뜻을 지닌 라틴어 'habere(인도-유럽 어근 ghab에서 연유)'에서 따왔다. 두 가지 뜻을 합한다면 습관은 우리의 상태, 복장, 품행 또는 풍모이다. 이 단어는 또 종교적인 맥락에서 수도사와 수녀의 내적·영적 신념을 드러내는 외적 습관을 의미한다. 이들은 신념을 '갖거나, 붙들거나, 지닌다.'

　수녀의 습관이 내적 신념을 드러내듯, 우리의 습관은 내재된 자아나 잠재의식 속에서 어떤 일이 벌어지고 있는지 알려준다. 습관은 우리가 하는 행동의 반복이며, 이는 우리 감정을 부각시킨다. 얼굴을 붉히는 것에서부터 허풍을 떠는 것에 이르기까지 우리가 하는 습관은 수백 가지에 이른다. 그러나 우리는 왜 그런 행동을 하는지 의문을 품지 않았을 것이다. 습관을 자각함으로써 우리는 우리 자신을 잘 이해하게 된다. 아리스토텔레스가 말했듯, "현재의 우리는 우리가 반복적으로 하는 행동의 결과다^{We are what we repeatedly do}.”(니코마
코스 윤리학 c. 325 BC)

습관은 보통 별다른 자각 없이 이뤄진다. 습관은 중독처럼 심대한
효력을 갖고 있지 않다. 대부분의 경우 완전히 그만두는 것이 아니
라면 크게 힘들이지 않고 제한할 수 있다. 그러나 중독을 치유하려
면 훨씬 더 힘이 들며, 심지어 건강, 재정 상태, 인간관계에도 영향을
미친다. 해로운 중독에서 벗어나려면 손톱 깨물기보다 훨씬 더한 통
제력, 용기, 정신력이 필요하다.

‘중독’이란 단어는 ‘몰두하다’ ‘헌신하다’라는 뜻을 가진 라틴어
‘addictus’에서 따왔다. 현대적인 관점에서 이 단어는 무언가에 전념
하는 것, 또는 특정한 행위를 그만두지 못하는 것이라는 뜻과 연결
된다. 중독된 행위를 함으로써 우리는 행복이란 기분을 스스로에게
보상한다. 이는 종종 니코틴이나 아편 같은 물질과 연결된다. 습관
이 감정적인 욕구를 반영한다면, 중독은 감정적인 갈망인 동시에 육
체적인 것이다.

습관에도 분석이 필요하다

우리 대부분은 스트레스를 해소할 만한 분출구가 없다. 이 때문에
우리가 모르는 사이에 습관이 스트레스의 원인이 되는 신경증(노이
로제)을 표출하는 방법이 된다.

어떤 형태를 띠든 습관은 우리를 초조하게 만드는 것과 연관되어 있다. 이는 분노, 두려움, 분개, 질투, 열망 등 어떤 형태의 감정적인 유인이 될 수 있다. 우리는 의식적으로 어떤 행동을 하고(무의식적으로는 더 자주) 그것이 감정을 완화하는 데 도움이 된다는 것을 알게 된다. 이후 같은 압박을 받을 때마다 자연스레 같은 행동을 반복하게 된다. 머지않아 그런 행동은 특정 상황에 대한 상습적인 반응으로 굳어지고, 아래와 같은 주기를 따르게 된다.

욕설을 듣고 업신여김을 당하면서 남편을 향해 적개심과 분노를 품게 된 주부를 떠올려 보자. 이 주부는 겉으로 드러내기 두려운 감정을 품게 된다. 그녀는 남편과의 관계가 행복하지 않으며, 가정에 문제가 있다는 사실을 드러내고 싶지 않다. 다만 모든 것이 좋아 보이길 원한다. 겉으로 보기에 모든 것이 훌륭해 보여야 한다. 그래서 그녀는 주변의 것들을 반짝반짝 윤이 날 때까지 닦고 또 닦는다. 이것이 그녀의 습관이다.

* 감정 유발 : 분노와 고통의 억제

* 죄의식 : 화가 나는 것에 대한 죄책감

* 자존심 : 분노를 표현하지 못하고 남편의 말이 그녀를 위축되게 만들도록 놔둠으로써 그녀의 자존심·자제력 약화

* 슬픔 : 자신감 있던 예전의 자신을 잃어버린 슬픔

* 진실과 부정 : 자기 자신과 부부 사이의 문제점을 인정하지 않음

* 결과 : 습관을 반복함으로써 스스로 최소한 어떤 일은 잘한다고 생각하며 일

종의 성취감도 느끼면서 표면적으로는 모든 것이 멀쩡해 보임

이번에는 흡연자가 무의식적으로 담배를 피우고 싶어 하는 과정을 살펴보자.

* 감정 유발 : 자극 필요. 두려움과 열망
* 죄의식 : 담배를 너무 많이 피우는 데에 대한 죄책감
* 자존심 : 물질에 의존한다는 사실에 자존심이 상하며 자제력 부족에 부끄러움을 느낌
* 슬픔 : 습관에 발목 잡혀 있다는 슬픔
* 진실과 부정 : 문제의 정도를 부정함. '나는 하루에 20개비만 피울 뿐이야'라고 위안하지만 실제로는 30개비 이상 피움
* 결과 : 긴장을 줄이기 위해 담배를 피움

위와 같은 행동에는 상승 경향이 있다.

* 치료 - 이해
    - 통찰력
    - 중독의 본성
    - 자기애
    - 자존심 회복 - 능력이 있다고 느낌
    - 감정을 피하지 않고 연구하기

- 건강과 활기

　이 다음에 자신이 너무 빨리 먹고 있거나, 민간 치료법에 탐닉하거나, 시간이 있다고 꾸물거리는 것을 깨닫는다면 위에 제시된 예시 과정을 따라가라. 또 스스로 습관을 진단하기 위해 위에 제시된 치료 단계를 따른다면 자신에 대해 더 많이 알 수 있게 된다.

자신에게 관심을 가질수록 유용하다

　'인생이라는 책의 첫 페이지는 거울이다'라는 속담이 있다. 우리는 스스로를 이해함으로써 모든 것들의 본성을 이해하는 첫걸음을 떼게 된다. 우주가 대우주라면, 우리는 소우주이기 때문이다. 성경에서 밝히듯 '위와 같이 아래도 그러하다.'와 같은 원리이다.

　우리는 육체와 질병disease을 진단함으로써 마음과 불편함dis-ease을 이해할 수 있다. 이런 감정적인 면이 무의식적으로 감춰지는 이유는 그것이 받아들일 수 없다고 생각하는 우리 자신의 면모를 비추기 때문이다.

　수년간 나와 다른 이들의 고통이 이런 과정으로 진행되는 것을 보면서, 나는 자신을 자각하는 것이 꼭 삶이 더 쉬워지는 길은 아니라는 것을 깨달았다. 대신 같은 상황을 계속 반복하는 것을 멈추어야 한 걸음 나아갈 수 있다는 것도 깨달았다.

지루함은 관찰의 좋은 기회가 될 수 있다. 일반 기업에서 일할 때 나는 지루한 회의에 참석하는 일이 잦았다. 삶을 좀 더 흥미롭게 만들기 위해 나는 큰 회의실에 둘러앉은 동료들을 지켜보기 시작했다. 그들의 습관과 그들이 드러내는 것들을 통해 나는 이전보다 동료들을 더 많이 이해하게 됐다. 이는 그들과 함께 일하는 것을 쉽게 만들었다.

해로운 습관, 이제 고쳐야 한다

부엌 조리대를 다섯 번 닦아야 한다면, 열 번을 닦아라.

그 일이 싫어지고 당신이 하고 있는 일이 어리석다는 것을 깨달을 것이다.

차나 집 문이 잠겼는지 확인하기 위해 한 번 이상 확인하는 일에도 이런 방법이 적용될 수 있다.

외출할 때마다 다섯 번 이상 문이 잠겼는지 확인해보라.

조만간 당신은 한 번만 확인하는 것으로도 충분하다는 것을 깨닫게 될 것이다.

세 살부터 여든 간다는 습관, 고칠 수 있을까?

우리 사고와 행동은 우리 뇌에 '통로'를 만든다. 산골에 새로운 길을 내듯 말이다. 매일 그 길을 걸으면서 당신은 잡목과 풀을 짓밟고 나뭇가지를 옆으로 밀쳐놓는다. 시간이 흐르면서 길은 점점 넓어지고 길다워진다. 이처럼 우리도 어떤 상황에 대해 이전에 했던 방식으로 반응함으로써 '마음의 길'을 내게 된다. 이전의 생각과 반응을 반복하면서 그 길은 '포장도로'가 되고, 또 시간이 흐르면 '고속도로'가 된다. 특정한 생각이나 상황에 반응할 때 뇌가 가장 많이 지나쳤던 길을 따르게 된다는 의미다. 습관도 다르지 않아서, 이를 떨쳐버리기란 매우 힘들다. 우리는 고속도로에서 빠져나와 새 길을 찾아야한다. 이는 변화와 노력이 필요한 일이다. 문제는 위기가 닥쳤을 때 우리는 다시 익숙한 길과 방식을 찾는다는 데 있다.

교외에서 휴식을 취할 때는 사무실에서 일할 때보다 담배를 끊기가 쉽다. 일이 어렵게 돌아갈 때 우리는 담배를 피우고 싶다는 욕망에 사로잡힌다. 새해 첫날 우리는 나쁜 습관을 버리겠다고 다짐하지만 이를 계속 지켜나가는 이들은 지극히 적다.

당신이 어떤 행동을(육체적이지 않은 중독의 경우) 21일 동안 하지 않는다면 새로운 행동을 시작하는 데에 큰 도움이 될 것이다. 120일이 지난다면 당신은 진정으로 새로 만들어진 길에 들어선 것이며, 스트레스를 받을 때 예전의 길로 되돌아갈 가능성이 크게 줄어든 것이다.

믿을 것은 자신뿐이다

이혼이나 해고처럼 삶의 방식을 바꿔야 하는 상황에서는 우리에게 결정권이 거의 없을 것이다. 습관적인 행동을 포기하는 것이 쉽지 않은 이유는 우리가 자발적으로 그런 변화를 이뤄내야 한다는 데 있다. 변화를 우리 인간이 껴안아야 할 것으로 받아들이는 대신 우리는 변화가 일어나지 않을 것이라고 확신하는 데 많은 에너지를 써버린다. 습관을 바꿔야 할 때도 성공을 위해서는 큰 결단과 용기가 필요하다.

성공을 이뤄가면서 우리는 스스로 가치 있다고 느낀다. 이는 더 큰 변화를 이끌어내는 잠재력이 된다. 비록 우리가 '더 이상은 초콜릿을 먹지 않을 거고, 술을 마시지 않을 거야. 시누이한테도 항상 다정하게 대해야지.'라고 아주 힘든 변화를 다짐한 뒤 바로 다음날 교활하게 시누이의 불룩 튀어나온 허리를 언급하거나, 아몬드 초콜릿을 먹으며 통제할 수 없는 나약한 자신을 탓하고, 포도주를 너무 많이 먹고 나서 취해 있는 자신을 발견하게 될 때가 많지만 말이다.

이는 우리 자존심에 상처를 남길 뿐 아니라 다음번에 습관을 끝내겠다고 다짐했을 때 스스로를 다스리기 힘들게 만든다. 이를 해결하기 위해서는 성취할 수 있는 것부터 시작해야 한다. 예를 들어 하루 동안 초콜릿을 먹지 않겠다고 다짐한다면, 이는 성취할 수 있는 목표가 된다. 하루를 마칠 때 스스로를 대견해하며 다음날에도, 또 다음날에도 이를 유지하고 싶어 할 것이다. 21일 뒤 갈망이 줄어들면 하루가 아닌 1주일의 목표를 세울 수 있게 될 것이다. 이제 다져진 성공과 스스로에 대한 긍정적인 감정을 발판으로 우리는 자신감 있게 알코올 문제에 대처할 수 있게 된다.

이는 연못에 조약돌을 던지고 나서 잔물결이 바깥으로 이는 모습을 보는 것과 같다. 하나의 작은 성공이 더 큰 성공을 이끌 수 있다. 우리는 학교에서 자연은 진공을 싫어한다는 것을 배웠다. 이는 우리들에게도 통하는 말이다. 나쁜 행동을 없애려고 할 때 당신은 좋은 경험이나 행동을 채울 만한 공백을 만들어낸다. 손톱을 깨무는 버릇 대신에 더 긍정적인 다른 것을 채울 수 있을 것이다. 모든 작용에는 반작용이 뒤따른다. 습관을 고치면 당신을 둘러싼 세계와 내면에 잔물결 같은 반작용이 일어날 것이다.

습관은 우리 기분을 나아지게 한다. 그것이 얼마나 해롭든 간에 습관은 긴장을 완화하고 안도감을 준다. 그렇기 때문에 우리가 종종 습관을 버리지 못하는 것은 납득할 만한 일이다. 자해를 하는 사람들은 자해가 상처를 남길 것이란 것을 알면서도 감정적인 편안함을 얻으려고 스스로를 해친다.

대체 왜 당신의 습관을 고치려 하는가? 왜 코를 골고, 지각을 하고, 과식을 하고, 이를 갈고, 눈썹을 긁고, 커다란 머그잔에 커피를 마셔대고, 손톱을 물어뜯지 않으려고 하는가? 당신은 오랫동안 노력해왔지만 여전히 행동은 바뀌지 않았다. 당신은 나쁜 습관이 있었어도 97세까지 살았던 남자도 알고 있다! 그런데 왜 습관을 바꿔야 하는가?

갑작스런 사고나 해고같이 강요된 변화가 있다. 하지만 당신은 강요당하지 않았는데도 불구하고 스스로를 바꾸려고 하는가? 그 이유는 변화가 곧 당신을 성장시키기 때문이다.

우리는 변화를 통해 성장한다

바퀴벌레 화석을 살펴보면 바퀴벌레가 수백만 년의 세월이 흐르는 동안에도 거의 변하지 않았다는 것을 발견하게 된다. 이유를 아는가? 바퀴벌레는 천적이 없어서 생존이 상대적으로 쉬웠기 때문이다. 일부러 환경에 적응해야 하거나, 적응하지 못해 죽을 위험도 없었기 때문에 진화할 필요도 없었다. 변화에 부딪히는 일이 많을수록 배울 수 있는 기회도 많아진다. 평온하고 순탄할 때가 아니라, 변화에 직면했을 때 우리는 감정적·정신적으로 성장한다. 고난은 개인의 성장을 이끌어내는 유인이다. 정체되어 있는 자신을 성장시키겠다는 의지로 변화를 적극적으로 끌어안고 용기 있는 발걸음을 내디뎌라.

오늘날 사회는 더 빠르게 변화하고 있다. 구입한 뒤 몇 달 후면 구식이 되어버리는 옷이나, 몇 년 이상 쓰지 못하는 가전제품, 짧은 시간 안에 생겨났다 사라지는 인간관계를 보라. 옛날에는 옷 한 벌로 평생을 살았고, 도구들은 고치고 또 고쳐 썼다. 사람 사이의 관계도 평생 유지됐다. 변화는 우리 사회의 한 부분이 됐지만, 아직도 우리는 변화에 저항한다. 변화가 우리 삶에 큰 영향을 미치게 되면서 우리는 더 스트레스를 받고 해로운 행동을 한다.

변화를 거스르기보다 능동적으로 받아들인다면 우리는 진전할 수 있다. 커피를 마시는 대신 허브 차를 마시는 것 같은 사소한 변화가 우리 삶에 큰 영향을 미칠 수 있다. 습관은 크고 작음에 상관없이 무언가를 바꿀 수 있는 기회를 주며, 긍정적인 변화를 이끌어낼 수 있는 잠재력을 가지고 있다.

내가 몇 년 전 같이 일했던 여성의 예를 들겠다. 캐서린은 스스로를 전형적인 희생자라고 생각했다. 남편은 그녀보다 나이가 많은 여성에게로 떠나버렸다. 남편은 재정적인 도움을 거의 주지 않았고, 그녀 혼자 두 아이의 양육을 도맡아야 했다. 결과적으로 그녀는 장시간 일을 해야 했고, 고객으로부터 제대로 대접받지 못하면서 세상이 자신을 위협한다고 느꼈다. 그녀는 남편과 그의 새 아내, 고객,

아이들, 친구들, 제도 등 수많은 것들 때문에 힘들어했다.

어느 날 그녀는 이런 틀을 벗어나기 위해 무언가 해야겠다는 생각이 들어 몸에 균형을 잡아주는 영기요법(레이키)을 배우기 시작했다. 갑자기 캐서린은 자신이 어떤 힘을 가지고 있다고 느꼈다. 그녀는 손을 남들에게 갖다 대는 것만으로 그들의 감정을 바꿀 수 있었다. 자신감이 커지면서 그녀는 더 많이 읽고 더 많이 탐구했다. 그 결과 그녀는 더 이상 아이들을 위해 자신의 행복을 희생하고 있다고 느끼지 않게 됐고, 삶의 좋은 면을 볼 수 있게 되었다.

그녀는 근무시간을 줄이기 위해 부동산을 처분해 활용하기로 했다. 부당한 요구로 자신을 힘들게 하던 고객도 끊어버렸다. 아이들을 멀리 떨어진 비싼 학교에 보내는 대신 학비가 덜 비싸면서도 가까운 학교로 옮겼다. 그녀의 이런 변화는 남성을 만날 때에도 좋은 영향을 끼쳤다. 몇 달 후 두 사람은 결혼했고, 지금 행복한 삶을 살고 있다. 이들은 교외의 멋진 집으로 이사했고, 두 아들은 말을 타고 놀며 시간을 보낸다. 이런 동화 같은 결말은 그녀가 삶을 바꿀 수 있는 힘이 없다고 느끼던 무력감에서 벗어나, 첫걸음을 내딛지 않았다면 일어나지 않았을 것이다.

내가 운영하던 아트 워크숍에서 한 참가자가 분노로 두 주먹을 꼭 쥐고 있었다. 그녀는 빈자리를 찾고 싶어 했지만, 꼭 쥔 주먹은 그녀가 누군가를 인생에 받아들일 준비가 돼 있지 않다는 것을 보여줄 뿐이었다. 분노가 그녀를 가둔 것이다. 자신의 무의식적인 행동을 깨닫고 나서야 그녀는 분노를 풀고 변화를 만들어냈다. 그녀는 멋진 반려자를 만났다.

변화는 이런 것이다. 작은 노력이 예상보다 더 큰 효과를 낼 수 있다. 유인을 찾아냄으로써 새로운 삶을 창조하는 과정을 시작할 수 있다.

먼저 습관의 뿌리를 알아내기

근심에 싸였을 때 우리는 펜 끝을 깨문다. 스트레스를 받을 때는 커피를 한잔 마시게 되고, 분노를 억누를 때는 손톱을 물어뜯는다. 습관적인 행동을 유발하는 원인을 알게 되면 우리는 미리 징후를 포착해서 예방하고 대안을 찾을 수 있다. 그 후에 버릇을 촉발시키는 감정들을 좋게 풀어낼 수 있는 방법을 찾아야 한다. 우리는 해롭지 않은 방식의 위안을 찾을 수 있다. 이런 과정을 살펴보자. 종이 한 장을 준비해서 답변을 적어보라.

1. 당신의 평소 습관이나 행동 양식을 하나 택한 후 성취하고 싶은 목표와 함께 적어보라. 이를 할 때는 시간제한을 두라. 예를 들면, 사만다는 언제나 늦는다. 그녀의 목표는 이번 주 약속을 제대로 지키는 것이다.
2. 이런 행동을 한 최근 세 번의 경우를 되돌아보라. 사만다의 경우, 고객 앞에서 하는 프레젠테이션에 지각했고, 친구와의 점

심에 20분 늦었으며, 치과 진료시간에 30분 늦게 갔다.

3. 이런 행동을 하기 전 어떤 감정을 느꼈는가? 사만다는 새로운 고객을 대한다는 것이 초조했다. 친구를 만나고 싶은 생각이 별로 들지 않았다(화창한 날씨라 해변에 가고 싶었기 때문이다). 또 치과 의사가 종종 그녀를 기다리게 했기 때문에 치과에 늦는다는 사실은 별로 신경도 안 썼다.

4. 신체적으로는 어떻게 느꼈는가? 사만다는 프레젠테이션 준비로 밤늦게까지 못 잤기 때문에 피곤했다.

5. 그런 버릇을 행한 다음 어떤 기분을 느꼈는가? 지각을 한 후 스스로에게 화가 났으며 죄책감을 느끼고 후회했다.

6. 어떤 패턴인가? 사만다의 경우, 지각의 습관은 하기 싫은 일과 연계되어 있다. 싫지만 '해야 하는 것'에 대해 진실하게 들여다보거나 그 자리를 하고 싶은 것으로 채우는 대신 지각으로 대응했다. 사만다는 자유의지를 실현하지 못하는 데에 대한 분노를 지각을 통해 소극적으로 표현했다.

7. 다른 사람들의 반응은 어땠는가? 사만다에게 화를 내거나 짜증스러워했다. 이런 반응은 하고 싶지 않은 일을 해야 하는 데에 대한 그녀의 분노가 그대로 투영되는 것이었다.

8. 습관을 행한 뒤 결과는 무엇인가? 사만다는 지각에 죄책감을 느꼈지만, 한편으로는 자신이 다른 이들에게 완전히 조정당하지 않았다는 만족감을 얻었다. 이것이 그녀가 지각을 반복했던 이유였다. 스스로에게 권한이나 힘이 없는 상태인 그녀에게 용

기를 주었던 것이다. 그녀가 애초에 결핍감이나 해소되지 않은 불만이 없었다면 그녀는 다음과 같이 행동했을 것이다.

＊ 친구에게 전화해서 약속 날짜를 다시 잡거나 해변으로 초대했을 것이다.

＊ 치과 의사에게 이전에 진료를 받기 위해 한 시간까지도 기다린 적이 있었음을 이야기하고, 진료가 밀려 늦어질 땐 미리 전화를 주어 자신의 시간을 낭비하지 않도록 해달라고 말했을 것이다.

＊ 프레젠테이션에서 그녀를 두렵게 하는 것이 무엇인지 살피고, 그것이 거부반응이었다는 사실을 알아냈을 것이다.

9. 그렇다면 당신의 버릇을 촉발하는 것은 무엇인가? 사만다의 경우, 원하지 않는 일을 하는 것이었다. 그녀는 이제 한 주의 약속을 살펴보고, 무엇에 문제가 있는지 파악한 뒤 해결책을 찾았다. 더 이상 지각으로 대응할 필요가 없었다.

위의 9개 질문을 이용해서 또 다른 행동과 원인, 그것을 촉발하는 유인을 살펴보자.

＊ 습관 : 게일은 깨끗한 자신의 집에 대해 자부심을 갖고 있다. 이미 깨끗한 것을 알면서도 때로는 열 번도 넘게 바닥을 닦는다. 그녀는 "누구도 먼지 하나 찾을 수 없을 정도로 깨끗하게 만들고 싶다."고 말한다.

1. 당신의 습관이나 행동 양식을 하나 택한 후 성취하고 싶은 목표와 함께 적어보라. 이를 할 때는 시간 제한을 두라.

"한 번이면 될 것을 필요 이상으로 청소를 하며 시간을 낭비하고 있어. 우선 한 주 동안만이라도 이를 멈추고 싶어."

2. 이 같은 행동을 한 최근 세 번의 경우를 되돌아보라.

"돌이켜보니, 내 남편 해리와 싸웠을 때가 가장 심각했던 것 같아."

3. 이런 행동을 하기 전 감정적으로 어떻게 느꼈는가?

"그가 내게 한 말에 실망했었어. 내 자신이 쓸모없다고 느꼈고, 청소에 몰두했지. 최소한 내가 잘 할 수 있는 일이니까."

4. 신체적으로 어떻게 느꼈는가?

"좋지 않았어. 실은 지쳐 있었지."

5. 그런 버릇을 행한 다음 어떤 기분을 느꼈는가?

"바닥이 깨끗한 것을 보고 즐거웠어. 내가 지나쳤고 시간을 낭비했다는 것을 알긴 했지만, 최소한 뭐라도 한 거니까."

6. 어떤 패턴인가?

"이전에는 그것에 대해 생각해본 적이 없어. 하지만 무언가에 낙심해 있을 때, 일반적으로 결혼 생활과 관련됐을 때 상태가 더 심했던 것 같아. 일이 잘 풀릴 때도 청소는 했지만, 확실히 그때는 다시 청소를 하지는 않았거든."

7. 다른 사람들의 반응은 어땠는가?

"해리는 별로 신경을 쓰지 않았어. 내가 청소를 하고 있을 때 내 감정을 해치는 말을 하긴 했지만 말이야."

8. 습관을 행한 뒤 결과는 무엇인가?

"만족스러웠어. 다른 식으로는 표현할 수가 없어. 모든 것이 반짝반짝 윤이 나는 것을 보니 그냥 좋았어."

9. 그렇다면 당신의 행동을 촉발하는 것은 무엇인가?

"생각해보면, 자긍심의 결여라고 해야 할 거야. 또한 안 좋은 일
을 숨기길 원하는 것일 수도 있어. 상황이 좋지 않더라도 모든
것이 괜찮아 보이게 만드는 거지. 이건 결혼 생활에서 내가 얼
마나 불행한지 대면하길 피하는 방법인 것 같아. 청소란 행위
를 통해서 내가 제거하려고 노력하는 감정적인 '먼지'를 살펴봐
야 할 필요가 있다고 생각해."

이런 과정을 통해서 게일은 한바탕 청소를 해대는 것이 무엇인지
깨닫게 됐고, 결혼 생활의 문제점과 그것이 가족에게 미치는 영향을
해결하기 위해 나섰다. 그녀는 단순히 카펫 밑을 청소하는 것으로
이런 감정적 먼지들을 털어낼 수 없다는 것을 깨달았다.

행동을 촉발하는 것이 무엇인지에 대한 통찰력을 얻었다면, 습관
적인 행동을 멈추기 위해 당신은 이런 통찰력을 활용할 수 있는 길
을 찾아야 한다.

습관을 고친 간호사의 이야기

많은 이들이 습관을 중단할 수 있는 여러 방법을 갖고 있다. 몇몇
방법은 행동과 성격에 따라 더욱 큰 효과를 내기도 한다. 나는 나쁜

습관을 고친 한 간호사를 알고 있다. 그녀는 간호사가 되어 상처 부위에 붕대를 감고, 요강을 치우는 일을 하면서 심각하게 손톱을 물어뜯곤 했다. 그녀는 어느 날 손톱 물어뜯기가 매우 나쁜 습관이라는 것을 깨달았다. 불현듯 일할 때 그녀의 손에 닿는 여러 가지 것들이 생각났던 것이다. 당신도 그녀처럼 실수를 통해 해결책을 얻을 수도 있다. 그러나 우리들 대부분은 나쁜 행동을 고치기 위해서 더 많은 노력을 해야 한다.

습관의 공백을 무엇으로 채울 것인가?

말 그대로, 당신의 행동을 덜 해로운 것으로 대체하는 것이다. 예를 들면, 관심을 받지 못한다는 느낌 때문에 초콜릿을 계속 먹게 되는 경우, 무의식적인 충동이 일어나기 전에 초콜릿 대신 신선한 과일을 먹을 수도 있다. 이때 과일은 바로 가까이에 있어야 하며, 식료품 가게에 초콜릿과 과일이 함께 진열되어 있어서는 안 된다! 어쩌면 먹는 것과 관련이 없는 대체재를 찾을 수도 있다. 충동이 일어날 때마다 물을 한잔씩 마시고, 초콜릿에 쓸 돈을 모아 정말 갖고 싶어 하던 좋은 물건을 살 수도 있다.

또 다른 방법은 나쁜 습관을 극복할 때마다 그 수치를 적어서 스스로에게 승리를 확인시키는 것이다. 비록 작은 것이라 하더라도 승리는 긍정적이다. 이런 대체 요법은 물질적인 갈망을 견디는 데에 효과가 높다(물론, 진 대신 보드카를 마시는 것은 소용없는 일이다!).

차라리 더 해라

＊ 경고 : 이 방법은 음주나 약물, 당뇨병 환자나 자해자, 절도범, 성범죄자 등 기
타 유해한 행동이나 물질에는 적용되지 않는다.

우리가 스스로 어떤 행동을 하지 말거나 적게 하라고 끊임없이 다
짐한다면, 이는 이런 행동을 하고 싶다는 더 큰 열망을 자극한다. 어
머니가 무언가를 만지지 말라고 말했을 때, 다른 어떤 것보다 더 그
것을 만지고 싶었던 경험을 기억하는가? 다이어트를 하지 않는다면
우리는 음식에 대해 생각하는 일이 적으며, 별로 배가 고프지도 않
다. 그러나 다이어트를 하게 되면 우리는 강박관념에 사로잡힌다.
간식을 먹어도 좋다고 정해진 시간을 기다리고, 모든 종류의 금지된
음식을 떠올리며, 규정된 음식 대신 와인 한 잔을 마시면 열량이 얼
마나 더 나갈까와 같은 생각에 빠진다.

어느 정도의 습관을 허용하는 것은 때로 강박관념을 제어할 수 있
는 방법이 된다. 보통 하루 2개의 초콜릿 바를 먹는다면 나가서 10
개를 산 후 마음껏 먹으라. 5개쯤 먹다 보면 더 이상은 초콜릿 바를
먹고 싶지 않다고 느끼게 될 것이다.

부엌 조리대를 다섯 번 닦아야 한다면, 열 번을 닦아라. 그 일이

싫어지고 당신이 하고 있는 일이 어리석다는 것을 깨달을 것이다. 차나 집 문이 잠겼는지 확인하기 위해 한 번 이상 확인하는 일에도 이런 방법이 적용될 수 있다. 외출할 때마다 다섯 번 이상 문이 잠겼는지 확인해보라. 조만간 당신은 한 번만 확인하는 것으로도 충분하다는 것을 깨닫게 될 것이다.

이는 당신 스스로 하고 싶은 행동을 하도록 허용함으로써 자신을 비난하는 권위적인 목소리를 없애는 것이다. 스스로 할 수 있다고 동의한 일을 했다고 자신을 비난할 수는 없을 것이다. 이로써 종종 그런 욕구가 사라진다.

자신이 무언가를 지나치게 탐닉한다고 느낄 때, 스스로 어떤 감정 상태인지 확인하라. 안도를 느끼다가 분노를, 다시 어이없음을 느끼는가? 당신의 감정은 다를 수도 있다. 그것들을 적으며 어떤 일이 일어나고 있는지 기록하라. 에고는 모습을 드러내길 싫어한다. 이렇게 기록함으로써 왜곡된 자아가 당신 안에서 우위를 점하려 하는 것을 확인할 수 있을 것이다. 이런 식으로 당신 자신과 마주하는 것은 용기 있는 일이며, 당신이 진정 누구인지 알아내고 옛 양식에서 벗어날 수 있는 훌륭한 방법이다.

습관을 '중단'하고 있는 자신을 보기

부정적인 행동은 무의식적으로 자주 일어난다. 무심코 펜 끝을 물어뜯거나, 다리를 흔들고 머리카락을 씹는 일은 우리가 무슨 일을 하고 있는지도 인지하지 못한 상태에서 일어난다. 자신이 어떤 행동을 하고 있으며, 이런 행동을 촉발하는 유인이 무엇인지 깨달았다면 우리는 그 버릇에 빠져들기 전에 행동을 취할 수 있다.

예를 들어 저녁 식사 도중 너무 많은 와인을 마시는 것을 깨달았다면, 와인 한 잔을 마실 때마다 물을 마실 것을 권한다. 이렇게 한다면 건강에도 좋고, 다음날 훨씬 좋은 기분을 느낄 수 있다. 당신이 쉽게 화를 내는 사람이라 당신의 주차 자리를 빼앗은 사람을 한 대 치고 싶다면, 예전에 스스로 세워둔 규율을 떠올려라. 숨을 열 번 가다듬고, 과연 화를 낼 만한 가치가 있는지 자문하는 것이다. 만약 음식을 게걸스럽게 빨리 먹어 치운다면 한 입에 열다섯 번 이상 씹고, 식사하는 도중 총 세 번은 2분 동안 음식을 먹지 않겠다고 스스로 다짐해두어라.

중단은 우리의 무의식적 행동을 깨달을 수 있게 해줄 뿐 아니라 그 욕구도 줄여준다. 물을 열심히 마셨을 때쯤 당신은 커피를 더 이상 원하지 않을 수도 있다. 손가락으로 바닥을 두드리고 있는 자신을 발견할 때마다 미리 결심했던 대로 그 손이 아닌 다른 손으로 3분간 두드려라. 스스로 멈추려고 노력하면 욕구가 사라져버릴 수 있다.

확신할수록 목표는 가까워진다

연구 결과 달성하고 싶은 목표를 글로 적어두고 한 걸음씩 방향을 세우는 것은 생각만 하는 것보다 효과가 높다는 것이 입증됐다. 행동에 목표를 설정하는 것은 실패를 솔직히 인정하는 것만큼이나 발전을 이룰 수 있는 훌륭한 방법이다. 일이 잘못됐을 때를 미리 걱정하지 말고, 계획을 지켜가는 날들을 확신하라. 확신은 이런 과정을 강화하는 좋은 방법이다. 자신의 결정이 담긴 문구를 반복함으로써 현실에 더 가까이 다가갈 수 있다.

손톱 물어뜯기를 예로 들자. 분노와 분개 때문에 손톱을 물어뜯는다는 사실을 이해한 뒤 '나는 내 분노를 풀어낼 수 있다.' '나는 부정적인 감정을 털어낸다.' '나는 내가 어떻게 느끼는지를 다른 사람과 소통할 수 있다.' 등을 확신하라. 기억할 점은 원하는 행동을 이미 이뤄진 것처럼 긍정적으로 확신하고 현재형으로 말해야 한다는 점이다.

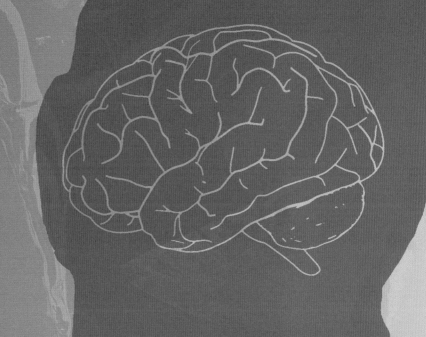

Section 2
실제 습관 진단하기

호흡을 통해 우리는 세계로
들어왔고 나갈 것이다

우리는 상황을 경멸하면서도, 불만을 제대로 표현하지 못한다.

당신이 피해버리고 싶은 무엇이 삶에서 일어나고 있는가?

당신은 인정을 받지 못하고 있는가? 이것이 당신을 실망시키는가?

호흡만이 우리 몸에서 의식적·무의식적으로 할 수 있는 기능이라
는 것을 생각해본 적이 있는가? 눈을 깜빡이는 것을 제외하면 말이
다. 휴식을 취하거나 잠들었을 때 호흡은 지속된다. 그러나 우리는
호흡을 멈출 수 있으며, 물 밑으로 잠수할 때 숨을 참을 수 있다. 의
식적으로 심장이나 간을 빨리 뛰게 하거나 멈추게 한다는 것은 불가
능하다. 폐는 의식적이면서 무의식적이기 때문에 무의식적인 부분
을 깨닫게 하는 수단으로, 정신 수련에 필수적이다.

　《정신으로의 통로Opening to Spirit》를 쓴 캐롤린 숄라 아레와는 이
렇게 말한다. "숨을 들이마시다inspire, 숨을 내쉬다expire, 정신spirit,
호흡respiration의 어근은 라틴어 'spiritus'에서 온 것이다. 그러므로 우
리는 숨과 정신이 연결된 것이라고 본다. 요가에서 호흡 훈련은 프
라나야마로 불린다. 프라나는 생명력을, 야마는 통제를 의미한다.
그러므로 요가에서 호흡이란 생명력을 통제하는 것이다. 이는 특히
치료자, 샤먼(무당), 혹은 우리들 중 정신과 연계하고 싶은 이들에게

중요하다."

　만약 우리에게 정신이나 영혼이 없다면 우리 존재는 별 의미가 없을 것이다. 숨 쉬지 않는다면 우리는 정신적으로 죽은 것이면서, 육체적으로 죽은 것이다. 두 가지는 우리 존재에 필수불가결하다. 두 가지 의미가 연계된 것은 단순한 우연이 아니다.

　알코올spirits은, 사실 초기 연금술사들이 만들어낸 것이나 다름없다. 연금술사들이 생과일 주스를 깨끗이 증류된 형태로 정제하는 과정은 인간의 정신을 명료한 상태로 발전시키는 과정을 반영한다. (연금술사들은 이런 증류 과정이 훗날 큰 인기를 얻으면서 알코올이 우리를 신성함에 가깝게 만드는 것이 아니라 되레 멀어지게 만들 것이라고는 예상하지 못했을 것이다.)

　호흡은 우리가 지상의 존재로 들어서고 나갈 때 가장 처음과 마지막에 하는 것이다. 숨을 들이쉴 때 우리는 생명을 불어넣는 잠재력을 산소라는 형태로 흡입한다. 숨을 내쉴 때 우리는 해로운 탄소가스를 배출해낸다. 이 같은 과정에 실패한다면 우리는 몇 분 내로 죽을 것이다. 숨을 들이마시고 내쉬면서 생겨나는 주기는 우리가 생명을 어떻게 유지하는지 반영할 뿐 아니라 우주의 주기를 반영한다. 숨을 들이마시고, 이완하고, 내쉬는 이 긴장의 양 극단은 정신호흡 훈련에 쓰이며, 이는 우리를 깊은 알파파 상태로 이끈다. 여기서 호흡은 긴장과 이완이라는 이원성으로 상징된다.

　호흡은 우리를 외부와 연결시킨다. 폐의 표면적은 피부보다 넓어서 바깥 세계를 받아들이는 수용체로 작용한다. 우리는 숨을 쉬지 않을 수 없다. 비록 공기가 다른 인간에 의해 더럽혀졌더라도, 다른 존재와 마찬가지로 우리는 그것과 융합해야 한다. 때문에 호흡은 공존이다. 우리가 고립되기를 원한다 해도 호흡은 그럴 수 없다는 것을 일깨운다. 접촉하기 싫은 사람과 떨어져 있을 수는 있어도, 우리는 여전히 그들과 같은 공기를 마셔야 한다. 호흡을 통해 우리는 피부 접촉보다 더 깊은 관계를 맺게 된다.

식물도 낮에는 활기를 불어넣는 산소를 생산해내고 밤에는 탄소가스를 배출해냄으로써 이 과정에 동참한다. 그래서 숲과 식물은 지구의 폐를 상징한다. 호흡은 다른 살아 있는 것들과의 상호 연계, 관계성과 관련이 있다.

호흡은 또한 경계와 연관된다. 만약 우리 숨이 막힌다면, 그리고 호흡의 독립성에 제한을 받는다면, 스스로 숨 쉬기 위해 고군분투해야 하는 천식 같은 질병이 생길 것이다. 갓 태어났을 때는 엄마와 밀접하게 연계되어 있기 때문에 천식은 어머니에게서 벗어나 숨 쉬길 원하는 열망과 그 두려움 사이의 충돌과 관련된다. 누군가 숨을 앗아간다면 우리는 살아남기 위해 의술에 의존해야 할 것이다. 독립을 원한다 하더라도 이는 우리를 두렵게 하며, 다른 사람과 나 사이의 경계가 어디에 있는지 알 수 없게 할 것이다. 유년 시절을 지나 좀 더 독립적으로 되면서, 즉 좀 더 자유롭게 숨 쉬는 법을 익히게 되면서 천식은 사라질 수 있다.

경계는 어린아이가 스스로 엄마와 별개의 존재라는 것을 배우기 시작하는 나이인 24개월에서 6세 사이에 확립된다. 이는 우리가 기고, 걷고, 말하기 시작하는 때다. 또한 우리가 스스로 의지와 통제를 키워나가는 '미운 두 살'이 시작되는 시기다. 그렇다면 어린아이에게 천식이 발병하는 나이가 2~3세라는 것은 놀라운 일이 아니다. 만약 우리가 구속(심각한 경계, 지나친 감정 통제, 제한된 움직임 등)을 너무 많이 경험하거나, 반대로 지나친 자유(방관과 감정의 부인, 거부 등)를 겪는다면, 다른 사람이 우리를 어디까지 통제하며 또 우리는 다른 이들을 얼마나 통제하는지 감지하기 위해 고투할 것이다.

더 깊이 숨 쉴수록 우리는 삶을 더욱 기꺼이 받아들이게 된다. 짧고 얕은 숨은 현재에 치중하거나, 모든 순간과 삶이 주는 에너지를 흡수하지 않겠다는 저항을 반영한다. 삶의 깊이를 받아들이길 원치 않는 것이다.

호흡법은 우리가 삶에서 어떻게 숨 쉬고 주변 세계를 받아들이는지 대변한다. 호흡이 가쁘다면 우리는 인생이 제공하는 것을 완전히 받아들이지 못함을 뜻한다. 어떻게 호흡하느냐는 우리가 어떤 삶을 사는지 반영하는 거울이 된다. 호흡과 관련한 버릇은 때로 의식적으로 깨닫지 못하는 문제에 관해 놀라운 통찰력을 제공한다.

요약하자면, 호흡과 관련한 습관은 이중성을 띤다. 특히 독립과 비독립의 형태, 현재를 받아들이고 과거를 흘려보내기, 의사소통과 관계 단절, 정신적 성장과 후퇴, 이완과 긴장/스트레스, 받아들이거나 거절하기, 주거나 받기, 표현하거나 억제하기, 지나치거나 부족한 경계, 통제나 자유 등.

이를 염두에 두고, 트림을 자주 하는 사람들에게 어떤 일이 벌어지는지 살펴보자.

트림을 통해 유독한 감정을 뱉어낸다

어떤 문화에서는 저녁 식사를 마친 후 트림을 하는 것이 식사를 대접한 주인을 향한 최고의 찬사로 여겨진다. 그러나 다른 문화에서는 당신을 손님 초대 목록에서 영원히 지워버리게 할 수도 있는 일이다. 엄밀히 말하자면, 트림은 호흡계가 아닌 소화계에서 연유한다. 이는 (종종 오염된) 공기를 배출하는 행위다. 청어나 탄산음료를 먹은 뒤 하는 트림은 일반적인 일이고, 소화 과정의 일부로 여겨진다. 그러나 트림을 버릇으로 만드는 사람들이 있다. 종종 어린 소년들이 그렇다.

트림은 소리나 냄새를 동반하므로 공격성을 지닌 행동이다. 위장에서 발생하는 트림은 전사 원형과 관련이 있다. 공격적인 가스를 내뿜는 것은 우리가 분노의 감정을 내뱉어 주변 사람들에게 알리려는 욕구이다. 이는 우리가 아주 바빠서 받아들여야 할 일들이 너무 많을 때 종종 발생한다. 충돌하는 감정들을 삼켜서 소화하는 대신 우리는 이것들을 분출한다. 이런 모든 행동은 제어가 불가능한 것에 대한 두려움을 유발하며, 우리는 두려움을 공격적인 행동으로 감춘다.

공기를 내뱉으면서 소화되지 않은 감정들이 만들어낸, 위장 안에 쌓아뒀던 압박은 줄어든다. 분노가 해소되지 않으면 가슴앓이를 하게 된다. 우리는 분노나 공격성을 느낄 때 적절히 대처하기보다는 그것을 삼켜버린다. 그렇게 삼켜버린 분노는 우리를 쇠약하게 만든다. 이는 이따금씩 긴 잔소리로 터져 나오기도 하고, 몇 년간 부글부글 끓기도 한다. 제산제를 복용하면 트림이 나올 수 있는데, 이는 우리를 쇠약하게 했던 산과 분노의 축적을 경감시킨다. 어른의 가슴앓이는 생각을 많이 하는 쪽으로 전환될 수 있다. 우리는 종종 제산제를 찾는데, 이는 트림을 유발하면서 너덜너덜해진 감정을 풀어내기 위해서다. 물을 많이 마시는 것도 문제 해결에 도움이 될 수 있다. 물은 산의 축적을 줄이고 상징적으로 문제를 씻어버리기 때문이다.

영기요법(레이키) 교습시간에 종종 강습생의 내면에 억눌린 감정을 느낀다. 그것은 내 몸을 타고 일어나 트림으로 분출된다. 이런 행동은 교습시간에 자주 일어나는데, 이때 강습생이 긴장을 풀고 깊은 이완의 상태로 빠지는 것을 느낄 수 있다.

당신, 왜 숨을 참고 있는가?

우리가 죽기로 결심한다면 삶이 곧 멈출 것이라는, 더 이상 살지 않아도 된다는 희망으로 숨을 참을 것이다. 이는 대부분 나쁜 기억을 피하기 위한 선택이다. 긴장했을 때 우리는 상황을 받아들이기 싫어서 숨을 짧고 약하게 내쉰다. 우리 몸은 굳고, 맥박 수는 증가하고, 아드레날린이 고동치고, 각성된 상태가 된다. 반대로 편안한 상태에서는 숨을 깊게 쉬게 되고, 이와 반대되는 일이 일어난다.

물속에 있는 것도 아닌데 숨을 참고 있는 자신을 발견한다면, 이는 당신이 지속적으로 두려움을 유발하는 상황에 처해 있는 것일 수 있다. 스스로에게 무엇을, 누구를 두려워하는지 물어보라. 만약 당신이 인생을 걸 만큼 가치 있는 일이라면 두려움이 사라지도록 하라. 숨을 자유롭고 깊게 쉬어라. 상황을 즐겨라. 존재하지 않는 미래를 두려워하는 것은 삶의 소중한 순간을 흘려보내는 것이며, 충만한 삶을 살 수 없도록 막는 일이다. 영혼과 용기를 받아들여라. 두려움 이면의 실체를 대면하고 두려움에서 빠져나와라.

숨을 가쁘게 내쉰다면, 당신은 지금 방어적인 상태이다

전체 인구의 10%가 과호흡을 겪는 것으로 추정된다. 빠르고 얕게 호흡하는 과호흡은 이산화탄소의 결핍과 산소 과다를 초래한다. 과호흡 시에는 손발이 저리거나 어지러움을 느낄 수 있고, 패닉 발작이나 두통이 일어날 수 있다. 감각이 없어지거나 얼굴이 얼얼하게 쑤실 수도 있다.

산소oxygen의 본딧말은 'principe oxygene'이다. oxygene은 '날카로운, 산성의'란 뜻을 지닌 그리스어 'oxus'에서 파생했다. 과호흡은 혈장 내 이산화탄소의 양을 줄이며, 이는 우리를 산성화시키고 알칼리성을 줄인다(산소는 몸의 산도를 증가시킨다). 산성/산소는 불의 성질을 지녔고 남성적인 반면, 알칼리성은 물의 성질을 지녔고 여성적이다. 앞에서 이중성에 관해 설명했듯, 들이마시는 것은 남성적인 기능이고, 내쉬는 것은 여성적인 기능이다. 채소와 과일을 섭취하는 것은 신체를 알칼리화하고, 육류를 많이 섭취하는 것은 신체를 더욱 산성화하는 것이다. 채식을 많이 한 개는 얌전한 반면, 육식을 많이 한 개는 공격적이다.

과호흡을 할 때 우리는 내부에서 남성과 여성, 불과 물 사이에 에너지의 균형을 잡으려 한다. 이산화탄소나 여성적 에너지를 다 써버린다면 우리 내부에는 산소나 남성적 에너지만 남게 된다. 빨리 숨을 쉴수록 더 많은 산소, 또는 남성적 에너지를 흡수하게 되며, 우리는 싸움이나 경쟁의 기운을 얻게 된다. 샤먼들도 이런 기술을 상태를 변화시키는 데에 사용했다. 원시의 전사들은 전투에 나가기 전에 황홀경과 비슷한 남성적 에너지가 넘치는 상태로 들어가기 위해 노래를 부르고 춤을 췄다.

과호흡이 습관이 된다면, 이는 종종 '공격·도피 반응' 상태임을 나타내며, 이는 위험에 빠져 있음을 뜻한다. 숨을 죽이는 것처럼 과호흡도 두려움과 연관되어 있다. 다른 점이라면, 숨을 죽이는 것이 삶을 차단하려는 것인 반면, 숨을 빨리 쉬는 것은 스스로를 방어하려는 시도라는 점이다. 우리는 어떤 상황에 처하면 당황하고 그것을 바꾸길 두려워한다. 우리는 스스로를 압도하는 감정을 두려워한다. 또 이런 감정이 우리를 위협하기 때문에 감정과 사고의 균형을 잡으려 애쓴다.

만약 끊임없이 두려움을 느끼는 상황에 처했다면, 이는 삶의 과정을 믿지 못하는 증거다. 우리는 얼마간은, 일이 잘되기보다 잘못될 것이라는 예상을 근저에 깔고 있다. 불의 기운을 많이 들이마시는 것은 기력을 다 소진하게 만들 위험이 크다.

우리는 종종 담배를 피움으로써 과호흡의 영향을 악화시킨다. 담배는 불의 기운을 흡수하고, 감정으로부터 벗어나려는 더욱 필사적인 방법이다.

내 두려움의 근원이 어떤 것인지 찾아보자. 남성적/여성적인 문제들이 당신을 슬프게 하거나 균형을 잃게 만드는가? 스스로 매일 짧은 시간(10분) 동안 자신이 두려워하는 것이 무엇인지 느껴보자. 하찮고 우스꽝스러워 보여도 마음속에 떠오르는 것을 그대로 적어보자. 그 후에 이렇게 적은 두려움들을 인정하자. 그리고 남성적이고 여성적인, 들이마시고 내쉬는 호흡을 통해 스스로 균형을 이뤘다고 느낄 때까지 깊게 숨을 쉬어라.

들숨에서의 한숨과 날숨에서의 한숨은 정반대

숨을 쉬는 사람에는 두 종류가 있다. 한 부류는 들숨에서, 다른 부류는 날숨에서 한숨을 쉬는 것이다. 일반적으로 전자는 스트레스를 받고 있으며, 후자는 마음이 편하다는 징후다. 들숨에서 쉬는 한숨은 (종종 날숨의 '흐음'에 잇따른다) 말로 표현할 수는 없지만 행복하지 않다는 것을 주변 사람들에게 알리는 방법이다. 그런 상황에서 분노나 스트레스를 전달하는 소리는 전 세계 어디나 같다. 이 단순하지만 유독한 메시지를 들어야 하는 사람은 답답하다. 특히 불만의 원인을 알지 못한 채 매일같이 들어야 한다면 말이다. 한숨을 쉬는 사람은 자신이 처한 문제를 누군가 알아주기를 기대하는 것이다. 그 나름으로 이런 행동은 다른 이를 조종하려는 무력화된 공격법이 될수 있다.

치료법은 긴장과 분노를 풀어내기 위해 들숨에서 '하알~', '하아~', '아흐~' 같은 소리를 내는 것이다.

헤비 스모커들의 위안거리

흡연은 굳이 분류하자면 습관이라기보다 중독에 가깝다. 그 대중적인 인기 때문에 흡연을 거론하지 않을 수 없었다.

앞에서 호흡이 이중성과 어떻게 관련되는지 설명한 것을 기억할 것이다. 소통과 단절, 정신적 진보와 퇴보, 이완과 긴장/스트레스, 표현과 억제, 구속과 자유 등 말이다. 흡연은 이런 영역에서 균형을 맞추려는 시도다. 담배를 피울 때 우리는 편안하게 니코틴 한 모금을 빨아들이지만, 니코틴을 갈망할 때 다시 한번 스트레스를 받게된다. 담배의 타르는 외부 세계와 접촉을 줄이며 우리의 폐를 채운다. 이는 현실 세계와 연결되는 것에 대한 두려움을 나타내며, 우리는 이를 피하기 위해 유독한 장막을 친다.

자유를 원하지만 구속받고 있다고 느낄 때, 다른 이들과 친하게 지내며 소통하고 싶지만 그렇게 하기가 두려울 때, 스트레스를 받으며 문제를 벗어나고 싶을 때, 진짜로 느끼는 감정을 표현하고 싶지만 하기가 두려울 때, 정신적인 관계를 갈망하지만 그것을 위해 필요한 수양과 용기가 두려울 때, 우리는 현실에서 도망치기 위해 담배를 피운다.

흡연이란 결국 갈망의 습관이다. 현재 삶이 아닌, 더 나은 삶에 대한 집착과 갈망이며, 이는 우리를 다시 담배로 이끈다. 이것이 금연이 어려운 이유다. 금연은 일이 돌아가는 형편에 잘 대처하는 것이며, 우리의 꿈이 연기처럼 사라지려 할 때 빽빽한 담배 구름을 만들지 않는 것이다. 담배를 피우다 끊은 사람은 위기에 직면했을 때 담배가 제공하던 현실도피를 극도로 갈망할 것이다.

흡연은 음주와 연결된다(음주자 대부분은 흡연자다). 이중성 사이에서 균형을 잡지 못하고 있기 때문에 우리는 물의 기운을 얻기 위해 술을 마시고, 불로써 물과 균형을 잡기 위해 담배를 피운다.

담배 광고는 우리가 원하는 삶의 이미지를 보여준다. 평범한 일상에서 매일매일 같은 지하철에 갇힌 중년 남성에게 바깥에서 모험을 즐기는 사내의 이미지는 그가 속하고 싶은 세계이다. 삶을 즐기고, 재미를 추구하고, 전 세계로 여행을 다니는 사람들은 빠듯한 삶을 사는 대다수 사람들의 목표이다. 흡연은 실제 그들이 사는 삶과 살고 싶은 삶 사이에 담배 연기로 가리개를 치고, 다른 삶을 상상할 수 있는 길을 제공한다. 이런 삶의 방식을 두고 흡연은 오직 담배 연기를 혹 내쉬라고 하는 것이다.

흡연은 또한 자존심에도 영향을 미친다. 누렇게 변색된 손가락, 냄새나는 숨결과 변색된 치아는 종이에 말린 잎사귀를 빼앗길 때 우리가 긴장하며, 성마르고, 비이성적으로 된다는 사실을 말해주며 우리 스스로에게 무력감을 준다. 계속 실패하는 금연 시도는 아마 음주나 약물보다 더 우리 자신을 괴롭힐 것이다.

불은 전환의 상징이지만, 흡연은 우리가 담배에 얼마나 중독되어 있는지를 잔인하게 조소한다. 우리는 니코틴이란 덫에 사로잡혔다. 들이마신 니코틴이 당신의 뇌에 도달하기까지 10분밖에 안 걸린다. 이 과정에서 니코틴은 즐거움, 집중과 결합된 화학 성분을 내놓고 스트레스와 짜증을 줄이면서 음식에 대한 욕구를 감소시킨다. 흡연이 왜 그렇게 기분 전환용으로 인기가 있으며, 담배를 피우지 않으면 견디지 못하는지에 대해선 이상할 것도 없다.

많은 흡연자들은 스스로에게 확신이 없는 10대 때 담배를 피우기 시작한다. 세상은 넓고 자유롭고 신비로워 보이는데, 학교는 이들을 구속한다. 10대는 넘치는 감정을 표현할 방법을 모른다. 성적 충동을 강하게 느끼지만 부끄러워하고 혼란스러워하며, 이 욕구를 어떻게 해야 할지 알지 못한다. 이런 혼란 속에서 담배를 피우는 것은 현실의 날카로운 단면을 완화해주며, 이는 숨을 거둘 때까지 지속될 것이다.

알레르기의 비밀

재채기는 무언가 불편할 때 튀어나온다. 우리는 집 먼지나 고양이 털, 깃털이나 꽃가루 같은 물질에 알레르기를 보일 수 있다. 일상적인 재채기와 알레르기는 밀접한 연관이 있다. 넓게 본다면 알레르기는 무의식적이고, 억압된 공격성의 표현이다. 몸은 유해한 것이 들어오면 억지로 내보내려 한다. 알레르겐은 우리가 두려워하고 빨리 제거되길 원하는 불편한 사람이나 상황을 상징하는 것일 수 있다. 공격성 밑에는 언제나 두려움이 깔려 있다. 자극물과 '싸우면서' 우리는 잠재적인 두려움도 쫓아내길 원한다.

자극물이 놓여 있을지도 모르는 우리 삶에서 실마리를 찾기 위해서는 이런 반응을 유발하는 실제 물질을 살펴봐야 한다. 만약 그 물질이 고양이 털이라면, 문제가 우리 자신의 좀 더 원시적이고 본능적인 일일 수도 있다. 또는 독립심이나 여성성, 온화함, 직관 같은 다른 면이 반영된 것일 수도 있다. 결론적으로, 어머니와 관련한 문제나 어머니로부터의 독립이 원인일 수 있다. 당신은 어머니로부터 독립하길 원하지만 어머니의 따스함을 떠나는 걸 두려워하는 것이다. 이는 당신과 어머니에게 실망과 짜증을 초래할 수 있다.

자극물이 먼지나 집 진드기라면 이는 삶이나 우리 자신의 어두운 면에 대한 반응일 수도 있다. 우리는 누군가 우리의 어두운 면을 이야기하는 것을 원치 않는다. 깃털은 신성한 인간성과 관련된 것으로 여겨지며, 이 때문에 미국 인디언들은 머리를 깃털로 장식했다. 만약 깃털에 알레르기가 있다면, 우리는 자유로운 정신을 원하며 자유를 향해 솟아오르고 싶지만 독립을 두려워하는 것일 수 있다. 이런 안정을 향한 쉼 없는 욕구가 자극물이 될 수 있다. 꽃가루는 식물의 '정액'이다. 결국 꽃가루에 대한 알레르기 반응은 성욕과 생식에 대한 두려움을 나타내는 것일 수 있다. 꽃가루가 만연한 봄은 본래 짝짓기가 일어나는 계절이다. 우리가 알레르겐에 보이는 반응은 알레르겐 자체를 빨리 제거함으로써 두려움을 없애는 것이다.

알레르겐 때문에 재채기를 하는 것은 잠재의식의 속임수일 수 있다. 알레르기 환자가 살고 있는 세계를 통제하기 위해서 사랑하는 애완견을 치워야 하며, 방이 아주 깨끗해야 하고, 담배를 피워서도 안 되고, 특별한 침구를 마련해야 한다. 다른 이들도 여기에 협조하도록 강요받는다. 그러므로 재채기를 하는 사람은 공격성을 사회적으로 수용될 수 있는 방식으로 드러내는 것이다. 이런 공격성은 종종 인정받거나 주의를 끌고 싶은 열망과 연관된 불안에서 비롯된다.

알레르겐을 가까이하면 결국 알레르기 반응에서 균형을 잡고, 알레르겐을 무력하게 만들 것이라는 미신도 있다. 이는 알레르기 환자가 알레르겐과 그 상징성을 쫓아내기보다 대면하게 만든다는 점에서 일리가 있다(하지만 의사의 진료 없이 이를 권장하지는 않는다). 이는 두려움과 증오를 사랑하는 법을 배우는 것이다. 알레르겐을 두려워하면 할수록 가족 모두 알레르기 반응에 민감해질 것이다.

감기에 걸려 재채기를 하면서 우리는 세균을 쫓아낸다. '내게로 오라. 그러면 너는 내 공격으로 쇠약해지는 너 자신을 볼 것이다.'

관심이 필요한 당신, 코를 훌쩍이다

우리가 코를 훌쩍이는 것은 재채기와 달리 말썽거리를 쫓아내는 것이 아니라 붙들려고 하는 것이다. 빨아올린 이 액체는 우리가 흘리지 않은 눈물이다. 슬플 때 우리는 문젯거리를 흘러가게 놔두지 않고 꼭 붙든다. 코는 우리의 직관, 자각과 관련된 곳에 위치해 있다. 코를 훌쩍이면서 우리는 직관력을 더 막는 것일 수 있다. 표현하기 두려운 통찰력이나 직관적인 느낌이 있는 것은 아닐까?

코를 훌쩍이면서 우리는 이 고통을 남들이 알아주길 바란다. 당신은 관심이 필요하거나, 당신이 표현하지 못하는 무언가를 남이 포착해주길 바라는가? 우리는 종종 재채기를 하면서 코를 훌쩍인다. 우리는 공격성을 없애고(재채기) 슬픔을 붙든다(코 훌쩍이기). 다른 이가 우리를 도와주길 바라지만, 요청하기를 두려워하는 것인지도 모른다.

몇 년 전에 내 남편은 남자 두 명과 아파트를 나눠서 쓴 적이 있다. 한 사람은 조용하고 수줍음이 많은 사람이었다. 그는 자신의 감정을 커다란 덩치에, 맥주를 마셔대고, 럭비를 사랑하는 동거인에게 잘 표현하지 못했다. 그러므로 그는 코를 자주 훌쩍였으며, 이는 다른 두 명의 남자를 짜증나게 했다. 다른 두 명은 그를 자주 놀려댔고, 그는 자신이 느끼는 적대심을 표현할 용기가 없었다. 대신 그는 코를 훌쩍였다.

코를 훌쩍이는 것은 코 자체의 문제이기도 하다. 일반적으로 숨을 쉬는 것은 우리가 삶에서 어떻게 영향을 주고받는지와 관련된다. 갓 태어난 아기도 썩은 달걀과 같은 이상한 냄새에 얼굴을 찡그린다는 보고가 있다. 아기들은 또한 엄마의 냄새에도 반응한다. 우리는 종종 무의식적으로 주위 환경을 냄새를 통해 알게 된다.

냄새는 화재나 유독성 화학물질을 경고하는 조기 경보 체제다. 여성들은 슬픈 영화나 즐거운 영화를 보고 있는 사람의 겨드랑이에서 나는 땀 냄새를 구별할 수 있는 능력을 지녔다는 다소 이상한 보고도 있다. 우리는 많은 감정이 냄새를 통해 전달된다고 가정할 수도 있다. 또한 후각을 잃은 사람은 우울증에 걸릴 확률이 높다는 연구 결과도 있다. 이는 다른 사람과 깊이 있는 소통을 할 수 없다고 느끼기 때문일까?

코를 훌쩍일 때 우리는 직관적으로 다른 이의 감정이나 어떤 이에 대한 느낌, 혹은 우리가 원하지 않는 분위기를 냄새를 통해 파악한다. 그래서 우리는 경멸스럽게 코를 훌쩍인다. 우리는 상황을 경멸하면서도, 이유야 어떻든 불만을 표현하지 못한다. 당신이 피해버리고 싶은 무엇이 삶에서 일어나고 있는가? 당신은 인정을 받지 못하고 있는가? 이것이 당신을 실망시키는가?

내 남편의 코골이

밤에 배우자의 코 고는 소리 때문에 잠을 이루지 못한 사람이라면 코골이가 얼마나 주위 사람을 피곤하게 만드는지 알 것이다. 대략 성인의 40%가 코를 고는 것으로 추정되며, 여성보다 훨씬 많은 남성이 코를 곤다.

비교적 작은 이 행위가 코 고는 사람을 침대 밖으로 쫓아내면서 많은 부부 사이를 틀어지게 만든다.

왜 코를 고는가? 코골이는 수면 중 호흡을 할 때 공기가 코, 연구개, 목젖, 주변의 부드러운 구조물들을 진동시키는 것이다. 혀가 뒤로 늘어져 공기 통로를 좁히거나 막는 경우에도 일어난다. 공기가 좁은 통로로 빠르게 움직이면서 진동을 유발하는 것이다. 구개의 무게, 압력, 크기의 문제들이 코골이를 유발할 수 있다.

과체중도 코골이에 영향을 미칠 수 있다. 구개 주변에 지방이 자리 잡으면서 무게를 증가시키기 때문이다. 음주나 수면제 복용도 구개의 근육을 이완시켜서 코를 골게 만든다. 감기나 흡연, 노화, 축농증, 생목, 호르몬적 요인도 코골이를 불러일으킬 수 있다. 코카인처럼 코를 통해 약물을 주입하는 것은 해당 부위에 염증을 유발하며 코를 골게 만든다.

우리는 들숨에서 코를 고는데, 이는 우리가 남성적 요소나 주변 세계를 어떻게 받아들여지는지와 관련이 있다. 이는 우리가 인생의 경험, 특히 남성적인 문제를 받아들이는 데 완전히 열려 있지 않음을 의미한다. 우리는 무슨 일이 일어나든 간에 받아들이길 원치 않으며, 진정한 삶을 사는 것에 저항한다. 코골이는 보통 한밤중 잠이 들었을 때 일어나는데, 이는 이런 장애가 무의식적이며, 파괴적인 반응임을 암시한다. 우리는 의식적으로 변화에 열려 있다고 생각하지만 두려움이 무의식적으로 이를 막는다.

수면 무호흡증을 겪는 사람은 불규칙하게 코를 곤다. 코골이의 강도는 점차 높아질 뿐 아니라, 숨을 멈출 때만 코골이도 함께 멈춘다. 이는 매우 위험한 상태이며 무호흡 중에 죽을 수도 있다. 이를 통해 우리는 변화에 대한 저항을 표현한다. 변화를 받아들이기보다는 죽음을 택할 수도 있다는 것을 보여주는 것이다(결혼식 전날 수면 무호흡증으로 세상을 뜬 예비 신랑도 있다).

나이가 들수록 코를 고는 경우가 많은 이유는 나이가 들수록 변화에 적응하기가 어렵기 때문이다. 마찬가지로 흡연자는 담배 연기로 자신이 변해야만 하는 것과 그 거부 사이에 담을 쌓는 것이고, 생목을 잃는 이는 새로운 것을 소화하는 데 어려움이 있는 것일 수 있다. 체중이 많이 나가면서 코를 고는 사람은 새로운 변화로 나아가지 않으려고 중량을 유지하는 것일 수 있다. 술을 많이 마신 다음 코를 고는 사람은 세상을 있는 그대로 보길 원치 않는 것일 수 있다. 술을 마시면 그들이 꿈꾸던 이상화된 세계가 가능해진다. 장애물을 치움으로써 세상이 친구가 되는 것이다. 세상은 불처럼 치열하고 혹독한 곳이다. 술을 마시면 혹독한 현실을 잊으면서 기분이 나아진다. 코골이는 세계를 있는 그대로 받아들이고 싶어 하지 않는다는 것을 뜻한다. 그들은 또 누구도 그 환상을 깨길 원치 않는다.

감기에 걸렸을 때 우리는 종종 코를 곤다. 변화에 대한 거부는 우리가 감정을 잘 정리하면 바로 그친다. 눈물은 슬픔을 발산한다. 과거의 슬픔을 흘려보낼 때까지 우리는 앞으로 나아가길 거부한다. 우리는 따뜻한 침대에 틀어박혀 다른 이들과의 교류를 거부하고, 변화하지 않아도 되는 안전지대를 만들어낸다.

거칠고 쉰 듯한(때로는 으르렁거리는) 소리를 내는 코골이는 변하지 않는 자신에 대한 분노, 변화를 가로막는 다른 사람에 대한 분노를 드러내는 것일 수도 있다. 이는 또한 침대를 나눠 쓰는 사람에게 스스로를 억지로 변화시키려 하지 말라고 경고를 보내는 것일 수도 있다(흡연자나 알코올 중독자, 약물을 복용하는 사람은 중독을 치료해야 한다는 조언을 듣기 싫어하는 특별한 경우다). 큰 소음은 귀에 거슬리고 불쾌하다. 또 자연스러운 호흡과 삶의 리듬을 방해한다. 결국 우리는 불안한 기분, 균형을 벗어난 상태로 깨어나게 된다.

신체적으로 코골이를 완화시키는 방법은 많다. 특별히 고안된 베개나 틀니, 스프레이, 강장제나 반창고, 진동 손목대를 비롯해서, 좀 더 극단적인 경우 수술을 할 수도 있다. 우리가 정말 해야 할 것은 변화를 두려워하는 이유를 찾는 것이다. 무엇이 변화를 주저하게 하는가? 삶의 어느 부분이 정체되어 있고, 왜 신선한 공기를 마셔야 하는가? 숨을 진정으로 받아들이고 즐기고 있는가? 당신 삶에 다가가는 새로운 방법을 찾으라. 그것은 출근길에 다른 길로 가보는 것처럼 작은 일일 수도 있고, 늘 하고 싶었지만 시간이 없다는 이유로 하지 못했던 큰일을 감행하는 것일 수도 있다. 그런 다음에야 우리는 삶의 귀중한 모든 순간을 받아들이면서 자유롭게 숨 쉴 수 있는 길을 찾을 수 있다.

'쉿' 소리를 내는 행위

입술을 오므리고 공기를 빨아들이면 뱀이 내는 것 같은 '쉿' 소리를 낼 수 있다. 이런 행위가 뱀을 닮은 것은 우연의 일치가 아니다. 이 행위는 누군가가 우리의 앞길을 가로막는다면 누구라도 공격할 수 있다는 기분을 표출한다. 이런 식의 숨 쉬기는 우리가 주변 환경을 얼마나 받아들일 것인지를 제한하고 통제한다. 우리는 세계와 교감하길 원하지 않는다. 우리가 느끼는 대로 숨 쉬고 말하길 두려워하면서 차라리 독을 삼키는 길을 택한다. 비난의 말을 삼키고 입술을 깨물며 적이 아닌 자신을 해친다. '쉿' 소리를 내면서 자신이 화났다는 것을 다른 이에게 알리고, 상황을 조종해 통제한다.

호흡은 우리가 지상의 존재로 들어서고 나갈 때 가장 처음과 마지막에 하는 것이다. 숨을 들이쉴 때 우리는 생명을 불어넣는 잠재력을 산소라는 형태로 흡입한다. 숨을 내쉴 때 우리는 해로운 탄소가스를 배출해낸다. 이 같은 과정에 실패한다면 우리는 몇 분 내로 죽을 것이다. 숨을 들이마시고 내쉬면서 생겨나는 주기는 우리가 생명을 어떻게 유지하는지 반영할 뿐 아니라 우주의 주기를 반영한다.

입은 내부와 외부의 연결 통로이다

왜 매니큐어와 립스틱에 빨간색이 많이 쓰이는지 아는가? 최근 들어 다양한 색이 출시되긴 했지만,
아직도 많은 여성들이 손톱과 발톱, 입술에 빨강을 바른다. 빨강은 분노와 성욕을 표상한다.
오랫동안 긴 빨간 손톱을 가진 여성은 남성을 유혹해 파멸로 이끄는 '팜므 파탈'로 여겨졌다.
붉은 입술은 자극받은 질을 상징한다. 공격성과 성욕이 억압된 사회에서는
이런 특질을 드러내는 것이 두렵게 여겨진다. 때문에 팜므 파탈은 공격적이고
성적인 본능을 두려워하는 다른 여성들에게서 종종 비난을 받는다.

입에 대한 일반론

우리는 입으로 숨을 쉬고, 먹고 마시며, 섹스도 한다. 비눗방울을 만들 때도 입을 쓴다! 이처럼 입은 인체의 다른 어떤 구멍보다도 한꺼번에 여러 가지를 처리한다.

입은 바깥 세계를 우리의 내적 세계로 끌어들이는 전이점이다. 말을 함으로써 우리는 주변에 생각을 알린다. 먹고 마심으로써 우리는 세계로부터 양분을 섭취한다. 숨을 쉼으로써 우리는 친구와 적 모두가 숨 쉬는 공기를 들이마시며 바깥 세계와 연결된다.

입은 바깥 세계의 무언가를 받아들이고 내적으로 소화한 뒤 방출하는 기능을 갖고 있다. 먹고 마시면서 우리는 음식과 물을 섭취하고 폐기물을 방출한다. 숨을 쉬면서 우리는 산소를 빨아들이고 이산화탄소를 내뿜는다. 의사소통을 하면서 우리는 마음속에서 받아들일 만하다고 느낀 것을 받아들이고, 그로써 얻은 것들을 표현한다.

이런 과정에서 일어나는 감정적인 장애는 입으로 표현된다. 무엇을 어떻게 먹는지, 어느 정도로 숨 쉬는지, 말을 하거나 침묵하는지 등을 통해서 말이다. 이처럼 입과 관련한 행동은 우리가 바깥 세계를 어떻게 받아들이고 거부하는지를 보여준다.

우리 몸의 다른 구멍은 이처럼 다양한 역할을 하지 못한다. 질은 성적·생식 기능을 지니며, 귀는 듣는 데 쓰이고, 코는 냄새를 맡고 숨을 쉬는 데 쓰인다. 이에 비해 입은 이런 기능 외에 다른 기능도 갖고 있다.

입에서 나가고 들어오는 것에 불균형이 일어난다면, 이는 무언가에 굶주려 있다는 뜻이다. 이 불균형이 호흡과 관련해 일어난다면, 이는 호흡 독립과 관련되어 있다. 음식에 관련한 불균형은 사랑이나 양육, 용인의 욕구를 뜻한다. 의사소통과 관련한 불균형은 타인과의 친밀이나 진실과 관련된다.

잘근잘근 하루 종일 펜 끝을 물어뜯는 당신

습관에 관한 내 첫 책 《습관 고치기》에서 나는 물어뜯기(깨물기)와 씹기에 차이를 두지 않았다. 그러나 나는 이 두 가지 사이에 미묘한 차이가 있음을 이해하게 됐다. 깨무는 행위가 더욱 거칠고 공격적인 행위인 데 비해 씹는 것은 개념을 곰곰이 생각하는 쪽에 가깝다. 깨물기에 들어가기 전에 우선 치아를 살펴보자.

개는 위협을 받으면 물어뜯는다. 만족스러울 때는 뼈다귀를 씹어 먹는다(또는 자신들이 방금 물어뜯은 것을 다시 씹는다. 그것이 집배원이 아니길 바란다). 물어뜯기는 공격적인 상태를 뜻한다. 압박감을 받게 될 때 우리는 신랄한 공격을 하게 된다. 해학적이지만 날카로운 비평은 '신랄한 풍자biting wit'로 표현된다. 얼어붙을 듯 차가운 바람은 '살을 에는 바람biting wind'으로 표현된다. 물어뜯는 행동은 적을 철저하게 잘라내는 것이다. 성을 잘 내는 개처럼 누군가를 덥석 물고 싶지만, 대신 우리는 스스로에게 재갈을 물린다. 우리는 이를 드러내느니 입을 다물고 감추는 편을 택한다.

대신 우리는 무의식적으로 펜이나 손톱, 지우개 같은 무생물을 물어뜯으며 그것이 우리의 적이었으면 좋겠다고 바란다. '이를 악물고 견디다bite the bullet'란 표현처럼 상황을 견디며 우리의 분노와 공격성을 억누른다. 화를 표현하기보다는 혀를 깨무는 편을 택하면서 우리 자신을 해롭게 하는 쪽을 택한다. 공격하면 감당할 수 없는 일을 하게 될지도 모른다는 두려움 때문이다.

우리가 물어뜯는 각기 다른 물체들은 우리의 공격성이 어디에 자리하고 있는지 보여준다. 예를 들어, 펜을 물어뜯는 것은 업무와 관련한 문제와 연결되어 있다. 하긴 해야 하는데 하고 싶지 않은 일을 시작해야 하는가? 지우개를 물어뜯는다면 어떤 문제나 사람을 지워 없애지 못해서 화가 나는 것일 수 있다(손톱과 관련해서는 이 장 뒷부분에서 따로 다루겠다).

'bite(물어뜯다)'는 '자르다, 깨다'란 뜻을 가진 인도-유럽어 'bheid'

에서 파생했다. 화난 감정을 입 밖에 내면 인간관계에 되돌릴 수 없는 불화를 초래할 것이라고 생각해서 두려워하는가? 건강한 방식으로 분노를 표현할 수 없다면 그 분노는 그늘진 자아의 영역으로 들어간다. 분노를 건강한 방식으로 제어해 표현하지 않는다면 소극적으로 분노를 보일 수도 있고, 갑자기 폭력적으로 발끈할 수도 있다.

씹을 때 소화되는 것은 음식뿐만이 아니다

무언가를 씹을 때 우리는 즉각적인 공격성을 얼마간 삭인다. 물어뜯을 때처럼 공격에 나서지 않으며, 당면한 문제를 소화할 수 있을 만한 크기로 부순다. 실제 식사를 할 때는 쉽게 소화하기 위해서 음식물을 물어뜯은 다음 갈거나 으깬다. 이처럼 문제를 받아들이기 위해서는 감정적으로 소화할 수 있을 만한 조각으로 부숴야 한다. 음식물을 충분히 씹지 않는 것은 삼키기 어려운, 그래서 소화하기 쉽지 않은 감정을 제거해버리려는 욕구와 관련있다. 음식물을 충분히 씹지 않고 삼켜버린다면, 당신은 불편하고 소화하기 어려운 감정을 어떻게 해결할 것인가?

이제 물어뜯기와 씹기와 관련된 구체적인 행동을 살펴보자.

껌을 씹는 이유

껌 씹기는 어떤 경험을 풀어놓거나 소화하길 원치 않는다는 뜻일 수 있다. 우리는 그것을 계속 반복하길 택한다. 젖니가 나기 시작하는 유아처럼 우리는 씹음으로써 고통을 달랜다. 그 달콤함은 모든 것이 잘 될 것이라는 환상을 만들어낸다. 우리는 불안하기 때문에 바깥 세계를 안으로 끌어들인다. 통제 가능한 정도로만 허용하고 소화시키지는 않는다.

껌은 향을 곁들여서 '숨을 상쾌하게 하는 것'의 용도로 판매된다. 어쩌면 우리는 소화되지 않은 분노의 감정을 껌으로 해결하기를 바라는 것일 수도 있다. 나쁜 호흡은 표현되지 못한 깊은 분노에서 비롯된다. 향기 나는 껌을 씹으면서 우리는 해로운 감정을 '민트 프레쉬'로 대체하지만, 이 달콤함은 쉽사리 사라지고 냄새나는 감정은 여전히 남아 있게 된다. 우리는 종종 쿨하고 느긋한 자세로 껌을 씹으며 불안함과 억누른 공격성을 숨긴다. 껌이 대체로 민트향인 것은 민트향이 분노를 감소시키기 때문이다. 내부에 너무 많은 불이 타오른다면 우리는 이를 진정시킬 수 있는 것을 원하게 된다. 민트 외에 더 좋은 방법이 있는가?

왜 그렇게 빨리 먹는가?

　너무 빨리 먹는 사람들은 종종 문제를 처리하거나 해결하는 데 충분한 시간을 갖지 않는다. 천천히 먹는 사람들이 경험에서 얻을 수 있는 것들을 충분히 흡수하는 반면, 빨리 먹는 사람들은 다른 문제로 넘어가려고 서두르는 경향이 있다. 빨리 먹는 사람들은 해야 할 프로젝트를 더 빨리 완료하려고 분투한다.

　충분히 씹지 않을 때 우리는 음식물을 효과적으로 소화시킬 만큼 부수지 않는다. 음식을 너무 빨리 삼키는 것은 일을 향해 급히 돌진하는 것이며, 성취까지의 인내심이 부족한 것이다. 우리는 포만감을 제대로 느끼기 전에 너무 많이 먹어버리는 경우가 많다.

　죄의식은 너무 빨리 식사를 마치는 또 다른 이유다. 어떤 일을 하는 것이 나쁘다고 생각할 때 우리는 재빨리 남몰래 해치우는 경향이 있다. 빨리 먹어대는 것은 우리가 먹었다는 사실을 부인하고 싶은 마음의 작용이며, 죄책감을 완화하기 위한 방법일 수 있다. 어린아이가 훔친 과자를 급하게 먹는 것은 증거를 빨리 없애기 위해서이다.

　당신이 그릇을 다 비우고 고개를 들었을 때 다른 이들의 그릇은 아직 음식이 가득한 상태라면 어떠한가? 감정적으로 공허한가? 친밀함의 갈망을 해소하지 못해 음식으로 대체하고 있는가? 당신이 굶주림을 느끼는 대상은 무엇인가? 당신이 갈망하는 것은 무엇인가? 저 깊은 곳에서 영혼이 결핍에 시달릴 때 음식으로 충족시키는가? 음식 섭취는 천천히 맛을 음미해야 한다. 단지 채우는 것이 아니라 먹는다는 자체를 즐기는 심미적인 즐거움이 되어야 한다. 우리가 사색하고 의식하며 음식을 먹는다면 우리는 그 경험에서 더 큰 즐거움을 이끌어낼 수 있을 것이다. 음식을 몇 번 더 씹음으로써 소화를 더 잘 시킬 수 있으며, 살을 빼는 데도 도움을 얻을 수 있다.

식습관 - 특정 음식에 대한 갈망

＊ 단 음식

초콜릿 바를 다 먹지 않고는 견딜 수 없다면, 차에 세 스푼 이상의 설탕을 넣어야 한다면, 쿠키를 담은 그릇이 '불가사의하게도' 비어 있다면 설탕에 중독되어 있다는 것을 인정해야 한다. 끈적거리는 음식이나 초콜릿 케이크를 입 안에 쑤셔 넣을 때 삶이 조금 더 달콤해진다고 느끼는 것이다.

아이들에게는 종종 그들이 원하는 사랑 대신 사탕이 주어진다. 이것이 평화를 유지하는 손쉬운 방법이다. 그럴 경우, 아이들은 사랑에 대한 내적 갈망을 사탕에 대한 외적 갈망으로 대체하도록 배운다. 슈퍼마켓 계산대 주변에 다양한 사탕이 놓인 것은 우연의 일치가 아니다. 엄마가 계산대 위에 물건을 풀어놓을 때 아이가 칭얼댄다면 초콜릿 바는 즉각적인 해결 방법이 된다. 이런 상황을 한번이라도 겪어본 엄마들이라면 엄청난 짜증을 감당할 수 있는 방법으로 초콜릿이 효과적이라는 것을 알 것이다.

충분한 사랑이나 보살핌을 받지 못한다면 뿌리 깊은 분노가 싹튼다. 이는 충치로 이어진다. '단 것을 좋아한다sweet tooth'라는 말은 호감과 혐오감(감미로움과 공격성)을 결합하는 일종의 모순 어법이다. 지나치게 친절한 사람은 사탕처럼 금방 싫증이 나며 끈적거려 제거하기도 쉽지 않다. 치아는 단호함과 공격성도 표상한다. 만약 입을 닫고 있다면 그 무엇도 우리에게 침투할 수 없다. 썩은 이는 결정에 대한 억눌린 공격성, 침범당한 경계를 표상한다. 본래 상처를 입히고 공격을 할 때 쓰였던 치아가 쇠퇴하고, 고통과 불안을 만들어내면서 우리를 서서히 파괴한다. 의학적으로 썩은 부분을 제거한 뒤 구멍을 메우거나 충치를 뽑는 것은 감정적으로 우리를 괴롭히던 것들을 제거한 뒤 인위적이고 단단한 경계를 세우는 것으로 해석할 수 있다.

인도의 아유르베다 치유법에서는 설탕과 우유를 양육, 보살핌과 연결시킨다. 갓난아이였을 때 우리는 입으로 모유를 받아먹으며 보살핌을 받는다. 이를 통해 우리는 따뜻함과 사랑을 경험하게 된다. 충분한 보살핌을 받지 못해 불만족스럽다면, 우리는 공허함을 채우기 위해 끊임없이 갖가지 종류의 단맛을 찾을 것이다. 이로써 결핍 때문에 우리가 단 음식을 찾게 되는, 좋지 않은 주기가 시작된다. 이는 지나친 점액과 체중 증가를 불러오고, 우리 스스로 자신감을 상실하여 사랑을 찾기 어려워진다. 사랑에 빠졌을 때 누군가에게 '반해 있다sweet on'라고 표현하는데, 이는 'sweet(상냥한)'을 마음과 연결시켜 사용한 경우다. 관심이나 보살핌을 갈망할 때 당신은 그 대신 초콜릿을 하나 먹으라고 스스로를 유혹하지 않는가?

유년 시절을 돌아보라. 어머니가 감정적으로나 육체적으로 곁에 없었는가? 어머니의 관심과 사랑을 얻기 위해 다른 형제자매와 다퉈야 했는가? 어쩌면 어머니도 스스로 보살핌을 받지 못했기 때문에 자신이 받지 못한 보살핌을 줄 수 없었을지도 모른다.

✳ 짠 음식

바삭바삭한 것을 좋아하는가? 맛을 보기도 전에 음식에 소금을 넣어야만 하는가? 아유르베다에 따르면, 소금을 지나치게 섭취하는 것은 갈망, 충동적인 욕구와 관련이 있다. 짠 음식이 먹고 싶다면, 우리는 정신적 활동과 관련된 불의 에너지를 받아들이고 싶어 하는 것이다. 그러므로 소금을 많이 섭취하고 싶어 할 때는 지적인 작업이나 사고력이 필요한 일을 할 때인 것이다. 우리가 이전 세기에 비해 엄청난 양의 소금을 섭취한다는 점을 생각해본다면 이해할 수 있을 것이다. 우리는 남성적 가치가 사회를 지배하며, 감정보다 사고에 더 가치를 두는 세계에 살고 있다.

역사상 소금은 매우 귀중한 것으로 여겨졌으며, 전쟁은 소금을 두고 일어났다. salt(소금)란 말의 어근은 소시지sausage, 소스sauce, 살사salsa, 샐러드salad 등 다른 많은 단어에서 찾을 수 있다. 임금salary이란 말은 로마 시대 병사들에게 임금을 소금으로 지급한 데서 연유하며, '밥값을 해라worth your salt'도 여기서 연유한다.

소금은 또한 치료와 보존 목적으로도 쓰였다. 어떤 사람들은 영적 차원에서 소금을 정신적 세계와 연결하는 용도로 썼다. 소금은 정화나 소독을 하는 데 쓰이며, 박테리아를 없앨 수 있다. 그렇다면 소금을 많이 쓴다는 것은 스스로를 균형 상태로 복귀시키기 위해, 당신의 중독성이나 사고방식을 정화하고 싶다는 무의식적인 신호일 수있다.

인간의 피가 짭짤하기 때문에 유대인이나 기독교인들은 종교 의식에 피 대신 소금을 사용했다. 이런 관점에서 본다면 누군가를 '세상의 소금'이라고 일컫는 것은 대지에서 난 혈통임을 의미한다. 그래서 그들은 믿을 만하고 의지할 만하다. 이는 지적·감성적으로 평형을 이룬 상태이기 때문이다.

✳ 매운 음식

또 다른 '불'의 음식은 양념이다. 당신의 애정 생활에 묘미를 더하길spice up 원하는가? 당신 인생의 양념spice of life은 무엇인가? 온도를 높이고turn up the heat 싶은가? 삶을 좀 더 활기차게 만들고 싶을 때 우리는 흔히 이런 표현을 사용한다. 우리는 밋밋하고 틀에 박힌 것에 싫증이 난다. 당신의 음식과 삶에 양념을 더하라. 전율과 흥분을 추구하라. 매운 음식을 먹는 것은 행동과 시작에 관한 것이기도 하다. 그러나 이런 강렬한 맛은 소화하기 힘들며, 얼얼함을 진정시키기 위해 물을 찾도록 만들 것이다.

✳ 담백한 음식

자극적인 양념이나, 크림의 풍부함, 신선한 허브의 향기를 없애버리고 담백한 식사를 할 수도 있다. 담백하고 향미가 없는 음식에 끌리는 사람들은 다양성과 새로움을 받아들이기 힘들어하는 것이다. 이들은 삶에 향미와 색깔을 더하길 원치 않는다.

종종 관절염이나 통풍 환자들은 몸의 산성을 줄이기 위해 담백한 식사를 해야 한다. 두 가지 질병 모두 경직, 통제, 완벽주의와 연관되어 있다. 이런 사람들은 자신의 신념에 맞지 않거나 용인되지 않는 경험 또는 음식을 소화하기 힘들다. 이들은 위협감을 두려워하기 때문에 양념을 뺀 담백함을 원한다. 이들은 이국적이거나 색다른 것을 참지 못하며, 이런 음식을 소화해야 한다면 몸에 반점이 돌거나 고통스러워한다. 때로 환자들은 입원 후나 회복 단계일 때 자극을 피하기 위해 담백한 음식을 먹도록 권유받는다.

✳ 무른 음식

곤죽이 된 완두콩, 으깬 감자, 죽 등 무른 음식을 좋아하는 사람들이 있다. 모든 이들이 이런 음식을 좋아하긴 하지만 우리는 유아가 아니므로, 이런 음식만 먹는다면 거기에는 특별한 이유가 있는 것이다. 소화에 문제가 있는 사람들은 무른 음식이 소화가 잘 되기 때문에 당연히 이런 음식을 좋아한다. 씹고 물어뜯는 모든 공격적인 작업이 끝난 상태이기 때문에 이들은 단지 삼키기만 하면 된다. 이미 언급한 것처럼, 물어뜯기와 씹기는 공격성과 관련이 있다. 따라서 이런 사람들은 자신들의 공격적인 감정과 대면할 수 없는 것이다. 이들은 어린 시절(무른 음식은 이유식과 비슷하다)처럼 별다른 문제나 대립, 난제를 처리할 필요 없이 삶이 편안하고 안락하게 흘러가길 원한다. 죽을 병에 걸린 이들에게 이런 음식이 제공되는 이유다.

무른 음식은 예로부터 지나치게 삶은 것들이다. 모든 영양분과 삶의 에너지는 증기와 수분 속에서 사라져버린다. 이는 또한 무른 음식을 먹는 이들이 생명력과 에너지를 받아들이기 싫어하는 것을 반영하기도 한다. 처리하기가 너무 두렵고 힘들기 때문이다.

담배 씹기

담배 씹기는 점차 인기를 잃어가고 있다. 그럼에도 담배를 씹는 것을 좋아하는 사람을 알고 있다면, 그가 그런 행동을 하는 이유를 알아보는 것은 흥미로울 것이다. 먼저, 담배는 이미 알고 있듯이, 중독성이 강하며 행복감을 더해준다. 이는 습관을 지속하기 위한 아주 좋은 결합이다! 담배를 씹음으로써 우리는 마음을 가라앉히며, 우리를 긴장하게 만드는 것을 받아들이지 않으려고 한다.

아이들이 손톱을 물어뜯는 이유

손톱 깨물기는 어린아이부터 어른에 이르기까지 많은 이들에게 '인기 있는' 습관이다. 이는 보기 흉할뿐더러, 손톱 뿌리의 살이 드러났을 때는 고통스럽기도 하다. 하지만 손톱을 물어뜯는 이들은 강박적으로 손톱을 씹어댄다. 이 버릇을 고치기란 어렵다.

내 친구는 나의 첫 번째 책을 읽고 나서 자신이 손톱을 물어뜯게 된 감정적인 욕구를 이해하게 됐고 문제를 해결하기 위해 나섰다. 지금은 더 이상 손톱을 물어뜯지 않는다.

본래 손톱은 공격이나 방어의 수단이다. 고양이가 발톱을 세운다면 공격하겠다는 뜻이니, 긁히고 싶지 않다면 도망쳐야 할 것이다. 우리의 손톱은 동물의 발톱처럼 공격성과 연관되어 있다. 우리는 공격 직전에 손톱을 세운다. 여성들이 높은 위치에 올랐을 때는 고난을 극복하고 출세했다claw their way고 말한다. 이는 결단력과 공격성으로 이루어냈다, 또는 순진한 남자를 공격했다는 뜻을 지닌다. 우리는 누군가에게 복수하고 싶거나 해치려 할 때 손톱을 세운다.

공격성이 용납할 수 없는 것으로 받아들여지는 사회에서 공격적인 열망은 억압된다. 승진에서 누락됐다고 상사의 얼굴에 손톱을 세워서는 안 된다. 결국 우리는 공격을 할 때 쓰이는 무기를 본능적으로 물어뜯는다. 스스로 무장해제한 뒤 화를 내재화함으로써 우리 스스로를 해친다. 우리는 자연스럽고 본능적인 대응을 두려워하기 때문에 공격 수단을 파괴해버린다. 별안간 분노에 차서 비난을 늘어놓는 것은 분노를 표현하는 건강한 방법이 아니다. 신랄한 비판을 늘어놓거나 아첨을 하는 것도 억압의 결과이며, 균형 잡힌 것이 아니다.

자기 자신을 솔직하게 표현하지 못한다면 자의식이 사라진다. 우리는 다른 사람의 비위를 거스를까 봐 자신의 진정한 본성을 드러내길 두려워한다. 결국 이런 두려움이 우리를 해롭게 한다. 다른 이들이 받아들일 수 없다고 느끼는 감정이 솟아오를 때 우리는 두렵고 초조해진다. 손톱을 깨물고 싶다면 정말로 할퀴고 싶은 것이 무엇인지, 또는 어떤 사람인지 스스로에게 물어보라.

왜 매니큐어와 립스틱에 빨간색이 많이 쓰이는지 아는가? 최근 들어 다양한 색이 출시되긴 했지만, 아직도 많은 여성들이 손톱과 발톱, 입술에 빨강을 바른다. 빨강은 분노와 성욕을 표상한다. 오랫동안 긴 빨간 손톱을 가진 여성은 남성을 유혹해 파멸로 이끄는 '팜므 파탈'로 여겨졌다. 이는 '우리에게 간섭하지 말아요.' '우리는 목적을 위해 공격도 마다하지 않아요. 당신은 우리를 쉽게 이길 수 없어요.' 라는 의미를 보여준다. 붉은 입술은 자극받은 질을 상징한다. 공격성과 성욕이 억압된 사회에서는 이런 특질을 드러내는 것이 두렵게 여겨진다. 때문에 팜므 파탈은 공격적이고 성적인 본능을 두려워하는 다른 여성들에게서 종종 비난을 받는다.

아이들과 동물들은 어버이나 소유주의 억압된 면을 표현한다. 아이들이 손톱을 깨무는 것은 그들 자신의 억압된 공격 본능을 보여주는 것이기도 하지만, 부모의 행동을 따라 하는 것일 수도 있다. 이런 아이들의 부모는 자신이나 자식들을 강하게 통제했을 수 있다. 그러므로 성욕이나 공격성, 통제하고 싶은 욕구 등 '용인될 수 없는' 감정이 아이에게 생길 때 아이는 긴장을 하고 이를 풀기 위해 손톱을 깨물게 된다.

'왕따'에 너무 많은 관심을 쏟는 사회에서는 아이들이 다른 아이의 괴롭힘에 쉽사리 육체적인 대응을 하기가 힘들다. 아이들은 이런 소동을 해결하고 싶지만, 선생이나 부모의 반응이 두려워 마음대로 행동하지 못한다. 이들은 분노를 내재화하는 것 외에는 표현할 방법을 찾지 못한다.

거짓말하는 부모도 우리가 진실을 억누르도록 배우는 원인이 된다. 때로는 부부 중의 한 사람이 상대를 할퀴고 싶은 상황에서 '지긋지긋한 인간아, 스스로 좀 하지!'라고 말하지 않고 '그래요, 자기.' 혹은 '전혀 화나지 않았어요.' 하고 말하는 것을 듣는다. 가족 간에 진실이 부족하고, 부모가 뜻하는 것과 다르게 말하는 것을 볼 때, 아이들은 듣는 것과 본능적으로 느끼는 것 사이의 불일치를 받아들인다. 부정직과 혼란 속에서 아이들은 화를 억눌러야 한다고 생각하게 된다. 그래서 분노를 표현하거나 공격하는 대신 아이들은 자신의 무기를 깨물게 된다.

손톱 주변의 살을 깨무는 것의 의미

이전에 언급했듯, 깨무는 행동은 억압된 공격성의 발로다. 우리가 살을 깨무는 것은 무언가 우리를 지치게 하며, 그것을 표현하기보다 소화해버리려 한다는 것을 의미한다. 손톱이 아니라 살을 깨문다면 다른 사람을 공격하고 싶지 않은 것이며, 어떤 문제가 우리를 괴롭히도록 놔두는 것이다. 우리는 진정한 문제가 무엇인지 파악할 능력이 없고 그것을 어떻게 처리해야 할지 모르겠다고 느낀다. 뒤로 물러서서 어떤 감정이 떠오르든 스스로를 해치면서 진정시킨다.

스스로에게 고통을 초래하면서, 우리는 그런 감정에 대한 죄책감이 줄어들길 바란다. 이런 상황에 긴장을 느낄수록, 감정은 더 강해지고 이를 억누르기 위해 우리는 더 씹게 된다.

아이처럼 무언가를 빠는 습관

빨기는 아이가 모유를 먹을 때 하는 행위다. 단 것이든, 옷이든 무언가를 빤다는 것은 아기였던 시절 경험했던 안전과 평온함을 다시 느끼고 싶다는 깊은 열망을 암시한다. 엄마의 가슴에서 더 이상 젖을 먹을 수 없을 때, 엄마의 젖꼭지를 대신할 수 있는 인조 젖꼭지가 물려진다. 후에 우리는 엄마가 여전히 곁에 있다는 환상을 떠올리며, 엄지손가락을 대용품으로 사용하기도 한다. 이는 우리에게 안락함을 주고 스트레스를 풀어준다. 어른이 되어서도 펜 끝이나 다른 무언가를 빠는 것은 우리가 닥친 상황에 대해 스스로를 진정시키고 두려움과 긴장을 덜고 싶어 하는, 뿌리 깊은 갈망을 드러낸다. 그러나 이는 어린 시절의 인조 젖꼭지처럼 진정한 보살핌을 대체하는 모형일 뿐이며, 친밀함의 부재를 고통스럽게 드러낼 뿐이다.

아기들은 이가 없기 때문에 공격할 능력이 없다. 아기들에게 경계는 존재하지 않으며, 정말 어릴 때는 어떤 결정을 할 수 있는 능력이나 기회를 갖지 못한다. 스스로 무력하다고 느끼면서 분노와 불안감이 생기며, 우리는 무언가를 빨면서 이를 위로받는다. 무력하다고 느끼거나, 우리의 경계가 침범당하고 의지가 무시당했을 때 빨기는 습관이 된다.

공기 삼키기(공기연하증)

이 특이한 행동은 공기를 꿀꺽 삼키는 것이다. '흔적도 없이into thin air'라는 표현은 사라지거나 존재하지 않는다는 의미로 쓰인다. 보이지 않는 것을 삼킨다는 것은 (숨 쉬는 것이 아니라 먹는 것이다) 무언가 실제로 존재하지 않는 것을 기쁘게 삼키는 것을 의미한다. 그러므로 우리는 어떤 상황이 괜찮다고 스스로를 속이며, 그것을 받아들이고 충분히 이해한 척하는 것이다. 우리는 당치 않은 기대로 가득 찬, 실상은 비어 있는 공기 주머니인 것이다. 우리가 흡수한 이런 기체는 방귀를 뀌거나 트림을 할 때 지독한 냄새를 풍기며 슬쩍 공격적인 방식으로 빠져 나온다. 이는 우리가 대처하기 힘들다고 느끼는 상황에 대한 유치하고 믿을 게 못 되며 활기 없는, 공격적인 대응이다.

운동선수들이 경기 중에 침을 뱉는 이유는 뭘까?

화를 낼 때 우리는 뱀이 독을 뱉어내듯이 가래를 뱉어 충동을 내쫓는다. 우리는 실제 어떤 문제를 받아들이기보다는 내뱉어 버린다. 가래^{phlegm}는 불꽃^{flame}과 비슷한 발음이 나며, 이는 실제 '불타오름'이란 뜻을 지닌 'phlegma'와 '태워버리다'란 뜻을 지닌 'phlegein'에서 파생했다. 우리는 화를 돋우는 것이나 귀찮게 하는 것을 내뱉어 버린다.

부비강 환자들은 아침에 일어나면 많은 양의 가래를 뱉어내야 한다. 부비강염은 우리 자신이나 가까운 누군가에 대한 초조함, 짜증스러움과 관련되어 있다. 가래가 누르스름하거나 푸르스름해지는 것은 상황이 유독하며 오염되었다는 것을 보여준다. 우리는 운동선수들이 경기장에서 가래를 뱉는 모습을 TV에서 자주 볼 수 있다. 아마도 상대 선수가 우위를 점하고 있거나, 점수를 얻을 수 있는 기회를 놓쳤을 때일 것이다. 침을 뱉는 것은 이런 상황과 비난을 없애버리려는 욕망이다.

밤새 이를 갈아대는 사람들

잠에서 깨어났을 때 턱이 아프다고 느낀 적이 있는가? 두통이 느껴지다가 시간이 지나면서 사라졌는가? 아니면 얼굴이나 치아에 통증을 느꼈는가? 이는 당신이 잠을 자는 동안 이를 갈았기 때문일 것이다. 의학적으로 '이갈이bruxism'라고 알려진 이 버릇은 수면 중 가장 흔하다. 이갈이는 이미 언급한 대로 정신적 불안감만 유발하는 것이 아니라, 치아에 큰 압력을 가함으로써 치아의 표면이 닳고, 이의 뿌리를 부실하게 한다. 또 치주조직이 손상돼 턱관절 이상을 초래할 수도 있다. 그런데도 당신은 이를 간다는 사실을 전혀 의식하지 못하고 있을 수도 있다.

이갈이의 원인은 스트레스와 불안정한 심리상태다. 어른의 경우 스트레스가 그 원인이다. 치아가 잘 맞지 않는 부정교합, 음주 등도 원인이 될 수 있다. 유전, 특정 약의 복용, 중추신경계 장애 등도 원인으로 작용한다는 연구 결과도 있다. 칼슘 부족으로 근육 경련이나 입 근육의 비자발적인 움직임이 초래되는 것도 이갈이의 원인이 될 수 있다. 기생충 감염, '프로작' 같은 항우울제도 이갈이의 원인으로 알려졌다. 그러나 이미 알다시피 신체적인 단계보다 감정적인 원인이 먼저 촉발된다.

잘 보이지 않는 것이 잘 보이는 것에 영향을 미친다. 그 반대는 일어나지 않는다. 그러므로 이 모든 신체적인 유발 원인에도 불구하고, 우리의 존재 근저에 무슨 일이 일어나고 있는지 살펴볼 필요가 있다.

이를 가는 사람들은 손톱이나 펜, 볼의 안쪽 등을 깨무는 경향도 있는 것으로 드러났다.

'맹렬히 싸우다fight tooth and nail' '빈틈없이 무장하고armed to the teeth'

등의 표현에서 보듯, 이도 손톱처럼 공격의 도구가 된다. 치아는 음식을 쉽게 소화할 수 있게 빻는 수단이면서 결의를 보여줄 수 있는 수단이기도 하다. 이를 가는 것은 우리의 공격 도구를 무디게 하는 것이다. 밤에 이를 가는 것은 뿌리 깊은 공격성에 대한 무의식적인 반응을 암시한다. 이런 무의식적인 문제는 우리를 지치게 하는 힘든 일상daily grind이다. 우리는 문제를 공격할 능력이 부족하다고 느끼면 이를 갈면서 소극적으로 공격성을 표출한다. 이런 행동이 반복된다는 것은 이런 문제가 때로는 수년간 지속될 것을 의미한다. 입은 경계를 의미한다. 그러므로 공격성은 우리의 경계가 침범당했다는 느낌과 관계가 있다. 누군가 우리를 침범하고 무언가를 가져갔다면, 자연히 우리는 복수를 갈망한다.

음식을 갈아 부숨으로써 우리는 음식물이 소화기 계통을 쉽게 지나갈 수 있도록 한다. 이를 갈면서 우리는 삼켜버리기 힘든 감정을 간다. 얼마나 이를 갈든, 입 안은 여전히 비어 있다. 그러므로 우리의 노력은 소용이 없다. 우리는 문제를 '한입 크기'로 줄일 수 있는 능력이 없음을 깨닫는다. 우리는 해결할 수 없는 문제에 두려움을 갖는다.

이는 결단을 상징한다. 이를 열거나 닫음으로써 우리는 세계와 어떻게 교류할 것인지 결정한다. 무엇을 받아들이고 밀어낼 것인지 결정한다. 치아에 문제가 있다면, 결정적인 행동을 하거나 무언가에 몰두하는getting our teeth into 것에 어려움을 겪는 것일 수 있다.

요약하자면, 우리는 분노를 느끼지만 직면하기 두려운 문제를 해결해야 한다는 사실을 두려워하고 스트레스를 받는다. 그리고 복수할 기회를 노린다.

잦은 구토와 음식거부

　무언가를 소화하기 싫을 때 우리는 그것을 뱉어버린다. 우리는 그것을 담아두거나 받아들일 수 없다. 이는 소화하기 힘든 감정이나 경험이 될 수도 있고, 우리 자신과 너무나 다른 타인의 면모일 수도 있다. 이런 문제는 우리를 화나게 만든다. 우리는 마음에 들지 않는 것을 찾아냈을 때 그것을 쫓아내 버린다. 우리는 섭식장애같이 구토를 하게 만드는 행동 뒤에 숨겨진 이유에 더욱 관심을 가져야 한다. 섭식장애는 거의 여성에게만 일어나며, 신경성 식욕부진 환자의 20%가 섭식장애 때문에 사망할 정도로 심각하다.

　신경성 식욕부진과 신경성 식욕항진은 매우 복합적인 감정적 질병이며, 이 책에서 다루는 몇 문장의 범위를 훨씬 넘어선다. 병을 치유하기 위해서는 전문적인 치료사나 의사의 도움이 필수적이다. 강제적인 급식은 이런 강박을 더 깊게 만드는 경우가 많다. 섭식장애는 신체적 갈망, 혹은 완전함을 향한 갈망에서 태어난다. 이는 탐욕대 금욕이라는 감정적 행위 사이에서 흔들리는 것이다. 탐닉이 한면을, 결핍이 또 다른 면을 반영한다. 이로 인한 죄책감은 구토를 통해 바로잡히며, 다른 이들에게는 숨겨진다. 이는 관심을 받고 싶다는 욕구를 가리며, 환자는 이를 자기희생으로 감춘다.

도움을 요청하려고 우는 행동의 원인은 어린 시절에 기인할 것이다. 예를 들어 매우 엄하고 권위적인 가정의 경우 아이와 부모의 역할이 뒤바뀔 수 있다. 한쪽의 의지가 덧없이 꺾여버릴 때마다 당사자는 끊임없이 부끄러움을 느끼게 된다. 수치심은 가장 큰 원인이 될 수 있다. 자신을 받아주지 않는 상황에 끊임없이 노출된다면 우리는 자기 존중이라는 건강한 감각을 발달시킬 수 없다. 수치심을 느낄 때, 우리는 감정을 통제하려고만 하는 자신을 가장 부끄러워한다. 그러나 본성은 영원히 억압될 수 없으며, 혹시 후에라도 분출된다면 어두운 방식으로 표출된다. 극도로 식습관을 억제하다가 통제하기 힘들 정도로 떠들썩하게 즐기게 될지도 모르며, 이 때문에 우리는 죄책감을 느끼고 스스로를 정화하려 할 것이다. 이는 더한 수치심을 일으키고, 이런 주기는 끊임없이 반복된다. 우리는 스스로 굶주리게 만듦으로써 죄책감을 덜어내려 한다.

기만은 중요한 역할을 한다. 많은 경우 가족 구성원은 문제가 있다는 것을 눈치채지 못한다. 신경성 식욕부진이나 식욕항진을 앓는 사람들은 다른 사람을 위해 음식을 요리하며, 먹지 않은 음식을 처리하기 위해 온갖 방법을 다 고안해내고, 헐렁한 옷으로 줄어든 체중을 위장한다. 이들은 변비약을 복용하거나, 여러 사람과 식사를 해야 할 경우 드레싱을 전혀 하지 않은 샐러드, 담백하며 지방이 없는 건강식을 섭취한다. 영양분을 거부하려는 열망은 종종 모든 여성스러운 것을 거부하는 열망이 되기도 한다. 이들은 완벽해지기 위해 육체적인 모든 것으로부터 자신을 제거하기를 갈망한다. 피를 흘리고, 냄새가 나며, 땀을 흘리는 것이 어떻게 완벽할 수 있는가? 환자는 몸과 맺고 있는 관계를 초월하고 변형하고 싶어 한다. 죽음은 두려운 것이 아니며, 때로는 편안한 해방으로 비춰지기도 한다.

영양분을 거부하면서 우리는 어떤 의미에서는, 삶의 본능적인 문제들을 소화하고 싶어 하지 않는다. 그러면서도 또 갈망한다. 이는 심각한 문제이며, 의학적·심리학적 치료를 필요로 한다.

한 번만 더 해줘…
성적 행동

많은 사람들이 욕망을 억제하길 강요한다. 왜일까?
종종 그들의 꿈은 불편한 성적 일탈과 관련되기 때문이다.
예를 들어, 사회의 훌륭한 구성원이 가죽옷을 입고 채찍을 든 채
동성과 난잡한 파티를 여는 꿈을 꾼다면, 이런 꿈은 근심과 혼란을 제공한다.
무의식적으로 이런 딜레마를 차단하는 것 말고 이를 극복할 수 있는 좋은 방법이 있는가?

왜 어떤 사람들은 진짜 여성보다 바람을 넣어 만든 인조 인형을 더 좋아하는가? 왜 권력을 가진 CEO들이 섹스의 상대에게 굴욕 당하길 원하는가? 왜 남자들은 폰섹스를 즐기는가? 크로스 드레싱(이성의 옷 입기), 사도마조히즘(가학피학성 변태성욕), 페티시즘, 노출증, 음란 전화, 근친상간, 시체 성교 등에 빠진 이들 중에는 남성들이 많다. 왜 그런가? (《남성들의 사고방식》의 저자 리암 허드슨과 버나딘 제이콧은 성도착자의 99%가 남성이라고 말한다.)

　외국인이나 미지의 것에 성적으로 끌리는 제노필리아, 봉제인형에 끌리는 플러쇼필리아, 강도를 당했을 때 성적 자극을 느끼는 하팍소필리아 등을 포함해 성도착의 종류는 많다. 그러나 우리는 좀 더 일반적인 형태의 성도착증을 다룰 것이다.

　성을 어둡고 억압된 것으로 간주하는 부모들의 태도 때문에, 소위 '특이한' 성적 행동은 드러나지 않은 채 한 세대에서 다음 세대로 전해진다. 성은 건강하고 즐겨야 하는 것이라기보다는 부끄러운 욕망이 된다. 대부분의 성적 습관은 어린 시절에서 비롯된 수치심이 주요 원인이다.

예를 들면, 어린아이가 그냥 기분이 좋기 때문에 자신의 성기를 만지며 논다고 가정해보자. 그때 엄마가 친구와 함께 방에 들어오고, 당황한 나머지 아이에게 당장 그만두라고 소리친다. 아이는 단지 본능적으로 탐구적인 행동을 했다는 이유로 수치감을 느끼게 된다. 이때부터 아이는 자기 자신을 만지는 것이 '나쁜' 일이며, 들키면 안 되기 때문에 은밀하게 해야 된다고 배우게 된다. 이는 자신의 성기를 갖고 노는 아이가 나중에 노출광이 될 것이라고 말하는 게 아니다. 어린 시절의 저녁 식사 자리에서 자위행위를 하게 놔두는 것은 당연히 옳지 않다. 그러나 우리는 아이들이 자연스레 하는 일에 수치감부터 느끼게 해서는 안 된다. 이는 조심스럽게 다뤄야 할 문제다.

아이의 성적 행동을 죄악시한다면 다른 억압된 갈망이나 충동이 그렇듯, 훗날 모습을 드러내게 될 것이다. 우리는 스스로의 강력한 충동에 대해 무지하며 이를 두려워한다. 이를 감안한다면, 왜 그렇게 많은 억눌린 성적 행위가 섹스를 통해 나타나는지 이해할 수 있을 것이다.

그런 의미에서 우리 모두는 다양한 성적 침투 욕망을 갖고 있다. 그러나 우리 대부분은 사회 규범에서 벗어나지 않기 위해 이런 열망을 억제한다. 하지만 만약 우리가 사회의 영향을 벗어난다면(윌리엄 골딩의 소설 《파리 대왕》에서처럼), 이런 구조는 매우 빠르게 무너질 것이다. 즉, 우리가 갈망을 억제하는 것은 사회에서 배척될 것이란 두려움 때문이지, 애당초 그것을 지니지 않았기 때문은 아니다. 그렇다 하더라도 성도착을 시도해서는 안 된다. 억누른 충동을 한번 시도하게 된다면 판도라의 상자가 열리는 것이며, 전문적인 치료 없이 뚜껑을 닫을 수 없다.

많은 사람들이 욕망을 억제하길 강요한다. 왜일까? 종종 그들의 꿈은 불편한 성적 일탈과 관련되기 때문이다. 예를 들어, 사회의 훌륭한 구성원이 가죽옷을 입고 채찍을 든 채 동성과 난잡한 파티를 여는 꿈을 꾼다면, 이런 꿈은 근심과 혼란을 제공한다. 무의식적으로 이런 딜레마를 차단하는 것 말고 이를 극복할 수 있는 좋은 방법이 있는가?

변태적이고 극단적인 성적 만족은 광범위하게 성도착이란 단어 아래 포함된다. 이는 물체나(예를 들면 페티시즘), 특정 행동(사도마조히즘 같은), 사람이나 동물의 유형(소아성애증처럼) 등과 관련이 있다. 일단 성향이 고착되면 이는 거의 변하지 않는다. 이들은 종종 특정 물체나 행위, 사람을 이용하거나 공상함으로써만 만족감을 얻을 수 있다.

성도착의 가장 일반적인 형태는 소아성애병, 노출증(성기를 다른 이에게 보여주는 것), 관음증(은밀히 다른 이들이 섹스를 하거나 소변을 보는 행위 등을 지켜보는 것), 프로타주(옷을 입은 채 다른 이의 몸에 자신의 성기를 문지르는 것—붐비는 지하철에서 흔하다), 음란 전화 등이다. 페티시즘, 사도마조히즘(상대를 학대하거나 자신이 학대를 받는 것), 이성의 옷 입기, 시체 성교(죽은 사람과 섹스하는 것), 동물 성교, 배설물이나 오줌과 관련된 행위 등도 보기 드문 것은 아니다. 슬프게도 소아성애는 성도착 중 가장 흔하다. 이런 행위는 다른 이에게, 특히 아이들에게 매우 폭력적인 것이며 피해자의 자유의지를 심각하게 위협하는 것이다. 이는 명백히 불법이며 피해자에게 커다란 심리적 상처를 안기는 행위다. 다른 이의 삶이 회복할 수 없을 정도로 손상된다면 전문가들의 도움과 개입 외에는 손쓸 도리가 없다.

한번 경계를 위반한 뒤에는 누군가의 제재가 없다면 더 큰 위반의 포로가 될 것이고, 결국 인간관계는 황폐화될 것이다. 성적으로 학대를 받는다면 고통과 쾌락 사이에서 혼란스러움을 느끼게 된다. 그러므로 이들은 쾌락을 느끼는 데 수치스러움을 느끼게 된다. 감정적으로는 고통스럽지만 신체적으로는 쾌락을 느끼면서, 고통스런 기억을 잊지 못할 수도 있다.

파트너와 이따금씩 폰섹스를 하는 것, 파트너에게 간호사 옷을 입게 하는 것, 포르노 영화를 보는 것 등은 이것이 자극이나 오르가즘을 느끼는 유일한 방법이 아니라면, 성도착이라고 볼 수 없다. 성도착은 충동적인 행위이며, 벗어나기 힘든 것이다.

왜 이런 행동이 발달하는지에 대해서는 많은 이론이 존재한다. 가장 일반적인 원인은 친밀한 1대1의 관계를 갖는 데에 문제가 있다는 것이다. 성도착자는 어린 시절의 성적 행위나 상태로 돌아가 환상 속의 세계로 귀속된다. 종종 성도착증은 통상적인 섹스보다 더욱 자극적인 행위를 좋아하는 데서 시작한다. 성도착을 봤거나 성도착의 피해자였던 이들은 그들이 경험했던 것을 따라 하면서 시작한다. 훗날 성적 만족을 느끼고 싶어질 때, 배웠지만 사회적으로 용납되지 않는 방법을 택하는 것은 더한 흥분을 안긴다.

성도착적 성향은 빅토리아 시대로부터 물려받았다. 이 시기 잉글 랜드는 매춘부의 비율이 그 어느 때보다 높았음에도 엄격하고 까다 로운 규범에 매여 있었다. 많은 사회 고위층 인사들이 어린이 매춘 부를 즐겨 찾았다는 것은 완전히 균형을 상실한 것이다. 예를 들자 면, 켈로그 박사는 소년들이 발기할 수 없도록 음경 포피에 철사를 끼워 넣었다. 이런 이상한 일은 당시 그리 보기 힘든 일이 아니었으 며, 오늘날까지 영향을 끼치고 있다.

이제 조금 더 보편적인 성도착증을 깊이 있게 설명하도록 하겠다.

항문 섹스는 동성애자들만의 전유물이 아니다

항문 섹스는 꽤 보편적인 성적 행위다. 이는 손이나 입으로 할 수 도 있으며, 항문 성교도 가능하다. 섹스의 주 행위가 될 수도 있으 며, 다른 행위와 함께 할 수도 있다. 일반적으로 동성애자 간에 하는 것으로 여겨지지만, 이성애자 커플 중에서도 이를 즐기는 이들이 많 다. 어떤 남성들은 항문 섹스가 전립선을 자극하기 때문에 더한 쾌 감을 느낀다.

아기였을 때 우리는 입을 통해 관능이나 성욕을 경험하며, 이어

항문을 통해 느끼게 된다. 자라면서 우리는 항문에서 멀어지며 다른 성감대로 경험의 폭을 확장하게 된다. 그러나 어느 정도까지는 우리 안에 항문에 대한 욕구가 남아 있다. 매력적인 젊은 여성이나 남성을 볼 때 자주 바라보는 곳이 어디인가? 엉덩이다. 엉덩이가 항문을 향한 통로이기 때문이다. 입술이나 질처럼, 항문의 관능성은 욕망을 자극한다.

항문은 받아들이는 게 아니라 내쫓도록 설계되어 있기 때문에 자극을 받았을 때 괄약근이 조여진다. 때문에 파트너를 자극할 때 최대한 인내심을 발휘해도 고통스러울 수 있다.

극도로 고양된 정신적 경험은 신성한 환희, 무자아, 초월적 정체성에 대한 깨달음을 준다. 다른 사람과 하나가 되는 것은 '존재의 일체'처럼 신과 하나가 되는 것이지만, 우리 대부분에게 이는 우리의 양 극단(물과 불)이 균형을 찾으려는 시도다. 차크라(산스크리트어로 바퀴, 원형이란 뜻. 인간 신체의 여러 곳에 있는 정신적 중심점 가운데 하나)의 에너지 체계에서 섹스는 두 번째 차크라에 머문다. 두 번째 차크라는 돈, 경계, 통제, 감정, 조작, 관계 외적 권력을 향한 열망 등 여러 문제들의 본산으로, 이런 문제들은 성적 행위에 중요한 역할을 한다.

바닐라 섹스에서처럼, 항문 섹스에서도 이런 문제들이 중요한 역할을 할 수 있다. 이는 어떤 사람에게는 지배를 경험하거나 강화하는 행위일 수 있지만, 어떤 사람에게는 항복하는 행위일 수 있다. 그러므로 항문 섹스에서 지배적 위치를 즐기는 사람에게는 다른 이에게 권력을 행사할 수 있는 행위로 여겨질 수 있다(원시시대 때 전사들은 성적 욕망 때문이 아니라 적을 모욕하는 방법으로 포로들을 강간했다). 상대편은 항복을 하고, 다른 이에게 통제당하면서 모순된 힘을 경험하는 기쁨을 느낄 수 있다.

크로스 드레싱cross-dressing

크로스 드레싱은 여성의 옷을 입는 남성을 가리킨다. 이들은 스스로가 남성의 몸에 갇힌 여성이라고 느끼는 트랜스섹슈얼이 아니다. 다른 이를 즐겁게 해주고, 사회의 고정관념을 들추거나, 동성의 파트너를 구하기 위해 여장을 하는 드래그퀸도 아니다.

크로스 드레서 대부분은 단순히 여성적 본능을 탐험하기 위해 이를 즐긴다. 크로스 드레서는 인종적, 종교적, 경제적으로 정형화되지 않는다. 이들 대부분은 이성애자이며, 많은 이들이 결혼을 했다. 남성 중 약 5%는 크로스 드레서인 것으로 추정된다. 당신이 만나는 20명 중 한 명이 크로스 드레서란 뜻이다! 이들은 여전히 사회로부터 꺼려지며, 그들의 배우자도 눈치채지 못하는 이중적인 삶을 살아야 한다. 여성 중에도 크로스 드레서가 있다. 하지만 여성들은 남성적인 옷을 입도록 허용되기 때문에 청바지를 입은 여성은 미니스커트를 입은 남성처럼 별다른 주목을 받지 않는다. 사회는 고정관념을 벗어나는 것에 대해 관용적이지 않기 때문에, 대부분의 크로스 드레서들은 자신의 비밀이 발각돼서 직장이나 가족, 친구와 파트너를 잃게 될까 봐 두려워한다.

두려움이나 죄의식 때문에 이런 행위를 그만두려고 해도 실패하는 경우가 많다. 이는 자아의 중요한 부분을 표현하지 않고 부인하는 것과 같다. 파트너에게 자신의 가장 취약한 본성을 드러내는 것은 큰 상처를 안길 수도 있다. 그러나 상대에게 자신의 진정한 모습이 받아들여질 때의 안도감은 매우 크며, 솔직한 의사소통의 다음 단계가 펼쳐질 것이다. 진정한 친교를 추구한다면 파트너에게 계속 비밀을 숨긴다는 것은 관계 유지에 바람직하지 않다. 파트너의 입장에서 상대가 자신을 떠나지 않을 것이라고 깨닫게 된다면, 두 사람은 관계를 받아들이고 인정하게 될 것이다.

비밀을 털어놓을 때는 파트너에게 자신을 확신시켜야 한다. 크로스 드레서가 사실을 털어놓기 위해 시간을 끌수록 더 부정적인 반응이 나올 가능성이 높다. 좋은 상담자를 만나는 것이 무엇을 공유해야 하는지 파트너에게 설명할 때 도움이 될 수 있다.

다른 습관과 마찬가지로, 스트레스가 증가하면 크로스 드레싱을 하고 싶은 욕구가 증가한다. 크로스 드레서가 이런 습관을 멈추고 싶은 욕구가 있다 하더라도, 그의 파트너는 어떤 종류의 강압이나 위협도 장기적으로는 이런 습관을 멈출 수 없음을 알아야 한다. 여성들에게 쇼핑을 하지 말라고 할 때처럼, 쇼핑에 대한 갈망이 쇼핑을 중단하고 싶다는 의지를 이긴다. 마찬가지로 당신도 파트너에게 크로스 드레서인 자신을 받아들이라고 강압해서는 안 된다. 그들에게는 당신의 새로운 면을 받아들일 시간이 필요하다. 때로 상대는 파트너가 크로스 드레서가 된 데 자신의 탓이 크다고 느낄 수도 있다.

모든 것이 밝혀졌다면 무엇은 용납할 수 있고, 무엇은 안 되는지 그 범위를 논의해야 한다. 또 누구에게 밝힐 것이며, 파트너가 이런 활동에 참여할 준비가 됐는지 등에 대해 서로 동의해야 한다.

우리 모두는 성적 창조물이며, 자연스레 많은 크로스 드레서들이 이런 경험에서 성적 자극을 얻는다. 성적 자극이나 오르가즘이 이런 행위의 부분이든 그렇지 않든, 여성의 옷을 입고 싶다는 갈망은 매우 강하다. 그래서 이런 행동을 하지 않는다면 크로스 드레서들은 물감 없는 화가처럼 고통스러워할 것이다.

크로스 드레서는 습관을 유지하기 위해 옷과 화장품, 장신구 등을 마련하는 데 많은 돈을 써버릴 수 있으며, 이는 가정 경제에 영향을 미칠 수도 있다. 이 습관은 다른 습관처럼 제멋대로 놔둔다면, 그가 너무 열중해서 가정과 회사 일을 등한시하게 만들 수도 있다.

대부분의 경우 크로스 드레서는 어느 정도 부끄러움과 죄의식을 느끼기 때문에 자아 존중감을 낮출 수도 있다. 결국 자신이 사랑받을 수 없다고 느끼게 되며, 이는 관계에 영향을 미칠 수 있다. 외로움도 또 다른 요소다. 크로스 드레서는 때로 이 세상에서 자신만이 이런 습관을 갖고 있는 사람이라고 느낄 수 있다. 크로스 드레싱에 익숙하지 않은 사회는 크로스 드레서가 동성애자거나 성도착자나 정신병자라고 받아들일 수 있다. 뜻하지 않게 가족에게 들켜서 버림받을 것이라는 두려움은 크로스 드레서에게 늘 드리워진 그늘이다.

앞서 논의했듯, 우리 모두는 물과 불의 요소, 남성적이고 여성적인 면모를 갖고 있다. 남성이 (일반적으로 교육을 통해) 여성적 성향을 부인하도록 억눌린다면, 이런 성향은 그의 그늘진 면이 되거나 아예 여성으로 전환하도록 발현될 수 있다. 비밀이 지켜져야 한다고 생각하고 들켜버릴지 모른다는 두려움이 있더라도, 여성의 옷을 입으면서 그는 안도감과 조화된 감정을 느낀다.

대개 크로스 드레서가 되는 소년은 또래 집단이나 가족이 여성스럽다고 생각하는 특질을 드러내기를 부끄러워할 수 있다. 결국 그는 더한 창피를 피하기 위해 이런 특성을 억누르게 된다. 그는 보통 남자로 자라게 되고, 결혼과 직장이라는 단계를 거친다. 그러나 이렇게 탐험되지 않은 면이 탐험해달라고 간청할 때 어떤 대가를 치르게 되는가? 남성적·여성적 면을 재통합하려는 강한 열망에 혼란을 느낄 것이다. 그러나 그런 수단이 부자연스럽다고 느끼면서 그는 그것을 발현하는 데 두려움과 죄의식을 느낄 수 있다.

그가 남자라면 어떻게 행동해야 한다는 이상화된 남성적 관점을 물려받았을 수도 있다. 이는 그의 열망을 더욱 혼란스럽고, 억눌리고, 겁나는 것으로 만든다. 몇 년간 그는 크로스 드레스를 하고 싶다는 욕구와 그렇게 해서는 안 된다는 죄의식 사이에서 흔들릴 수도 있다. 이는 그의 자존심에 상처를 주며, 그는 사회에서 용인되고 싶다는 욕구와 열망을 충족시키고 싶다는 욕구에 사로잡힌다.

이상적인 사회에서는 크로스 드레서가 원래의 남성성과 새로 얻게 된 여성적 페르소나를 더 성숙되고 조화된 성격으로 합할 때까지, 그의 열망을 개방적이면서 섣부른 판단을 경계하는 자세로 기다릴 것이다.

긍정적으로 볼 때, 파트너가 크로스 드레서라면 당신은 옷 쇼핑을 같이 갈 동료를 얻을 것이다! 여자 친구들과 함께할 때와 달리 당신은 쇼핑이 끝난 후 멋진 섹스를 할 수도 있다! 나쁜 점이라면, 당신의 남자가 잘 꾸며놓았을 때 당신보다 더 예쁘고 섹시할 수 있다는 것이다!

여학교 주변에 꼭 있는 바바리맨

여학교에 다녔을 때 학교 주변에는 '흔들흔들'이라고 불렸던 노출증 환자가 있었다. 그는 학교 테니스장 울타리 앞에 서서 소리를 지르고 킬킬거리며, 도망치는 소녀들에게 그의 물건을 내보였다. 이는 흔들흔들이 원하는 것이었다. 노출증 환자들은 뜻하지 않은 희생자들에게 충격을 안김으로써 흥분을 느낀다. 이들은 충격적인 행동을 즐기며, 이는 긴장을 풀어준다. 스트레스는 이들이 다시 자신을 드러낼 때까지 이런 열망과 긴장을 격화시킨다.

흔들흔들이 우리로부터 떨어진 곳에 있었고, 우리가 한 무리로 다녔기 때문에 정신적으로 나쁜 영향을 미치진 않았다. 그러나 노출증 환자가 자위행위를 할 경우를 전혀 의심치 않고 있는 희생자, 특히 어린아이에게는 큰 악영향을 미칠 수 있다.

강간범 중 일부가 노출증 환자일 수는 있지만, 노출증 환자가 강간을 하는 경우는 드물다. 노출증 환자는 실제 성적 접촉이 필요한 것은 아니지만, 노출 자체가 심각한 범법 행위다. 18세 미만의 소년들이 노출증 환자일 경우 이런 행동은 성인기까지 지속될 수 있다.

남성들 대부분은 옷을 벗은 여성이 눈앞에 나타나는 것을 즐기며 신고하지 않기 때문에, 여성 노출증 환자들은 운이 좋은 편이다. 모든 스트립쇼 댄서들이 노출증 환자인 것은 아니지만, 이들은 스트립쇼 바처럼 관습적으로 받아들여지는 곳에서 일할 수도 있다.

때로 희생자가 충격을 받은 모습이 노출증 환자를 성적으로 흥분시킬 뿐 아니라, 사내다움을 확인시켜주기도 한다(물론, 요즘에는 예술이라는 이름으로 자신을 노출시키고 돈을 버는 방법도 있다!).

이런 사람이 더욱 심각한 문제에 빠지기 전에 치료를 권한다. 노출증 환자가 수치감을 느끼게 하는 부정적 자극(수치 요법) 방법을 쓸 수 있으며, 그들의 왜곡된 사고를 바로잡고 희생자의 감정을 느낄 수 있도록 만드는, 좀 더 연민 어린 접근법을 택할 수도 있다.

그들의 페티시즘

'fetish'란 단어는 '예술이 만든다' 또는 '사람이 만든다'란 뜻을 가진 라틴어 'facticius'에서 파생됐다. facticius와 연관된 단어로는 facio(여기서 파생된 단어는 우상, 우상 숭배 등과 관련된다), facturari(매혹하다) 등이 있는데, 이들 단어는 마법이란 문맥에서 쓰인다. 16세기 포르투갈 선원들은 아프리카 서부 해안에서 원주민들이 경배를 위한 도구를 쓰는 모습을 보고 이를 일컬어 feitiço라고 불렀다. 그후 이 단어는 경배에 쓰이거나 영혼을 담은 도구 등으로 의미가 다양해졌다. 이는 초자연적인 것과 밀접하게 연관되어 있으며 허브나 돌, 뼈, 나무 등 각양각색의 재료로 만들어졌다. 부두교는 노예무역이 성행하던 시절 아프리카 물신주의(페티시즘)가 미국의 토양으로 이식된 경우다. 이는 좀 더 사악한 의미를 품고 있어서 19세기 후반까지 인간이 희생되는 일도 흔했다.

지그문트 프로이트는 최초로 성적 페티시즘을 정의한 사람이었다. 물론 성적 페티시즘은 이미 수세기 동안 존재하고 있었다. 이 용어는 물체가 참여자에 대해 초자연적인 힘을 행사한다고 믿는 종교적 페티시즘의 개념에서 파생되긴 했지만, 성적 페티시즘에서 그 힘은 성적인 것에만 해당된다. 프로이트의 논리는 소년이 어머니에게 남근이 없다는 것을 깨닫고 어머니에게서 눈을 돌렸을 때 처음으로 주목하게 되는 물체가 페티시즘의 대상이 된다는 것이었다. 그러나 이 논리는 여성도 페티시즘의 행동을 보인다는 점에서 신빙성을 잃었다.

페티시즘의 대상에는 제한이 없으며, 말 그대로 어떤 것이라도 될 수 있다. 물론 구두나 부츠, 스타킹, 바지, 머리카락, 털이 있는 동물, 발끝, 다리, 브라, 네글리제, 장갑, 고무, 가죽, 비단 등이 더 인기가 있긴 하다. 대개 이런 사물들은 사용되던 것이 많은데 이전 사용자를 상기시키는 것이라기보다는, 스스로의 정당한 자격으로 그런 것이다. 이들 사물은 흡인력이나 떨림, 과거의 경험을 지니고 있어야 하며, 그로써 매력을 지니게 된다. 비록 사물이 가까운 파트너의 소유물이라 하더라도, 그 사물과 관련된 어떤 성적 행위도 객관화된다. 부두교에서 예배 대상물이 그러하듯, 물체는 페티시스트의 눈에 비쳤을 때 물체 고유의 감정적 본능을 발달시킨다. 심령술사의 크리스탈이나 신비의 돌이 특별한 에너지를 지녔듯이, 부적이 특정한 목적을 위해 발달했듯이, 때때로 물체는 그 자체가 지닌 에너지의 양에 의해 힘을 얻기도 한다.

페티시즘에는 두 가지 유형이 있다. 실제 형태가 중요한 폼 페티시즘과 물체 자체의 본질보다는 어디서, 무엇으로 만들어졌는지가 중요한 미디어 페티시즘, 이 두 가지 유형이 있다. 페티시스트는 자신이 택한 형태의 물체를 수집한다. 때로는 수집품을 늘리기 위해 훔치기도 한다.

페티시스트는 물체로 자위 또는 성 활동 강화를 추구한다. 종종 이들은 물체가 성 활동의 일부분이거나 성행위 중 환상의 대상이 될 때, 또는 파트너에 의해 어떤 방식으로 이용될 때에만 오르가즘에 도달할 수 있다. 예를 들어 파트너가 부츠를 신어야 하거나, 비단으로 생식기를 쓰다듬어야 하는 식이다. 페티시스트가 다른 사람에게 위협을 가하는 경우는 드물며, 이들은 보통 사적인 영역에서 이를 추구한다. 페티시즘 대상을 향한 열망은 유순한 흥미(이것이 일반적이다)에서부터 문제가 될 수 있는 충동적 행위까지 포괄한다.

소년이 어머니와의 친밀한 관계로부터 멀어질 때 근본적인 위안과 보살핌이 사라진다. 이런 과정을 거부한다면, 소년은 성인기를 온전히 받아들이지 못하게 된다. 그러나 이를 수용함으로써 그는 가장 가깝고 친밀한 관계를 잃게 된다. 이런 트라우마(정신적 충격)에는 상실감, 외로움, 분노, 친밀함이 뒤따른다. 감정적으로 안정적인 소년들은 대부분 이런 경험에 잘 대처한다. 하지만 그 소년이 내향적이고 자존심이 부족하며 또래와 어울리기 어렵다면 (특히 그가 너무 일찍 성에 노출되어 정신적 충격을 경험한 적이 있다면) 그는 이런 단계를 큰 충격으로 받아들이며, 페티시즘이 그의 까다로운 성욕에 해답이 될 수 있다. 14세의 소년은 소녀와 친밀한 관계를 맺을 수 있을 정도로 성숙된 존재가 아니다. 소년은 현실과 욕망의 사이에서 갈등을 겪으면 사람과 물체를 혼동하기 쉬워진다.

물체는 사람보다 덜 위협적이며 거부하지 않는다. 그러므로 관계를 맺기 쉽다. 사람은 마음대로 제어하기 힘든 데 반해 물체는 완전히 통제할 수 있다. 비인간적인 것은 인간적인 것보다 쉽다. 이제까지의 연구 결과들은 페티시스트의 사회적 기술이 잘 발달되지 않았으며 깊은 관계를 맺는 데 어려움을 겪는다는 것을 보여준다. 정상적인 성적 접촉을 하지 못한 채 페티시스트는 욕구를 충족하기 위해 점점 더 물체에 의존하게 되며, 사람들과 친밀한 관계를 맺기란 더 어려워진다. 그는 사람들을 비인격화하는 반면, 페티시즘의 대상에 페르소나를 만들고 감정을 불어넣는다.

소아성애자들의 비뚤린 욕망

'pedophilia(소아성애)'란 영어 단어는 '아이'를 뜻하는 그리스어 pais(paid-)와 '사랑하기'를 뜻하는 philos에서 파생됐다.

소아성애자는 자신의 행동을 완전히 부인하며, 그의 행위가 성희롱 당하는 어린아이에게 어떤 면에서는 도움이 된다는 망상에 사로잡힌다는 점에서 문제가 크다. 설혹 붙잡혀서 유죄 판결을 받는다 해도 이들은 결백을 주장한다. 소아성애자는 다른 성도착 환자보다 더 거세게 잘못을 부인한다. 그 남성이(소아성애자의 대부분은 남자다) 자신의 행동을 부인하는 것은 적발되지 않는 한 자신의 문제를 인정하고 도움을 청하지 않을 것이란 점을 의미한다. 소아성애는 환자가 자신의 문제와 치료의 필요성을 인식하지 못한다는 점에서 치료가 어렵다.

나는 전화 상담 형식으로 몇 차례 소아성애자를 상담한 적이 있다. 이들은 미성년자를 가리킬 때 '그녀가 나와 섹스를 하고 싶었기 때문에 도발적인 옷을 입고 있었다.' 같은 식의 잘못된 논리를 내세웠다. 또는 희생자가 어떤 면에서 그런 행위를 당할 만했으며, 그러므로 스스로 자초한 것이라고 믿었다. 스포츠 코치였던 한 젊은 남성은 해외 행사에서 소년들을 인솔하면서 성희롱했다. 그의 행동을 지켜본 목격자와 희생자가 적지 않았음에도 그는 그들 앞에서 자신이 그런 행위를 했다는 사실을 딱 잘라서 부인했다.

이는 당신이 왜 어린 시절 당신을 성희롱한 소아성애자와 맞서는 것에 좌절감을 느끼는지, 그것이 얼마나 큰 고통을 초래하는지 보여준다. '죄송합니다. 제가 잘못했습니다.' 등의 말을 하는 대신 이들 대부분은 그 같은 행위를 완전히 부인한다. 이 때문에 다른 가족 구성원이 당신의 말보다 그의 말을 믿게 만들 수 있으며, 이 때문에 당신은 더 큰 상처를 받게 된다. 소년 시절 몇 년간 가톨릭 신부로부터 성희롱을 당한 젊은이가 그 신부의 잘못을 밝히려 했던 적이 있다. 신부는 끝까지 자신이 무슨 잘못을 했는지 인정하지 않았다. 고통과 혼란, 분노를 느낀 젊은이는 분신자살로 상황을 끝냈다. 이 젊은이는 유서에 산화만이 자기 자신과 산산이 부서진 과거를 정화하고 전환하는 유일한 길이라고 썼다.

소아성애는 가장 흔한 성도착 행위다. 미국 어린이의 20%가 성학대를 당한다는 조사 결과도 있다. 소아성애자라고 하면 흔히 지저분한 늙은이나 가톨릭 신부를 떠올린다. 그러나 소아성애자는 어느 종교에서든 찾아볼 수 있으며, 모든 인종에 해당된다. 여러 다양한 직업군에서 일어나는데, 어린아이가 있는 곳이라면 특히 그렇다. 이들은 모두 어린아이를 대상으로 성적 만족을 갈망한다는 공통점이 있다.

앞서 언급했던 코치처럼 소아성애자는 공동체 내에서 책임 있고, 믿을 만하고, 고등교육을 받았으며, 높은 지위를 지닌 사람들에게 많이 나타난다. 이는 성인과의 관계에서보다 아이들과 함께 있는 것이 편하고 덜 위협적이라고 느끼는, 어둡고 기만적인 가면을 잘 드러낸다.

그는 결혼을 했을 수 있으며, 심지어 아이가 있거나 아이가 딸린 사람과 결혼을 했을 수 있다. 그러나 이는 일반적으로 그의 비밀스런 열망을 감추기 위한 것들이다. 결혼 생활에서 성기능 장애는 흔하다. 그는 전형적으로 사춘기 소년이나 소녀, 또는 둘 다를 선호한다. 그는 외롭거나 문제가 있어 보이는 아이, 보살핌을 필요로 하는 아이를 주로 선택한다. 시간을 같이 보내고, 인형이나 과자를 사주거나 돈을 주면서 서서히 아이들의 욕구를 채워준다. 이렇게 함으로써 아이의 신뢰와 우정을 얻는다. 아이는 부드러운 포옹과 접촉이 점차 어떻게 성적으로 바뀌는지 잘 의식하지 못한다. 어떤 소아성애자는 아이가 옷을 벗은 모습을 보는 것만으로 만족하며, 다른 이들은 좀 더 육체적인 자극을 원한다. 소아성애자는 쇼핑몰의 산타 역할, 보이스카우트 단장처럼 아이들에게 직접적으로 접근할 수 있는 직업을 선호한다. 아이들과 교류할 수 있는 역할을 하는 직업 말이다. 이들은 또한 집에 아이가 없는데도 인형이나 게임기 등을 많이 갖고 있을 수 있다.

매우 자주, 아이는 소아성애자와의 관계를 드러내지 않는다. 가족의 반응을 두려워하거나, 선물이나 관심을 잃게 될 것이란 우려, 혹은 침묵하도록 위협받았기(만약 말을 한다면 애완동물을 죽여버릴 것이다, 가족들을 해칠 것이다 등) 때문일 수 있다.

어떤 사람이 소아성애자가 되도록 만드는 정해진 공식은 없어 보인다. 어떤 사람은 어린 시절 학대를 당하며 이런 식으로 학습된 성적 행위를 반복한다. 그들이 겪어야 했던 것에 대한 복수이든 아니든, 소아성애자가 자기 자신이나 정상적인 관계에 대해 확신하지 못할 때 아이들은 성적 표현을 할 수 있는 손쉬운 배출구가 되기 때문이다(어른보다는 아이에게 권력과 통제력을 휘두르는 것이 더 쉬우며, 이는 소아성애자가 어린 시절 가졌던 정신적 상처를 다시 활성화하는 방법일 수 있다).

여기에서 소아성애가 유전적으로 타고나는 것이라는 논리를 펼 수 있다. 그러나 어린 시절 학대를 당했던 아이가 성격 내에서 균형점을 찾기 위해서 학대를 하게 될 가능성이 높다. 그가 신뢰하지 못하는 것을 아이는 신뢰하고, 그가 부인하는 것을 아이들은 용인하며, 그가 어둠 속에 잠겼을 때 아이들은 빛을 발산한다. 그들이 희생자였던 데 반해 아이들은 성공을 향한 쉬운 길을 상징한다. 그들이 감추고 비밀스러운 데 반해 아이들은 열려 있다. 자신들의 상처받은 유년을 치유하는 대신 소아성애자들은 용기가 덜 필요한 방법을 택하여 아이들을 다치게 한다.

아이가 행동 장애(지나친 학대, 싸움, 방화, 절도 등)가 있고 친밀감이 부족하며, 5세 이후 잠자리에서 오줌을 싸거나, 동물을 학대한다면 나중에 소아성애자가 될 가능성이 높다. 이런 문제점을 가진 아이들이 나중에 모두 소아성애자가 되는 것은 아니다. 그러나 소아성애자 대부분의 어린 시절에는 이런 특성이 나타난다.

친밀함이란 우리의 취약한 부분을 상대방에게 드러내고 내적인 자신을 그들과 공유하는 것이다. 이를 통해 우리는 자아나 에고를 성장시킨다. 'intimacy(친밀함)'를 발음하면 'into me see'처럼 소리가 난다. 소아성애자는 진정한 친교를 두려워하며, 대부분 그런 능력이 없다. 그는 다른 사람이 자신의 진정한 본성을 들여다보길 원치 않는다. 우리는 깊은 관계와 가까움을 갈망한다. 하지만 소아성애자는 이런 관계에 도달할 수 없다. 그래서 위협하지 않는 아이들과 함께 있는 것을 택한다.

알코올 중독처럼 소아성애도 조건반사 치료를 하거나, 남성 호르몬을 감소시키고, 소아성애 행위와 부정적 상황을 연계시키거나, 희생자가 그런 행위의 대상이 될 만했다는 망상을 없애는 방법으로 치료를 받을 수는 있다. 하지만 치유되는 경우는 드물다. 그런 행동을 하고 싶다는 강한 열망은 어쩔 수 없이 남는다. 적극적인 치료 후에도, 소년을 소아성애 대상으로 삼은 남자가 소녀를 대상으로 삼은 경우보다 소아성애를 지속할 가능성이 두 배 가량 높다는 조사 결과는 흥미롭다.

여성 소아성애자는 보통 그들의 파트너가 소아성애일 경우에만 공격 행위를 하는 경우가 많다. 어린 시절 학대당했거나 성희롱을 당한 경우가 많다.

때리거나 맞으며 쾌락을 즐기는 사람들

테레사 버클리는 사도마조히즘의 기술에 능했다. 신선한 쐐기풀이나 호랑가시나무, 다양한 모양과 길이의 줄과 채찍, 막대 등이 포틀랜드 플레이스에 위치한 그녀의 집에 잔뜩 쌓여 있었다. 이런 것들은 그러나 1828년 고안한 '버클리 호스' 또는 'Chevalet'에 비할 것이 못 된다. 패드로 감싸여 조절할 수 있게 고안된 사다리에서 고객은 한쪽에는 얼굴이, 다른 쪽에서는 성기가 튀어나오도록 묶였다. 그러면 '여성 지배자'가 채찍으로 그의 엉덩이를 때리고, 옷을 거의 입지 않은 조수가 그의 음경을 주무른다. 이 아이디어는 큰 인기를 모아서 버클리는 꽤 돈을 벌었다.

'사도마조히즘sadomasochism'이란 단어는 사드 후작과 레오폴트 폰 자허마조호 기사의 이름을 합한 것이다. 두 개념을 엮어서 사도마조히즘이란 단어를 만든 것은 프로이트다. 사디즘이 다른 사람에게 고통과 학대를 가함으로써 얻는 성적 즐거움을 뜻한다면, 마조히즘은 그 반대로 성적 만족을 얻기 위해 자신에게 고통과 강압을 가하려는 열망을 뜻한다. 마조히즘의 균형이 없다면 사디스트는 심한 육체적, 심리적 손상을 입힐 수 있다. 반면 사도마조히즘은 당신이 다칠 수는 있지만, 언제까지나 해를 입지는 않을 것이란 생각과 연계된 보편적인 규칙이 존재한다.

사도마조히즘은 에로티시즘과 권력 간 관계의 한가운데를 탐구한다. 펨덤femdom은 여성이 지배적인 위치에 선 사도마조히즘을 일컫는다. 남성은 세상에서 주로 힘을 가진 위치에 있지만, 그런 권력을 빼앗겼을 때 새로운 쾌락을 느낀다. 이는 무력감을 경험하고 그렇게 함으로써 에로틱한 즐거움을 끌어내려는 힘의 모순이다.

이 책을 읽는 10명 중 1명은 어떤 방식으로든 사도마조히즘을 실험해봤을 것이다(S&M은 일반적으로 인정되며, 1980년대 미국심리학회가 이를 정신장애의 진단과 통계 매뉴얼에서 제외했다). 이는 높은 교육 수준을 지닌 중상류층 사람들 사이에서 많이 볼 수 있다. 눈가리개를 하거나 특정한 복장을 한 채 바닥에서 맞거나 채찍질을 당하며, 대변이나 소변을 보도록 강요되는 식으로 모멸감을 느끼게 하는 것은 사도마조히즘의 한 방법이다. 이에 비해 마조히스트는 전기 충격이나 자해를 통해 자신을 학대한다. 더욱 확실한 오르가즘을 위해 목을 조르는 것은 S&M의 또 다른 방법이다.

전형적으로, 성적으로 피학적인 행동은 이른 청년기에 이미 특정 형태로 실습됐거나 어린 시절 따돌림, 모욕, 다른 이의 고통을 통한 기쁨 등의 경험을 통해 시작된다. 이는 유년기 학대나 정신적 상처 때문에 비롯될 수 있으며, 희생자가 성인이 됐을 때 과거를 복수하려는 심리로 가해자가 될 수 있다. 이들은 자신이 가학적 행위를 극복하기엔 무력하다고 느끼며, 억눌린 분노와 열망, 모멸감을 극복하기 위해 그런 가학적 행위를 반복하는 것일지도 모른다. 희생자를 비인격화함으로써 이들은 자신의 경험을 비인격화하려고 한다.

남성적이며 지배적이고 통제력이 있으며 성공적이고 유능한 사업가는 지배당하는 여성의 역할을 경험함으로써 스트레스를 줄이고, 카타르시스적 이완을 경험할 수 있다. 통제에서 벗어났다고 느끼기 위해 이들은 역설적으로 묶이고 통제되길 원한다. 두려우면서 피하고 싶은 것을 경험하는 일은 힘을 불러온다. 이는 당신이 창조해낸 자신을 벗어버리는 방법이며, 통제를 버림으로써 평화를 찾는 방법이다. 고통은 또한 마감이나 업무와 관련된 문제 등 다른 근심을 잊는 방법이다. 고통은 찰나를 불러온다. 손바닥이 데이면서 동시에 낮은 영업 실적을 걱정하려고 해보라!

S&M은 그러므로 스트레스를 유발하는 힘의 불균형이라고 일컬을 수 있다. 이는 반대의 경험을 통해서만 풀릴 수 있다. 자신의 몸을 부끄러워하도록 배운 아이에게, 지배당한다는 것은 그들 자신이 동의했다는 느낌 없이 허용하는 방법이 될 수 있다. 통제력이 없다는 것은 '정상적인' 성행위를 통해 죄의식과 부끄러움을 극복해야 한다는 것 대신에 그들에게 완벽한 성적 표현이 가능하도록 할 것이다.

누군가 당신을 지켜보고 있다

관음증 환자는 다른 이들이 섹스를 하거나 옷을 벗고 있는 등의 모습을 엿보면서 성적으로 흥분감을 느낀다. 이들은 이런 모습을 환상으로 만들거나, 그들에게 실제로 그런 행동을 할 수도 있다. 영화나 텔레비전, 비디오, 캠코더 등은 관음증의 도구로 용인된다. 우리는 안락한 거실에서 배우가 샤워를 하고, 옷을 벗고, 섹스를 하고, 자위를 하는 것을 지켜본다. 포르노 영화는 우리가 잘 알 필요가 없는 성행위에 간여하는 관음증적 방법이다. 당신은 그 경험과 감정을 지켜보지만 그것에 참여할 필요는 없다. 포르노 영화나 좋은 영화를 보는 것은 당신을 성도착적 의미의 관음증 환자로 만들진 않는다.

섹스는 육체적, 감정적(정신적인 것과 반대되는) 형태에서 볼 때 권력과 통제라는 문제와 관련이 있다. 관음증 환자는 위험 부담 없이 권력과 통제의 위치에 있을 수 있다. 그는 자신과 관련해서는 어떤 것도 줄 필요가 없다. 이는 어떤 것도 주지 않으면서 느끼는 만족이다. 이는 당신 자신이나 내면을 드러낼 필요 없이 다른 이들의 취약성을 보는 방법이다. 어린 시절 성 능력을 억누르도록 강요받았거나 자신을 감정적으로 표현할 수 없었던 것일 수 있다. 다른 이를 지켜보는 것은 통제력을 잃는 위험 없이 경험을 할 수 있는 방법이다.

어떤 면에서 우리는 모두 관음증 환자들이다. 당신은 길가에 사고가 났을 때 사람들 가까이에 가지 않고 지켜보거나, 더 잘 보기 위해 그들의 주변을 서성댄 적이 있는가? 사람들의 사적인 공간에 설치된 몰래카메라는 이런 심리를 이용한 것이다. 이런 갈망은 우리에게 깊은 관계에 따르는 위협 없이 권력을 얻을 수 있게 한다. 내적으로 성장하면서 다른 사람의 내밀한 세계를 보려는 열망은 줄어든다. 우리는 직접 경험하길 원한다.

성을 어둡고 억압된 것으로 간주하는 부모들의 태도 때문에, 소위 '특이한' 성적 행동은 드러나지 않은 채 한 세대에서 다음 세대로 전해진다. 성은 건강하고 즐겨야 하는 것이라기보다는 부끄러운 욕망이 된다. 대부분의 성적 습관은 어린 시절에서 비롯된 수치심이 주요 원인이다.

나이가 들면서 생기는 별난 행동들
고령의 습관

나이가 들면서 우리 앞에 놓인 미래는 그리 밝아 보이지 않는다.
우리는 늙음이 곧 우리에게 올 것을 알고 있다.
우리는 혼자 남겨진다는 것, 재정적으로 의존적이 된다는 것,
육체적 기능을 잘 쓰지 못하게 된다는 것을 두려워한다.
삶이 이런 상황으로 우리를 위협할 때
정신적으로 그곳을 벗어나는 편이 고통을 줄일 것이다.

'늙는다는 것은 마음 약한 자는 못할 일이다'라는 말이 있다. 사람의 육체가 약해지는 것에 더하여 활력을 상실하거나 단기 기억을 잃음에 따라 고통도 커간다. 우리는 얼마나 자주 '녹초가 됐다'란 말을 쓰는가? 아이였을 때 우리는 엄청난 에너지를 갖고 있었다. 조그만 아기를 보라. 아기가 발로 차고, 끌어당기고, 탐구하고, 구르는 등 움직이는 것을 따라 해보라. 어린이들도 많은 에너지를 갖고 있다. 이들은 가만히 앉아 있지 못한다. 그래서 부모가 여섯 살 난 아이와 보조를 맞추는 것은 고단한 일이다. 그러나 나이가 들어감에 따라 에너지도 점점 줄어드는 것 같다. 10년 전에는 상대적으로 쉬웠던 일이 지금은 더 많은 노력을 필요로 하는 것처럼 보인다.

나는 윈드서핑을 좋아하는데, 해가 갈수록 파도가 점점 커지는 것 같다. 해마다 잠수복은 몸에 끼고, 바람은 거세진다. 현실은 그렇지 않은데, 다만 그렇게 보이는 것이다. 해변으로 차를 몰고 가거나 옷을 차려 입는 데 필요한 노력이 해마다 크게 느껴지는 것이다. 어떤 때는 손을 떼기 위한 핑계가 생길 때마다 종종 고마워하고 있는 나 자신을 발견하게 된다.

나이를 깨닫게 되는 것은 비단 스포츠에서뿐만이 아니다. 기억력 감퇴나 자신감 상실, 활기 부족을 비롯해 추위를 잘 타는 것이나 최신 기술에 적응하기 힘들어지는 것, 기력 회복을 위해 낮잠을 자는 것, 종종 성욕을 잃게 되는 것 등이 그러하다.

이 장에서는 나이가 들어감에 따라 하루하루 일상에 스며드는 습관을 진단할 것이다. 또 이런 습관이 보여주는 감정적 상징성을 진단할 것이다. 그러나 주된 주제는 기피다. 이는 우리가 태어난 곳과 아주 다른 세계에 몰두하는 것과 같아서 매우 어려우며, 우리는 점진적으로 감각을 닫아버린다.

무의식적 현실 외면이 낳는 건망증

'추억이 있음에 감사해······.' 노래는 흐른다. 나이가 들면서 기억하지 못하는 경우가 잦아진다. 처음 가졌던 곰인형의 이름은 떠올릴 수 있어도 치과 진료는 잊어버리며, 아이들의 이름을 헷갈리게 된다 (아이는 오직 둘뿐이다). 이는 퇴행성 건망증anterograde amnesia이라고 불리며, 어린 시절은 회상할 수 있어도 날마다 일어나는 일을 기억하는 데 어려움을 겪는 것을 이른다.

어린 시절 정신적 충격이 될 만한 일을 겪은 사람은 그 기억을 지위버리려는 경향이 있다. 성적 학대, 전쟁으로 인한 충격 등이 이런 범주에 들어간다. 이는 마음이 정신적 충격을 일으키는 사건을 다시 경험하지 못하도록 막기 위해 이를 아예 지워버리는 것이다. 나이가 들면서 기억을 잃어버리는 것은 이와 그리 다르지 않다. 무의식적으로 우리는 삶의 현실을 대면하기보다 벗어나길 원한다.

나이가 들면서 우리 앞에 놓인 미래는 그리 밝아 보이지 않는다. 우리는 늙음이 곧 우리에게 올 것을 알고 있다. 우리는 혼자 남겨진다는 것, 재정적으로 의존적이 된다는 것, 육체적 기능을 잘 쓰지 못하게 된다는 것을 두려워한다. 삶이 이런 상황으로 우리를 위협할 때 정신적으로 그곳을 벗어나는 편이 고통을 줄일 것이다.

당신이 잊어버리는 것이 무엇인지 적어보라. 이는 어떤 문제들이 당신에게 고통을 주는지 실마리를 제공할 수 있다. 예술 강의에서 나는 갑자기 머릿속이 꽉 찬 느낌이 들었다. 수업에 빠진 두 명의 참가자에게 세부 정보를 주는 것을 잊었기 때문이다. 의식 상태에서 나는 절대 이런 실수를 하지 않는다. 그러나 무의식 상태에서는 정신적으로 과부하가 됐다는 것을 깨달았고, 이를 감당하지 못한 것이다.

어떻게 기억력을 향상시킬 것인가?

당신은 어떤 것을 곧잘 잊어버리는 특정한 양식이 있는지 스스로에게 묻고 싶을 것이다. 당신이 잊어버린 것이 진정 하고 싶지 않았던 것인가? 당신이 늘 잊는 것이 누군가의 이름이라면 당신에게 그 관계의 본질이 어떤지 물어보라. 누군가를 기억하지 않는다는 것은 그와 교류하길 원치 않는다는 암시일 수도 있다. 자꾸 까먹는 것이 어떤 일들이라면 그에 대한 기억이 고통스러워서 아예 차단해버리고 싶은 것일 수 있다.

늘 먹는 일상의 식사는 필수 비타민을 충분히 제공하지 못할 수 있다. 특히 우리는 나이가 들면서 단지 요리하기 귀찮다는 이유로 다양한 식사를 하지 않곤 한다. 이는 나이가 들수록 우리의 몸이 영양분을 덜 섭취한다는 점과 맞물려 영양 결핍을 부른다.

뇌가 효율적으로 기능하기 위해서는 많은 에너지가 필요하다. 나이가 들면서 뇌의 뉴런은 뇌를 활성화하는 주요 물질인 포도당을 흡수하지 못한다. 에너지 흡수의 감소는 기억력과 인지력 장애를 부르고, 결국 뇌세포가 파괴된다. 기억력 감퇴는 당신이 그냥 받아들여야 할 문제가 아니다. 당신은 조치를 취할 수 있다.

기억력을 증대하고 복구시키며, 노화 과정을 늦출 수 있는 보충제가 적지 않다. 자세한 정보는 의학 전문가와 상담하길 제안한다.

듣고 싶지 않아 귀를 닫아버린 것이다

65세 이상 노인의 3분의 1 가량이 완전하거나 부분적인 청력 감퇴로 고통 받는다. 75세 이상이 되면, 비율은 50%까지 증가한다. 원인은 소리의 전달을 방해하는 신체적 장애와 뚜렷한 신체적 원인 없이 심리적 요인에서 비롯된 기능 장애로 구분할 수 있다. 노인들은 두려움이나 당황스러움 때문에 청력 테스트를 꺼리는 경우가 잦다. 이들은 대화에 완전히 참여하지 못하면서 몇 년간 조용히 고통 받는다.

청력이 손상됐을 때 우리는 다른 사람들로부터 고립된다. 우리는 교류하려고 애쓰지만 세상은 점점 멀어진다. 우리는 더 이상 관심 두기 싫은 세상일을 통 들으려 하지 않는다. 듣는 것은 경청하는 것이다. 우리는 듣기 싫은 것을 말하는 이들에게는 귀를 기울이고 싶어 하지 않는다. 청력에 문제가 있는 사람들이 들으려고 가장 애쓰는 것은 반려자의 목소리라고 한다. 이는 어쩌면 이들이 듣고 싶지 않거나 하고 싶지 않은 것은 배제시켜버리는 행위를 말하는 것일 수 있기 때문에 매우 의미심장하다. 이는 우리가 듣고 싶어 하지 않는 것으로부터 벗어나는 소극적인 방법이다. 분노가 얽힐 수도 있다. '당신은 내가 듣고 싶지 않은 것을 듣게 할 수 없어.' 같은 식으로 말이다.

부모는 아이들이 듣고 싶어 하지 않을 때 '내 말 들어!'라고 소리친다. 10대들은 음악을 크게 틀어놓고 집에서 들리는 다른 소리를 차단해버린다. '귀 먹었어?'라고 우리는 소리친다. 이렇게 되면 듣지 않는 것은 반항행위가 된다. 우리는 받아들이고 싶지 않거나 하고 싶지 않은 것은 듣지 않는다. 누구도 침범할 수 없는 세계에 우리를 가두고 싶어 한다. 늙어가면서 우리는 듣고 싶지 않은 것뿐 아니라 다른 모든 것도 잘 들을 수 없다는 것을 깨닫게 된다.

나이가 들면서 다른 사람의 말을 잘 듣지 않는 것은 당연하다. 그렇게 한다면 우리의 의지가 아닌 그들의 의지에 따르는 것이 되기 때문이다.

자의식을 잃고 싶지 않기 때문에 우리는 그런 것을 차단함으로써 힘을 다시 얻는다. 듣지 못하는 우리 앞에서 그들은 우리를 복종하게 할 수 없다.

나는 전에 선택적 청각 장애를 겪는 남성과 일한 적이 있다. 하고 싶지 않은 일을 하라고 요구받을 때마다 그는 단지 듣지 않았다. 그는 그러나 조금이라도 유리하다 싶은 것에는 열심히 귀를 기울였다. 나는 이것이 무의식적인 행동이라고 생각하지 않는다. 이는 단지 원하지 않는 것을 어떻게 듣고 대처할 것인지 몇 년간 쌓아온 반응인 것이다.

외과의사 올리버 삭스의 책《화성의 인류학자》에서 읽은 사례가 있다. 한 귀머거리 환자는 성공적으로 수술을 마치고 잠시 동안 들을 수 있게 되었지만, 곧 감정적으로 귀를 닫아버렸다. 신체적으로는 문제가 없었지만 그는 의도적으로 다시 귀머거리가 됐다.

청각에 문제가 있는 아이들이 늘어나고 있다. 이는 부모가 싸우는 소리나 따라야 할 명령, 자신들을 낮추는 말 등 듣고 싶지 않은 것들을 듣게 되는 것과 관련이 있을 것이다. 귀 기울여 듣지 않는 것은 고통스런 경험을 물리치는 행위다.

또 다른 남성은 아내가 대체 치료에 관심을 갖게 되면서 청력이 감퇴했다. 그는 모든 개념이 말도 안 된다고 여겼다. 아내가 대체 치료에 빠져들수록 그의 청력은 점점 더 나빠졌다. 그는 아내가 말하는 새로운 방식을 이해할 수 없었으며, 무의식적으로 폐쇄하는 길을 택했다.

청력 문제를 겪던 한 노인은 나더러 "왜 모든 사람이 불편한 화제를 이야기하길 원하는지 모르겠어요. 나는 이해할 수가 없어요."라고 말했다. 그는 선택적으로 들음으로써 이 문제를 해결했다. 그는 잠재적으로 기분을 상하게 할 만한 것들은 걸러냈다. 결국 보청기를 낄 수밖에 없는 상황이 됐을 때 그는 '뜻하지 않게' 문제를 해결했다.

우리는 다른 사람이 우리에게 요구하는 것뿐 아니라 그들의 의견도 받아들이기 싫을 수 있다. 통 들으려고 하지 않음으로써 동의할 수 없는 것을 차단한다. 부정적인 생각은 우리가 어떤 문제의 진정한 성질을 들을 수 없도록 막는다. 이는 우리가 감정적으로 스트레스를 받았을 때 더 악화된다. 듣지 않음으로써 우리는 듣고 싶은 것만 들으며, 어떤 요구도 없고 우리를 실망시키는 것도 없는, 자신만의 평화로운 세계를 만들어낸다.

특히 어떤 사람이 말하는 것을 더 들을 수 없다면, 듣고 싶지 않은 것이 무엇인지 스스로에게 물어보라. 그들이 끊임없이 잔소리를 하는가? 강요하는가? 반감을 불러일으키는가? 왜 그들을 차단하고 싶은가? 당신이 들은 것에 화가 나고 위협을 느끼고 그것을 차단하고 싶은가?

가망 없는 나날의 도피처, 치매

치매나 노망은 기억력, 판단력, 집중력 등에 영향을 미치는 지적 능력이 파괴되는 것이다. 이는 망상과 성격 변화를 초래할 수 있다. 이는 알츠하이머병 같은 뇌질환, 뇌졸중, 파킨슨병, 헌팅턴병, 크로이츠펠트-야콥병, 에이즈 관련 치매 등에 의해 유발될 수 있다.

음주나 흡연, 약물 남용, 유독가스에 장시간 노출된다면 치매가 생길 수 있다. 70세 이상 고령자의 10%는 기억력과 관련해 심각한 문제를 겪을 수 있으며, 그들 중 절반(즉, 총 5%)은 알츠하이머병에서 비롯된다. 알츠하이머병은 천천히 발병되며, 새로운 것을 배우는 데 어려움을 겪거나 최근 일어난 일을 기억하지 못하는 데서 시작될 수 있다. 이는 종종 우울증이나 탈수증, 과다 투약 등으로 잘못 진단되거나 혼동된다.

대부분 사람들이 잊었던 것을 늦게라도 떠올리는 데 반해 당신은 어떤 것들을 잊어버리고 다시는 기억하지 못할 것이다. 한때 매우 쉬웠던 일들이 아주 어려운 일이 되고, 말이 잘못 나가게 되면서 좌절과 분노를 초래할 것이다. 길을 잃거나 물건을 잘못 두는 일이 잦아진다. 무뚝뚝한 분위기가 오가고, 환자는 점점 내향적이 된다. 성격이 급작스레 변했을 때 사랑하는 이들은 이를 받아들이고 대처하기가 힘들다. 누군가 이런 문제를 갖고 있다고 해서 반드시 알츠하이머병에 걸린 것은 아니지만, 그들은 치유해야 할 문제점을 갖고 있는 것일 수 있다. 의구심이 든다면 전문가와 상담하라.

뇌졸중은 치매를 일으키는 두 번째 원인이다. 치매나 노망은 근본적인 문제의 증상으로 보인다. 우리들 대부분이 노망을 단순히 나이가 들면서 따라오는 것으로 생각하지만, 신체적 원인은 치료가 필요한 요소들에서 비롯된 것일 수 있다. 의학적 연구는 식사나 생활 습관의 변화 등에서 원인을 드러낼 수 있으며, 추가적인 보충제가 증상을 늦출 수 있다.

나이가 들면서 우리는 육체적, 정신적으로 힘이 약화된다고 느낀다. 우리는 같은 거리를 걷거나, 같은 속도로 반응하거나, 지치지 않고 밤새 섹스를 하거나, 높은 수준의 잠재 소득을 확보하는 등 젊은 시절 당연하다고 여겼던 것들을 더 이상 할 수 없게 된다. 힘을 빼앗겼다고 느꼈을 때 우리는 불안감, 절망, 무력감을 느낀다. 우리는 본능적으로 주변 세계를 통제하려고 시도하며, 시도 자체에서 안전감을 느낀다. 우리가 새로운 세계에 적응하기 위해 우리 자신을 바꾸기엔 너무 나이가 들었다고 느끼면, 다른 사람을 통제하거나 바꾸고 싶어진다. 할머니가 엄격하게 가족 전체를 다스리려 하듯이 말이다.

부족 사회에서는 나이든 이들이 부족에게 전통을 전수하고 가르치는 지혜로운 사람으로 공경받았다. 현대 사회에서는 그러나 나이든 이들이 종종 '유효 기간'이 지난 귀찮은 존재로 여겨진다. 자식들은 가까이 살지 않으며, 연금은 인플레이션을 따라잡지 못한다. 이들은 외롭고, 가난하며, 사랑받지 못하는 존재로 남겨지며, 친숙하던 것들을 떠나 나이든 사람들만 모여 사는 곳으로 보내진다. 그 와중에 아끼던 애완동물, 소지품, 사람들을 잃게 된다. 아무도 자신들을 신경 쓰지 않는다는 것을 경험하면서 강해 보이던 사람들조차 무너진다. 이에 더해 그동안 추구했던 목표들이 성취되지 않은 채 남겨질 것이란 것을 깨닫게 된다. 소중한 직업처럼 과거에 중요하게 여겼던 것들이 쇠약해져 가는 오늘날에는 별다른 가치가 없다는 것도 깨닫게 된다. 그래서 많은 노인들이 삶을 낭비했다고 여기며, 이는 자신이 쇠약하고 가치 없다는 느낌을 더할 뿐이다. 사랑이나 재정 상태의 앞날은 더 이상 가망이 없다. 현실을 벗어나는 것이 즐거운 선택이라는 것은 놀랄 만한 일이 아니다. 더 이상 이해하거나 살고 싶지 않은 세계에서 도피하는 것이다.

치매를 그간 드러내지 못했던 우리의 다른 면모를 보여주는 기회로 이용할 수도 있다. 엄격하고 절제된 삶을 살았던 여교사가 도발적이고 문란한 행동에 빠져들 수 있다. 유순한 남자가 폭력적으로 변할 수도 있다. 자신을 잘 표현하지 않았던 사람이 젊은 시절 겪었던 감정적 불균형 상태에 균형을 잡기 위해 돌연 거칠게 변하면서 난폭한 행동을 할 수도 있다. 갑자기, 이전에 억눌렸던 말과 행동을 할 수 있다.

두려움과 불안함을 느낄 때 우리는 어린 시절 겪었던 보살핌과 안전, 사랑을 받기 위해 어린아이 같은 행동을 할 수도 있다. 다시 한번 어린아이가 됨으로써 자제할 수 없고, 책임질 수 없고, 우리 스스로를 보살필 수 없게 된다. 우리는 사회에게 우리를 보살펴 달라고 주장한다.

신체적인 면에서, 이 장에서 다룬 청력 감퇴나 건망증에 관한 제안은 도움이 될 것이다. 감정적인 면에서, 다른 이들의 사랑이나 수용의 진행을 늦추는 데 큰 도움이 될 것이다. 이는 사랑과 보살핌을 받는다면, 이를 요구하기 위해 아이처럼 될 필요가 없다는 뜻이다. 다른 사람의 한계를 받아들이고, 다른 이의 삶에서 긍정적인 면을 찾는 것은 노화를 받아들이는 데 도움이 될 것이다. 다른 이를 돕는 다는 것은 자신의 가치를 높이는 좋은 방법이다. 심리학자 엘리자베스 쿠블러 로스는 죽음과 죽어간다는 것에 관한 책을 썼는데, 그녀는 노인과 부모가 없는 아기들을 연결하는 프로그램을 시작했다. 아기들은 사랑과 보살핌을 받았고, 아기들을 돌보는 노인들도 마찬가지였다.

나이가 들면서 스스로를 가치 없다고 느끼는 감정은 다른 이들을 도우면서 줄일 수 있다. 이는 우리가 세상을 떠나기 전 세상에 줄 수 있는 선물이다. 내 어머니는 70대 때 상담을 했으며, 80대가 되어서는 도움을 필요로 하는 이들에게 음식을 나른다. 90대에 접어든 내 아버지는 합창단에서 활동한다. 다른 노인들도 주인을 잃은 애완동물을 돌보거나, 모여서 가난한 이들을 위해 옷을 만들고, 아이들에게 책을 읽어준다. 자신들과 다른 이들의 용기를 북돋우며, 부모가 바쁜 아이들을 돌봐 주고, 그들이 할 수 있는 것은 그냥 돕는다. 다른 사람에게 하는 친절한 행동은 실은 자신에게 하는 친절한 행동이며, 자신의 가치와 온전한 정신을 확인시켜준다.

일생 동안 쌓인 감정의 조수를 저지하지 못한다, 요실금

지난 몇 년간 우리 할머니는 집안 소파를 적시지 않은 적이 거의 없었다. 할머니는 이 문제를 줄이기 위한 어떤 유의 사항이나 제안을 제시해도 완강히 거부할 뿐이었다. 할머니는 단지 문제가 있다는 것을 부인할 뿐이었다. 문제가 없다면, 어떤 조치도 필요가 없었다.

할머니는 개성이 강했다. 맛이 강한 맥주만 마셨으며, 거리에서 옷을 좀 부족하게 차려 입었다 싶은 여자들을 만나면 야하게 옷을 입는 감각에 대해 한마디 했다. 일요일 점심 때 어떤 문제에 대해 자신의 생각이 관철되지 않으면 천둥처럼 탁자를 짚고 일어나 폭풍처럼 문을 열고 나가 집으로 가버린 적도 많았다. 걱정이 된 아버지가 할머니의 뒤를 쫓아나가 달랜 후 의기양양하게 내 어머니 앞에 돌아오게 하지 않는다면, 아버지는 '절대 결혼을 해선 안 되는 거였어. 집에 머물며 나를 돌봤어야 했는데.'란 말을 들어야 했다. 수년간 할머니는 무용수를 비롯해 교구 목사, 동네 술집에서 모은 이런저런 사람들을 친구로 삼았고 떠들썩한 생일 파티를 열었다.

유명한 일화가 있다. 할머니는 자궁 절제 수술을 받지 않기로 결정한 후, 녹색 수술 가운을 입고 널찍한 등을 드러낸 채 병원을 걸어나와 버스를 타고 집으로 돌아왔다. 녹색 가운이 부드러운 바람에 휘날리고 있었다.

요실금 문제로 돌아와서, 우리 할머니가 이 같은 문제를 보이는 이유는 오랫동안 혼자 살았던 것과 관련된 것으로 보인다(할아버지는 할머니가 20대 때인 제1차 세계대전 때 사망했다). 할머니는 당시의 사회 관습상 많은 감정들을 눌러 담아야 했다. 그것을 다른 이와 나눌 수 있는 방법이 없었다. 오줌을 지리는 것은 흘리지 않은 눈물을 풀어내는 방법이었다. 더 무의식적인 차원에서 자신의 모든 슬픔을 흘려보내는 방법이었다.

요실금은 나이가 들면서 흔히 생기는 문제다. 특히 여성은 출산을 거치면서 근육이 이전처럼 효과적으로 수축되지 않기 때문에 요실금을 많이 겪게 된다. 여러 차례 출산을 하느라고 약해진 근육은 감정적 약화를 상징한다. 오랫동안 흘리지 못한 눈물, 상실감, 미래에 대한 근심은 기능 상실의 전조가 된다. 몸에서든 어떤 곳에서든 물은 감정을 상징한다. 여성의 상징인 달은 조수의 움직임을 통제하며, 어둠 속에 보이는 축축하고 직관적인 면은 활동적이고 뜨거우며 강한 태양의 에너지와 상반된다.

결과적으로 물이나 감정을 붙들고 있지 못한다는 것은 상징적으로 일생 동안 쌓인 감정의 조수를 저지할 수 없다는 것으로 볼 수 있다. 감정에 구속된 상태에서 우리는 더 이상 그렇게 할 만한 힘이 없다. 우리는 세상에서 무력하다는 느낌을 키워가면서 마음 내키는 대로 쏟아 붓는다. 혼란, 슬픔, 동요가 우리 몸을 타고 흐른다. 방광이 꽉 차면서 느껴지는 신체적 압력은 이런 감정을 지니기 때문에 느껴지는 압박으로 해석할 수 있다. 나이가 들면서 이런 압력은 더 커지고, 배출하도록 강요받는다.

건강한 형태로 자신을 표현하고, 자긍심을 쌓고, 우리가 잃었다고 느끼는 힘을 다시 얻기 위해 애쓴다면 앞서 다룬 행동들에서 많은 것을 성취할 수 있다. 문제는 이를 위해서는 노력과 의지가 필요한데, 나이가 들수록 이를 끌어내기가 쉽지 않다는 데에 있다.

나이가 들면서 스스로를 가치 없다고 느끼는 감정은 다른 이들을 도우면서 줄일 수 있다. 이는 우리가 세상을 떠나기 전 세상에 줄 수 있는 선물이다. 내 어머니는 70대 때 상담을 했으며, 80대가 되어서는 도움을 필요로 하는 이들에게 음식을 나른다. 90대에 접어든 내 아버지는 합창단에서 활동한다. 다른 노인들도 주인을 잃은 애완동물을 돌보거나, 모여서 가난한 이들을 위해 옷을 만들고, 아이들에게 책을 읽어준다. 자신들과 다른 이들의 용기를 북돋우며, 부모가 바쁜 아이들을 돌봐 주고, 그들이 할 수 있는 것은 그냥 돕는다. 다른 사람에게 하는 친절한 행동은 실은 자신에게 하는 친절한 행동이며, 자신의 가치와 온전한 정신을 확인시켜준다.

있는 그대로 말하라

인정받고 싶은 욕구는 우리 삶에 파괴적인 힘이 될 수 있다.
우리 자신이 옳다고 느끼는 것을 하는 대신,
다른 사람이 우리에게 원하는 대로 행동하는 것이다.
이런 행동은 우리가 자신의 욕구에 솔직하지 못함을 의미한다.

목소리의 주파수가 본성을 드러낸다

> 태초에 말씀이 계시니라. 이 말씀이 하나님과 함께 계셨으니 이 말
> 씀은 곧 하나님이시니라.
>
> — 요한복음 1장 1절

사도 요한이 '말씀'을 적었을 때, 그는 음성이 되는 진동의 파동이
나 단어를 언급한 것이다. 아람어의 초기 번역에서 '말씀'은 실제 음
성화된 단어보다는 '소리'나 '진동'과 가까운 뜻을 지녔다. 발언된 말
은 본질적으로 공기가 성대를 지나면서 생기는 진동이다. 이는 모든
것은 끊임없이 진동 상태에 있다는, 우주가 창조해낸 물질의 진동에
서 비롯된 것이다. 분자는 진동하거나 움직이는 원자로 이루어져 있
는데, 이는 물질이 단단하다는 환상을 만들어낸다. 이는 헬리콥터
프로펠러가 회전할 때 단단한 원반처럼 보이는 것과 비슷하다.

우리와 우주의 모든 물질은 원자로 구성되어 있다. 모든 것이 진동하기 때문에, 말을 할 때 우리는 주변 세계의 모든 면에 영향을 미치는 소리를 창조해낸다. 오페라 가수의 목소리는 유리를 깰 수 있을 정도의 공명에 도달할 수 있다. 비슷하게, 우리가 무엇을 어떻게 말하느냐는 우리를 둘러싼 세계의 모든 면에 직접적인 영향을 미친다. 목소리의 울림, 말하는 방식을 바꿈으로써 우리는 자신뿐 아니라 주위 세계까지도 바꾼다.

소리는 주파수(음파가 1초 동안에 진동하는 횟수), 진폭(진동의 중심으로부터 최대로 움직인 거리), 파장(파동에서 같은 위상을 가진 서로 이웃한 두 점 사이의 거리)을 갖고 있다.

소리는 음량과 음조의 관점에서 말할 수 있다. 음량은 파동의 진폭에 따라 달라진다(진폭이 클수록 소리가 커진다). 진폭은 또한 파동이 얼마나 많은 에너지를 지녔는지 측정할 수 있는 기준이다. 소리의 음조(음이 얼마나 높은가)는 파동의 주파수에 따라 달라진다(주파수가 높을수록 음조가 높아진다). 고주파는 저주파보다 높은 평균 출력을 가진다. 이는 고주파가 저주파보다 높은 최대 진폭을 갖고 있다는 뜻이 아니라, 더 많은 출력을 갖고 있다는 뜻이다.

사람들이 20미터 계단 앞에서 일렬로 줄 서 있는 광경을 상상해보라. 맨 처음 사람부터 시작해, 사람들은 일어난 후 계단을 내려간다. 첫 사람이 계단을 올라갔다 내려오면, 다음 사람이 올라갔다 내려온다. 사람들이 줄을 따라 움직여 내려가는 속도는 각각의 사람들이 얼마나 빨리 올라갔다 내려올 수 있는가에 달려 있다. 줄에 서 있는

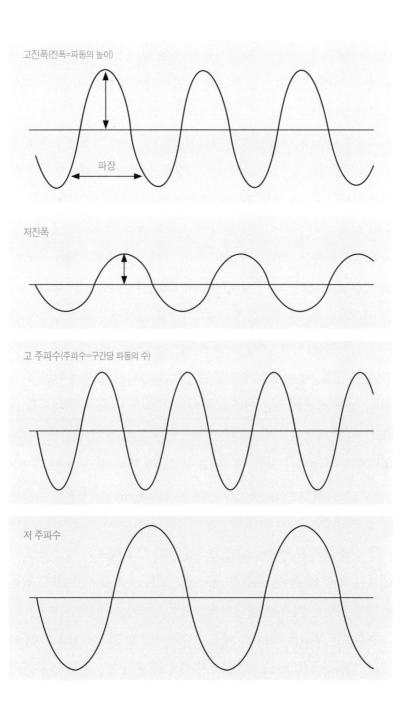

다음 사람은 움직이기 전 앞 사람이 마칠 때까지 기다려야 하기 때문이다. 이런 집단적인 움직임은 스포츠 행사에서 인기 있는 '파도타기'와 비슷하다.

고주파 파동을 만들어내기 위해서, 즉 1분 내에 파동이 위아래로 더 많이 움직이게 하기 위해서는 사람들을 빨리 일으켜 세웠다 앉혀야 한다. 이는 천천히 움직일 때보다 많은 에너지를 소모한다. 파동이 더 천천히 움직이길 원한다면, 사람들에게 일어나는 데 시간을 가지라고 말할 것이다. 이는 사람들이 보다 천천히 피곤해질 것이라는 점을 의미한다. 어느 날 사람들이 다른 날보다 활기가 부족하다고 가정해보자. 결과적으로 서로 다른 두 개의 파동은 그날그날에 따라 달라질 것이다. 하나는 에너지를 더 쓸 것이고, 하나는 덜 쓸 것이다. 진폭, 즉 파동의 높이는 계단이 얼마나 높은가에 따라 결정된다. 높은 계단은 높은 진폭을 지니게 되지만, 더 많은 에너지를 필요로 한다. 파동의 출력은 사람들이 1분간 몇 차례 계단을 올라갔다 내려가는 데 얼마나 많은 에너지를 쓰느냐에 따라 결정된다.

위의 사례에서 사람 대신 우리의 목소리를 대입시킨다면, 목소리가 높은 진폭을 지니기 위해서는 더 많은 에너지가 필요하다. 이는 높은 진폭을 가진 사람이 낮은 진폭을 지닌 사람보다 더 높은 수준의 에너지, 모험심, 용기, 강인한 성격을 지녔다는 것을 의미한다. 진폭이 낮은 사람은 더 적은 에너지를 가지며 열의가 부족할 것이다.

고주파는 우리가 심리적·예술적·음악적으로 얼마나 조화되어 있으며, 얼마나 민감하고, 더 높은 영역에 맞춰져 있는지와 관련되어 있다. 목소리가 더 높은 주파수를 지닐수록, 진동을 바꾸거나 전환할 수 있는 잠재력이 높아진다. 그래서 고주파는 저주파보다 더 빠르게 움직일 수 있는 '가능성'이 더 많다. 다시 말하면, 정신적으로 연계된 사람일수록 주파수가 높아진다. 이는 주파수가 높은 사람이 반드시 사회에 유익하다는 뜻은 아니다. 어떤 사람들은 낮은 진폭을 지녔을 수도 있다. 그런 경우에 이들은 높은 도덕적 기준에 따른 삶을 사는 데 많은 시간을 보내지만, 성취도는 낮을 것이다. 마찬가지로, 높은 진폭을 지닌 사람은 활기가 넘치고 새로운 생각을 발전시키는 데에 능할 수 있다. 그러나 낮은 주파수를 지녔다면, 이들은 삶을 주변 사람을 이롭게 하는 데 보내지 않을 것이다. 이런 예로 히틀러를 들 수 있다. 그는 카리스마와 높은 진폭을 지녔지만, 진동이 낮았다. 이와 달리 그리스도는 높은 진동과 진폭을 지녔다. 낮은 진폭과 주파수를 지닌 사람은 기질이 강하지도 않고, 정신적 윤리가 높지도 않다.

세계를 더 나은 곳으로 만들기 위해서 역동성과 정신적 발전을 지니려면 말할 것도 없이 높은 주파수와 높은 진폭이 가장 좋다. 우리의 파형은 우리가 지닌 파동의 실제 모양이다. 우리가 어떤 삶을 살아가겠다고 택하느냐에 따라 진폭과 주파수는 달라지겠지만, 파형은 일생 동안 일정하게 남는다.

주파수, 진폭, 파장, 파형을 우리 목소리로 전환한다면, 목소리의 음조가 높은가, 걸걸한가, 부드러운가, 거친가 등에 따라 우리에 대해 많은 것을 드러낸다. 다른 인종, 언어, 종교, 문화적 배경 또한 특정 그룹의 특질을 드러내며, 말을 하는 일반적인 방식을 결정한다.

아프리카에서 어떤 부족의 사람들은 매우 크게 말한다. 이웃과 대화를 하기 위해서는 크고 울리는 목소리가 필요한, 개방된 공간에서 살았던 삶의 유산 때문이다. 영국에서는 이야기를 하는 다양한 방법이 있다. 이는 그 사람이 어떤 지역에서 왔고, 자라온 배경이 어떤지 드러낸다. 태연하다는 것stiff upper lip은, 말을 입 밖으로 내거나 소리가 감정을 밖으로 드러낼 수 없는 것이다. 미국인은 영국인보다 더 시끄럽다고 알려져 있다. 심하게 일반화한다면, 전체적으로 미국인은 망설이는 경향이 있는 영국인보다 훨씬 사실 그대로 말하는 데 거리낌이 없다. 프랑스어는 유려한 언어이며 프랑스의 관능성과 성적 취향을 전달한다. 독일어는 좀 거칠고, 목구멍에서 나는 소리인데 이는 정확함의 필요성과 절제된 방식을 반영한다.

두 개의 다른 파형이 서로 영향을 미치며 울림을 만들어낸다. 그러므로 내 파형이 당신의 것에 영향을 미치고, 그 반대의 경우도 일어난다. 울림은 조화를 창조해내고, 불협화음은 부조화를 만들어낸다. 당신과 내가 말하는 방식은 우리 모두에게 영향을 미치며 우리에 대해 많은 것을 보여준다. 그러므로 적절한 파형을 만들어냄으로써 물질을 존재로 이끈다고 추론하는 것은 틀린 말이 아니다. 이를 마음에 새기고 말과 소리와 관련된 행동을 진단하고, 그것이 우리의 본성을 어떻게 드러내는지 살펴보자.

왜 끊임없이 수다를 떠는 걸까?

말을 멈추지 않는 친구나 동료가 있는가? 날씨, 애완동물, 결혼 생활의 골칫거리, 값싸게 잘 산 물건 등 주제는 중요하지 않다. 수다쟁이는 절대 멈추지 않는 것처럼 보인다. 회의실에서 방금 해결책을 이끌어낸 사안에 대해 끊임없이 이야기하거나, 독서 모임에서 마치 출판된 모든 책을 다 읽은 것처럼 말하거나, 30분짜리 모임을 한 시간 넘게 지속되게 만드는 이들을 찾을 수 있다. 사실, 수다스러운 사람들은 모든 계층에서 찾아볼 수 있다. 우리 중 일부는 그런 사람과 결혼을 했을 수도 있다. 특히 우리가 내향적이고 조용한 편이라면 말이다.

수다스러운 사람과 만난 후에 당신은 완전히 기진맥진해질 것이다. 다음번에 그 사람을 또 만나게 되면 당신은 공격을 피하기 위해 가까운 복도나 가게로 뛰어 들어갈 것이다. 그러나 수다쟁이들이 불친절한 사람들인 것은 아니다. 오히려 그들은 주의를 집중시키고 상황을 통제하는 방법으로 말을 이용한다. 많은 경우 그들은 도움을 필요로 하는 사람들이기 때문이다.

우리 모두는 에너지가 있는 존재들이기 때문에 에너지가 한 사람에게서 다른 사람에게로 흐르는 것은 당연하다. 스스로 고갈됐다고 느낀다면, 우리는 자신을 채울 수 있는 누군가를 찾을 것이다. 만약 누군가를 찾지 못해서 에너지를 끌어낼 수 없다면, 우리는 자신에게서 그것을 끌어낼 것이다. 그러나 시간이 흐르면 이는 우리를 병들게 만들 수 있다. 말을 많이 하는 것은 우리의 원천을 채우기 위해 주의를 끄는 방법이며, 때문에 듣는 사람을 지치게 만든다.

나는 어떤 사람들을 뿌리치고 나왔던 적이 있다. 그 약속은 길어야 20분이면 충분했는데도 한 시간이 지나도록 그들은 계속 얘기를 했고, 내가 다음 약속을 위해 방을 나오는 순간까지 그랬다. 내가 고갈됐다고 느낄 때 그들은 분명히 재충전됐다고 느꼈다. 그 사람은 몇 시간 동안이나 얘기를 지속하면서, 대화가 일방적으로 흐르고 있다는 것을 깨닫지 못했다. 그들은 자신의 이야기를 들어주길 원한 것이다.

이야기를 멈추지 않으면서 우리는 다른 이들이 우리의 공간에 남아 있도록 조종한다. 그 공간에서 우리는 그들로부터 에너지를 끌어낼 수 있다. 그들이 떠나려고 한다면, 우리는 다른 화제와 사건을 꺼내거나 이미 한 얘기를 또 하면서 붙잡아 둘 것이다.

살아가면서 누구나 이런 행동을 한다. 이런 일이 벌어지고 있음을 인정하고, 이런 행동을 자제하며, 잃어버린 에너지를 되찾기 위해 다른 방법을 찾는 일은 용기가 필요하다. 다른 이와의 관계는 끊임없이 다시 균형을 잡는다. 시소가 한쪽으로 너무 많이 기운다면 파트너는 재정적, 감정적, 정신적, 육체적으로 고갈되기 전에 떠나버릴 것이다.

이는 수다스러운 사람들의 슬픈 면모다. 그들의 욕구는 다른 사람들을 쫓아버리며, 사람들이 왜 자신들을 싫어하는지 이해하지 못한다. 사람들이 싫어하는 것은 사람 자체가 아니라 에너지를 고갈시키는 그들의 성격이다.

　말을 많이 하는 것은 주로 스트레스 때문에 유발된 지나친 에너지를 풀어내는 방법이다. 어떤 고객은 마사지를 받으러 와서 끊임없이 생각과 사건을 풀어놓는다. 이는 또한 우리의 감정으로 들어가길 피하는 방법이 될 수 있다. 이런 에너지를 흘러가게 놔둠으로써, 우리는 억눌렀던 감정을 감정적이지 않은 방법으로 풀어내려고 한다. 수다스러운 사람들의 특성은 그들이 말하는 것 중 진짜 내용이 별로 없다는 것이다. 말 속에는 온갖 세부적인 것들이 담겨 있지만, 그들이 설명하는 사건에는 실제적인 어떤 감정도 들어 있지 않다. 길게 말함으로써 우리는 문제를 끝까지 풀어냈다고 스스로를 속이지만, 사실은 그에 대한 감정에 대처하길 교묘히 피하는 것이다. 그렇게 함으로써 통제는 방어기제에 가까워진다. 우리는 자신과 깊이 소통하는 것을 피하기 위해서 다른 사람과 소통하려고 한다.

　수다쟁이와 반대되는 사람은 드러내길 두려워하는 사람이다. 그러나 상처는 같을 수 있다. 누구나 상황에 따라 이런 상반되는 행동 중 하나를 보일 수 있다.

　당신이 수다스러운 쪽에 가깝다면, 신이 우리에게 2개의 귀와 1개의 입을 주시고 그 비율에 따라 소통하도록 하셨다는 것을 기억하라. 일반적으로 여성은 남성보다 말이 많아서 말하는 데 3분의 2, 듣는 데 3분의 1로 치우치는 경향이 있다. 당신의 말이 3분의 1을 넘어섰다면, 주위 사람을 고갈시키기 시작했다는 것을 기억하라.

당신이 자꾸 남의 말에 끼어드는 이유

다른 사람이 말하는 중간에 끼어드는 것을 좋아하는가? 상대가 이야기를 할 때, 당신이 더 많이 알고 있거나 더 재미있게 말할 수 있다고 생각해서 그의 이야기를 끝내는가?

'interrupt(방해하다, 중단하다)'란 말은 '사이'란 뜻의 라틴어 'inter'와 '부수다' '터지다'란 뜻의 'rumpere'에서 나온 'ruptum'에서 파생했다. 'rupture' 'disrupt' 'erupt' 등 이들 단어는 조화되지 않은 파열을 암시한다. 그렇다면, 남의 말에 끼어든다는 것은 상대에게 어느 정도 적대적인 감정을 갖고 있다는 암시다.

숫염소가 당신을 들이받는다면, 그것은 당신이 길에서 비키길 원한다는 의미다. 끼어드는 사람도 다르지 않다. 끼어듦으로써 대화에서 당신의 영향력을 약화시키고 싶어 하는 것이다. 이는 단순히 그가 무대 가운데 서길 원하는 것이 아니다. 이는 당신이 말하려는 것을 통제하려는 시도에 가깝다. 이는 때로 그들이 어떤 면에서 당신을 완전히 통제하지 못하는 데 분개하고 있기 때문이다. 누군가의 말을 가로막는 것은 그를 업신여기는 방법이다. 때로는 배우자가 동의하지 않은 것을 말할지 모른다는 두려움에 배우자의 말을 가로막기도 한다. 이 또한 통제의 방법이며, 배우자에 대한 존경과 신뢰가 부족하다는 것을 드러낸다. 당신이 말하고 싶은 대로 말한다면, 전혀 말하지 못하도록 하겠다는 의미다.

전형적으로, 남의 말에 끼어드는 사람은 불안하기 때문에 주변 세계에서 지배권을 획득하려 한다. 생각이나 어떤 사건에 대해 말하는 것을 허용치 않음으로써 이들은 듣고 싶지 않다는 것을 확실히 한다. 이는 다른 이의 경계에 대한 존경심이 전혀 없음을 드러낸다.

건강한 경계는 어린 시절 건강, 안정, 안전, 신뢰를 경험했을 때 획득된다. 이는 우리가 '싫어요, 제발 그만해요.' '충분히 먹었어요.' '이 관계는 파괴적이기 때문에 끝내야겠어요.' 등의 말을 할 수 있는 능력을 부여한다. 경계가 손상됐을 때 우리는 다른 사람의 경계도 존중할 수 없다. 단단한 경계를 세우거나 전혀 경계가 없는 사이를 오가며, 우리가 누구인지 안심하기 위해서 늘 다른 사람에게 의존할 것이다. 또 다른 사람들을 우리의 기준에 맞추기 위해 애쓸 것이다.

다른 사람들의 대화에 뒤섞임으로써 우리는 그들을 삼켜버리고 전체가 되고 싶은 욕구를 충족시킨다. 이런 욕구는 어머니와의 약한 유대, 출산 외상, 어린 시절 겪었던 심각한 질병이나 수술, 신체적 학대, 무관심, 섭식장애, 극심한 빈곤 등 때문에 생겨날 수 있다. 이는 상처가 귀 기울여 달라고 호소하는 슬픈 욕구다.

급하게 말하는 사람들의 심리는?

말을 많이 하는 사람처럼, 빨리 말하는 사람도 지나치게 에너지를 제거하려고 한다. 많은 일이 벌어지는 곳에서 빨리 말하는 것은 누군가를 제쳐두는 일이 될 수 있다. 그리고 말하는 사람이 여러 가지 주제를 표현하기 위해 이 주제에서 다른 주제로 빨리 넘어가 버리기 때문에 의사소통이 때로 산만해질 수 있다.

의사소통을 잘 하기 위해서는 잘 들어야 한다. 만약 청중에게 정보를 너무 빨리 말해버린다면, 그들이 진정으로 듣고 싶어 하는 것이 무엇인지 듣거나 깨달을 수 없다.

말을 빨리 하는 것은 또한 우리가 이야기를 빨리 끝내고 싶어 한다는 점에서 불안함을 드러내는 것일 수 있다. 어쩌면 우리는 주제에 대해 잘 모를 수도 있다. 아니면, 너무 많이 알아서 다른 사람들의 이해력을 전혀 고려하지 않고 생각나는 대로 그것을 바로 표현해야 하는 것일 수 있다.

이런 행동을 극복하기 위해서, 말하는 사람은 외적인 목소리보다는 내적인 목소리에 더 귀 기울여야 한다. 이는 바쁜 마음을 가라앉히고 균형을 잡아준다.

취하면 왜 목소리가 커지는 걸까?

우리가 작고 보잘것없다고 느낄 때, 우리의 에고는 스스로가 느끼는 것보다 더 크게 보임으로써 이를 가리려고 한다. 크게 말하는 것은 남의 주의를 끌기 위한 방법일 뿐 아니라 소리로 지배력을 얻으려는 방법이 된다. 작은 목소리는 시끄러운 말의 불협화음 속에서 사라진다. 우리는 우리에게 이런 일이 벌어지지 않도록 노력한다.

취했을 때 사람들의 목소리가 커지는 것은 왜일까? 그들의 에고가 온 힘을 다해 주의를 끌려고 하기 때문이다. 맑은 정신일 때 에고는 억눌릴 것이다. 에고가 제멋대로 하게 놔둔다면, 에고는 그룹을 통제하길 열망할 것이다. 크게 말하는 것은 이런 쾌락을 제공한다.

언제나 밋밋하게 말하는 당신

작게 말하거나 단조롭게 말하는 것은 웃음거리가 되거나 거절당할까 봐 자신을 드러내길 두려워하는 사람들의 특징이다. 다양한 표현방식을 택하는 대신 감정을 억누르고 말하기 때문에, 말투가 지루하고 생기 없어진다.

안전할 수는 있지만, 확실히 세상을 흥분시킬 수는 없다. 세상을 흥분시키는 것은 분명 두려움을 동반한다. '안전한 것이 실수하는 것보다는 낫다' 혹은 '틀릴 수도 있기 때문에 내 생각을 표현하는 것보다는 삼가는 것이 낫겠다'라고 말할 수도 있다. 안전한 세계이지만 결과는 애매하다. 듣는 사람을 지루하게 할 뿐 아니라 당신에게도 마찬가지다.

말할 때의 열정은 단조로움의 반대다. 'enthusiasm(열정)'은 '신이 소유하다'란 뜻의 그리스어 'enthousiazein'에서 파생됐다. 말할 때 열정을 빼버리는 것은 삶에서 열정을 빼버린다는 것을 의미하며, 당신 자신이 신성하고 고귀한 면을 받아들이지 못하고 있다는 것을 암시한다. 당신의 말에 열정을 불어넣고 삶이 어떻게 바뀌는지 보라!

앵앵대는 콧소리의 그녀

코는 인식의 상징이다. 우리가 콧소리로 말하는 것은 인식되고 싶어서다. 이는 때로 코의 통로가 막혔기 때문이기도 하다. 이는 우리가 인식되고 싶어서 장애물을 만들었음을 암시한다. 자긍심을 높이기 위해 인정받고 싶지만, 그렇지 못한 것이다. 감기에 걸렸을 때 우리는 코가 막혀 콧소리를 낸다. 이는 우리가 조건 없는 사랑이나 노력에 대해 인정을 받지 못해서 슬프기 때문이다(콧물은 내면의 눈물을 상징한다).

인정받고 싶은 욕구는 우리 삶에 파괴적인 힘이 될 수 있다. 우리 자신이 옳다고 느끼는 것을 하는 대신, 다른 사람이 우리에게 원하는 대로 행동하는 것이다. 이런 행동은 우리가 자신의 욕구에 솔직하지 못함을 의미한다. 다른 사람의 인정을 더 원할수록 우리를 더 속이게 된다. 우리가 자기 자신을 인정하게 될 때 다른 사람도 그렇게 된다. 이것이 세상 이치다. 그러나 우리는 일이 다르게 돌아가게 하려고 해보고 또 해본다. 이런 점에서 우리는 스스로 인식의 장애를 초래한다.

매번 말을 더듬는 그

남성이나 소년은 여성보다 말을 더 더듬는다. 여성보다 4배 많은 수의 남성이 말을 더듬는 것으로 알려졌다. 이는 말하기가 성별에 특정된 것이 아니기 때문에 이상하게 여겨질 수 있다. 말 더듬기가 유전이라는 증거도 있다. 실제, 말을 더듬는 사람 중 60%는 가족 중 적어도 한 명 이상이 말을 더듬는 것으로 나타났다. 그러나 나머지 40%에 대해서는 설명이 되지 않는다. 말을 더듬는 사람 중에는 왼쪽 뇌가 언어 기능에 적합할 정도로 발달하지 못했거나, 청각에 문제가 있거나, 또는 얼굴 근육이 적당한 시기에 기능하지 못하는 등의 문제가 있다는 연구 결과가 있다.

어느 정도까지는 우리 모두가 말을 더듬는다. 우리는 대화 중 '음'이나 '어' 같은 말을 끼워 넣곤 한다. 그러나 말을 더듬는 사람에게는 말의 흐름을 막는 장애물이 보다 명백하며 얼굴 경련, 긴 침묵, 소리의 왜곡, 부정확한 발음 등이 수반된다.

역사상 말을 더듬는 유명인이 없었던 것은 아니다. 윈스턴 처칠, 배우 제라르 드파르디유, 작가 루이스 캐롤, 배우 마릴린 먼로, 가수 칼리 사이먼, 킹 조지 등이 그렇다. 말을 더듬는 사람들이 무대에서 그들 자신이 아닌 다른 사람의 역할을 할 때는 말을 잘 더듬지 않는다는 점은 말 더듬기의 감정적 원인에 대한 실마리를 제공한다. 이는 의사소통하기 힘들거나 확신할 수 없는 것이 바로 그들 자신의 페르소나라는 점을 암시한다.

말을 더듬는 이들은 일반적인 사람보다 훨씬 예민하기 때문에 더욱 직관적이며, 보통 사람들이 잘 눈치채지 못하는 다른 이의 미묘한 감정까지 감지할 수 있다. 더 예민하다는 것은 그들이 더 약하며, 다른 이들을 기쁘게 하기 위해 더 압박을 받고 있음을 뜻한다. 자신들이 다른 이들에게 상처를 주거나 실망시킬까봐 두려워하기 때문이다.

말을 더듬는 이유에는 성적 측면도 있다. 다른 이들을 기쁘게 하기 위해 우리는 본능적 행동을 많이 억누른다. 10대 소년들에게서 특히 말을 더듬는 경향이 많이 나타난다. 호르몬이 오르락내리락하고, 성욕이 분출되면서 이 예민한 젊은이들은 이런 변화에 어떻게 대처해야 할지 모르며, 이는 이들을 매우 당황스럽게 만든다. 이런 거칠고 본능적인 성욕, 격렬한 감정을 억누르면서 이들은 스스로를 압박하는 불만을 키워간다. 이로써 이들 젊은이는 자신이 진정 누구인지 잃어버리게 된다. 이들은 그늘 속에 다른 무엇이 숨겨져 있는지 보이길 두려워한다. 결국 진정한 자아가 허용되지 않을 것이라고 느끼기 때문에, 목소리를 내거나 말을 하는 데 어려움을 겪는다.

이런 겉으로 보이는 '괜찮은' 페르소나는 진짜 자아와 혼란을 일으킨다. 말을 더듬는 사람들은 일반적으로 그들 스스로가 공허하고 부적절하다고 느끼며, 안절부절 못한다. 우리 자신을 특정한 방식에 끼워 맞추려고 하는 억압적인 부모를 뒀을 때 말을 더듬게 될 수 있다. 그들을 기쁘게 하기 위해 우리를 거기에 맞추며, 우리의 욕구와 그들의 욕구를 구분하지 못하게 된다. 우리 자신을 무대에 세울 때 우리는 자신에 대해 잘 알지 못하며, 우리가 누구인지 소리를 낼 수단이 없다. 그래서 두려움과 공황 상태에 빠지게 된다. 그러나 말을 더듬는 사람에게 다른 역할을 맡긴다면 이들은 다른 사람이 되는 것에 편안함을 느낀다. 그 페르소나는 자신이 아니며, 그래서 판단되지 않는다. 자기 자신이 아니기 때문에 괜찮지 않다고 느낄 두려움이 없다.

또한 우리를 부끄럽게 만들고 그들의 욕구를 충족시키지 못한다고 지속적으로 비난하는 부모가 있을 수 있다. 끊임없이 자존심에 상처를 입을 때 우리는 자부심을 갖기를 원할 것이다. 혼돈은 긴장을 만들어내며 입을 얼어붙게 만든다. 이로 인해 엄청난 좌절과 불안이 초래된다.

일반적으로 말더듬이를 돕는 일은 완전한 치료라기보다는 문제를 다루는 일이다. 긴장을 줄이고 유창함을 늘리는 기술을 배우는 것이 효과가 있다. 자아상을 높이고 자신이 누구인지 이해하고 자신감을 갖는 것은 말 더듬는 것을 줄이는 데 효과가 있다. 기본적으로, 자신이 누구인지, 역할이 무엇인지 배우는 것, 자존심을 쌓으며 자기 자신을 인정하게 되는 것이 도움이 된다.

혹시 말을 더듬는 사람을 알고 있다면, 당신이 그를 편하게 만들고 그를 당신과 한 무리로 끼워 넣음으로써 그를 도울 수 있다. '침착해' 등의 조언을 하지 말고, 그들이 말하는 데 끼어들거나 당신이 그 단어나 문장을 끝내려고 하지 말라. 지루해하거나 예쁜 여자가 지나가는 것을 보지 말고, 눈을 맞추고 그들이 무엇을 말하는지 들으라!

말더듬이는 정상적인 사람이며, 때로 비범하고 지적이다. 그들을 저능한 사람이나 아랫사람 다루듯 하지 말라.

강아지처럼 낑낑거리는 사람

낑낑댄다는 말은 원래 개에게나 쓰는 말이며, '무기력하게 불평하기'라는 뜻을 지닌다. 개는 우리보다 열등하며 무력하다. 우리는 그들의 산책 시간을 정하며, 그들이 언제 무엇을 먹을지, 언제 짝을 지을지 등을 결정한다. 우리는 그들의 삶을 완전히 지배한다. 어떤 사람이 낑낑댄다면, 이는 마치 애완견처럼 그가 원하는 것을 스스로 성취하지 못하며 자신의 욕구를 해소하기 위해서 우리에게 죄책감을 지워주는 것을 의미한다.

이는 도움이나 사랑을 갈구하는 울음이다. 낑낑대는 사람은 스스로를 도울 수 없다고 느끼며, 그들을 도울 수 있는 강한 사람에게 의존해야 한다. 이들은 스스로의 욕구를 명확하게 말하지 못하며, 남에게 조종과 감정적 협박을 하는 것으로 원하는 바를 성취하려 한다. 이들은 어린아이처럼 스스로의 삶에 책임을 질 힘이 없는 희생자이며, 그들을 보호하고 부양할 어머니나 아버지 같은 존재를 찾는다. 이렇게 함으로써 그들은 집으로 데려가 달라고 애원하는, 큰 눈의 강아지나 고양이처럼 당신이 그들에게 애처로움을 느끼게 한다.

이런 희생자 심리를 극복하기 위해서는 다른 사람을 탓하지 말고,

자신의 삶에 책임을 질 필요가 있다. 개에게 먹이를 주고 씻기는 것처럼, 우리는 아이들에게 책임 의식을 자주 요구하지 않는다. 그러나 이런 책임 의식은 자존심을 쌓고 희생자 심리를 넘어서 성장하기 위해서는 꼭 필요하다.

이상한 습관들
기묘하고 별난 습관을 가진 사람들

저항할 때 우리는 스스로가 우스꽝스럽게 여겨지거나
가치 없다고 느껴질지 모른다는 두려움 때문에 터놓고 소통하길 주저한다.
이는 우리 자신을 완전히 타인과 공유할 수 없다는 분노로 이끈다.
그러면 우리는 부루퉁해지거나 물러남으로써 다른 사람을 거부한다.
마침내 우리는 문제를 극복하고 화해한 것처럼 보이지만,
처음 촉발된 분노의 원인을 표현하지 않으면서 우리의 진실한 감정을 억압한다.

"식당에 갈 때마다 나는 음식에 후추를 넣기 전 그라인더로 열심히 간다. 나는 그때마다 그라인더가 더러울지 모른다고 심각하게 걱정을 한다. 왜 이것이 나를 걱정시킬까?"

라디오 방송에서 인터뷰 때 받은 질문이다. 나는 손톱 깨물기, 이 갈이 등 일반적인 습관에 대해 즉석에서 대부분 답할 수 있을 것이라고 자신했다. 토크쇼 진행자는 다른 수천 명의 청중과 함께 깊이 있는 답변이 이어지길 기다렸다. 고통스런 몇 초 동안 나는 머리를 짜내고 짜내었다. 결국 지혜로운 답변이 몇 개 떠올랐고, 나는 비록 뛰어난 답변은 아닐지라도 그럴듯한 답변을 할 수 있었다.

그때 이후로 극소수는 인정하지만, 일부는 인식하지 못하는 별난 습관에 대해 깨닫게 됐다. 많은 사람들에게 흔한 것은 아니지만, 당신이나 당신과 가까운 사람은 그런 습관을 지니고 있을 수 있다. 따라서 이상하고 별난 습관을 들여다보는 것은 통찰을 제공할 수 있다.

발가락을 돌리며 진행하는 진행자

　뉴스캐스터가 막 라디오 방송을 끝냈을 때 진행자와 나는 높은 의자에 앉아서 마이크를 앞에 두고 쇼가 시작되길 기다리고 있었다. 나는 진행자가 발끝을 돌리기 시작하는 것을 바라보며 흥미를 느꼈다. 그녀는 등받이 없는 의자에 앉아 샌들을 바닥에 둔 채 한쪽 발을 엉덩이 아래에 깔고 있었기 때문에 발가락을 쉽게 만질 수 있었다. 그녀는 내가 쳐다보는 것을 눈치채고는 조용한 목소리로 왜 자기가 방송 전에 늘 그런 행동을 하는지 물었다. 나는 발끝은 우리의 생각, 사고를 상징한다고 답했다. 전화 상담이 시작되기 전 그녀는 쇼를 성공적으로 이끌기 위해 두뇌가 활발히 활동하도록 자극해야 했다.

　발가락을 갖고 노는 것은 말하자면 사고를 재빨리 운동시킨 것이다. 반사학자들은 온몸이 발에 반영돼 있다는 것을 안다. 발가락은 작은 머리와 같으며, 각 부분은 우리 사고의 여러 다른 면을 반영한다. 첫째 발가락은 우리의 정신, 분석적인 면, 지력, 직관력 등과 관련되어 있다. 그녀는 둘째 발가락만 갖고 놀았으므로, 그녀의 사고는 사랑이나 자기애, 방송 중 드러내고 싶은 페르소나와 관련이 있을 것이다. 셋째 발가락을 돌리는 것은 대응력, 자부심을 자극하는 것과 연관되어 있다. 셋째 발가락은 의사소통 능력, 질문과 전화에 대응할 수 있는 능력과 관련이 있다. 넷째 발가락은 관계, 돈, 섹스, 아이디어를 소통할 수 있는 능력과 연관되어 있다. 다섯째 발가락은 청중에 대한 면담자의 일반적인 생각과 관련이 깊다.

이를 이해하면, 왜 그녀가 방송이 시작되기 전 발가락을 갖고 노는 습관을 갖게 됐는지 이해하기 쉬워진다. 다행히도 그녀는 TV 진행자가 아니었기 때문에 그런 습관에 빠진 모습을 볼 수 있는 사람이 적었다!

싸울 때 자신의 바지춤을 잡아당기는 남편

다니엘라가 물었다.

"남편은 나와 말다툼을 할 때마다 바지 앞부분을 잡아당겨요. 이유가 뭐죠?"

싸우는 와중에 다니엘라가 남편의 생각을 받아들이지 않자 그녀의 남편은 점차 좌절하면서, 정말로 하고 싶은 말을 내뱉고 싶은 충동에 사로잡혔다. '이봐! 내가 상황을 주도해. 봐, 바지를 입고 있는 것은 나야. 보라구!' 아내가 순종하지 않을 때마다 그의 분투는 점점 더 처절해져서 그의 잠재의식이 그의 어린아이 같은 행동을 끌어냈다. '바지를 입는 것은 남자야. 보라고. 내가 여기 바지를 입고 있잖아!'

대화 중 자꾸 가랑이를 긁는 상사

"상사가 나나 다른 여자 동료에게 다가와 말할 때마다 손을 가랑이 주변에서 움직여요." 매력적인 영업사원인 안나는 말했다. "그가 자신이 무슨 일을 하고 있는지 알고 있는 것 같지는 않아요. 본인이 그런 행동을 하고 있다는 것을 알면 아주 당황할 걸요. 그건 그냥 초조해서 하는 행동인 것 같아요. 그가 날 속인 것이 아니길 바래요."

안나의 상사는 앞서 바지를 잡아당겼던 남편과 크게 다르지 않다. 그는 함께 일하고 있는 여성들과 스스로에게 확신시킨다. "봐, 나는 페니스를 갖고 있어. 이건 내가 이곳을 지배한다는 뜻이야. 내 말 들어. 내가 권력을 갖고 있어."(이는 물론 그가 실제로 그렇게 하고 있는지 걱정하고 있다는 뜻이다.)

가족들의 여드름을 짜는 엄마

전화로 상담을 한 어떤 사람은 아들과 남편의 여드름을 짜는 것을 즐긴다고 말했다. 나는 여러 곳에 물어본 결과 이런 행동이 그리 드문 일은 아니라는 것을 알게 됐다. 여드름의 고름을 짜내면서 얻는 만족감이 상쾌함을 주는 것이다. 어떤 이는 불쾌하다고 느낄 수도 있다. 그러나 다른 동물을 본다면 그렇지도 않다. 내 고양이들은 서로를 사랑스럽게 핥아준다. 유인원은 상대의 벼룩이나 기생충을 잡아주면서 많은 시간을 보낸다. 이는 일종의 자연스러운 행동 방식이다.

여드름은 머릿속에 쌓인 분노와 혼란의 분출을 상징한다. 여드름이 십대 때 많이 나는 이유이기도 하다. 이 시기 우리는 내적 고통을 많이 겪으며, 자기혐오로 발전할 수 있다. 감정과 호르몬이 우리 몸 전체에 분출되면서 기분 변화가 심해지고, 만족시킬 수 없는 성적 충동을 느끼게 된다. 내적 고통의 작은 표현으로 이런 것들이 솟아난다. 얼굴은 우리가 세상을 대하는 곳이다. 얼굴이 여드름으로 덮여 있다면, 우리는 자기혐오와 감정에 대한 부끄러움, 자제할 수 없는 충동으로 가득 차 세상을 바라보는 것이다. 단단한 여드름은 피부가 자유롭게 숨을 쉴 수 없어서 막히고 뭉치면서 단단해지고 시커메진 더러움이다.

어머니나 연인이 상대방을 보살펴 주려는 근원적 충동을 채우듯, 누군가의 여드름을 짜는 것은 그들의 외모를 손상시키는 것을 제거하려는 시도, 일을 바로잡으려는 시도다. 독소를 짜냄으로써 피부와 사람은 치유될 수 있다. 피부는 바깥 세상과 접촉하는 수단이다. 우리가 사랑하는 사람에게서 마음에 안 드는 것을 볼 때(여드름처럼), 우리는 그 흠과 그것이 상징하는 작은 분노를 없애길 원한다.

음모를 밀어버리는 여자들

프렌치 왁싱은 별난 습관 중 가장 흔할 것이다. 이는 많은 남성들에게 큰 자극이 되는 것으로 여겨진다. 음모를 밀어내고, 상처받기 쉬운 모습의 질을 보는 것은 남성에게 젊은 처녀를 정복하는 것 같은 느낌을 주며, 약간 지루해진 성 생활에 새로운 요소를 더한다.

그러나 성적인 이유 때문이 아니라 충동 때문에 음모를 잘라내는 여성들이 있다. 음모의 숱이 적은 것을 보며 만족감을 느끼는 것이다. 모발은 몸의 수용기관과 정화조직으로서 중요하다. 우리는 모발이 있을 때 땀을 더 많이 흘리며, 독소를 더 많이 배출한다. 그러나 여성들은 다리에서부터 겨드랑이까지 몸에 있는 털을 모두 없애버리려는 충동을 지닌 것으로 보인다. 눈썹을 족집게로 뽑아버리거나 왁스로 음모를 뽑아버리면서 말이다. 체모는 남성적인 것으로 여겨지기 때문에, 그것을 없애버림으로써 우리는 더욱 여성적이 됐다고 믿는다.

그러나 근원적인 여성성은 숨겨지고, 따뜻하고, 어렴풋하고, 촉촉하고, 유혹적인 향취를 지닌 자연 그대로의 모습에 있다. 체모에서 드러나는 자신을 없앰으로써 우리는 본성 그대로의 우리 자신을 없애려고 한다. 어렴풋한 성적 본능의 냄새가 풍길 수 있다는 두려움 때문에, 모든 것은 매끈해야 하며 인공적인 향내가 나야 한다고 생각한다. 음모를 없애버리는 것은 모든 것이 깨끗하고 순수해서 성적인 면을 찾을 수 없는, 순수한 아이의 상태로 돌아가는 방법이다.

모발은 또한 몸의 촉각으로 기능한다. 우리는 그것을 통해 에너지를 끌어내며 원치 않는 독소를 방출해낸다. 성경에서 삼손은 그의 힘과 정신적 교류를 간직하기 위해 긴 머리를 유지해야 했다. 모발은 육체적인 몸에서부터 속세를 벗어난, 감정적인 몸으로까지 연결된다. 모발을 통해 우리는 다른 감정적인 영역에 접근할 수 있다. 음모를 잘라내는 것은 우리 자신으로부터 감정적·성적 몸을 잘라내는 것이다.

학대나 수치심 때문에 우리는 성적인 것에 두려움을 느낄 수 있다. 몸에 털이 있다는 것은 순수하고 털이 없는 아이와 달리, 성적인 본능이 있다는 것을 상기시킨다. 그것을 인식하기보다, 우리는 성장한 욕구의 흔적을 없애려고 한다.

괜히 주변 사람을 밀치는 사람들

누군가와 부딪힌다는 것은 공격적인 행동이다. 어린 소년들은 줄을 섰을 때 순서를 정하기 위해 서로를 밀친다. 이는 어른도 마찬가지다. 우리는 누군가에게 떨어지라고 말하고 싶다. 다른 사람을 한쪽으로 밀어 넣음으로써 영역을 표시하는 것은 그들 때문에 짜증이 나며 방해받고 싶지 않다는 것을 알려주려는 것이다. 그렇게 함으로써 우리는 과욕을 부리며, 그들이 복수하지 않기를 바란다. 마약 판매원이 강제로 약을 팔듯이, 우리는 다른 사람을 밀치면서 그들이 우리에게 복종하길 바라는 것이다.

별난 섹스를 즐기는 사람들

섹스는 별난 행동이 자주 일어나는 영역이다. 나이든 여성이 운동

용 자전거를 타는 벌거벗은 젊은 남성을 지켜보는 것에서부터 양말만 신은 남성이 창녀에게 돈을 지불하고 자신에게 크림빵을 던지도록 했다는 이야기까지 사람들이 자극을 찾으려는 영역에 한계는 없는 듯 보인다.

대대로 피임법은 극도로 별난 것들이 많았다. 쥐똥을 로션처럼 사용하거나 달팽이 똥과 와인, 기름이 함유된 음료를 마시는 것, 허벅지에 족제비의 고환을 차는 방법도 있었다. 이런 것들을 본다면, 다들 바람직하지 않다고 생각할 만하다! 섹스 후 정액을 배출한다고 재채기를 하는 것이나 자궁 입구에 후추를 집어넣는 것도 로마 시대에 인기 있는 피임법이었다.

별난 섹스법은 7장에서 이미 자세히 다뤘다.

수시로 벽에 머리를 박는 남자

(머리를 부딪치는 아이에 관해서는 11장을 참고하라.)

크리스는 광고업계에서 크게 성공하길 꿈꾸는 똑똑하고 야심찬 젊은이였다. 그러나 그는 경쟁이 치열한 업계에서 특출날 수 있는 능력이 부족했다. 이는 그의 에고와 충돌했다. 이는 그를 한편으로는 매력적이지만, 다른 한편으로는 변덕스럽고 호전적으로 만들었다.

상황을 더 나쁘게 만든 것은 상사가 여성이라는 점이었다. 이는 절망에 찬 그의 에고를 달래줄 수 없었다. 그는 하고 싶지 않은 업무를 할당받을 때마다 사무실 칸막이에 머리를 부딪치는 이상한 버릇이 있었다. 소매 광고에서 변화는 늘 있는 일이었는데도 크리스는 변화를 싫어했다. 그는 수시로 벽에 머리를 박았다. 다행히도 벽은 벽돌로 만들어지지 않았다! (자해에 관해서는 14장을 참고하라.)

아이들은 스스로 편안함을 느끼기 위해 자주 머리를 부딪친다. 부딪치는 것은 엄마가 아이를 흔들어주는 행동에서 비롯된 것이다. 일반적으로 아이들이 자라나면서 이런 행동은 고쳐진다. 그러나 부딪치는 것과 위안 사이의 관계가 언제나 깨지는 것은 아니다. 그래서 크리스의 부딪침은 상사와 동료들에게 자신의 좌절감을 전하는 방법이면서 또한 스스로에게도 '조용히 해, 이제 괜찮아질 거야.'라며 위안을 주는 무의식적인 메시지를 담고 있었다.

기괴한 수집광, 그들만의 컬렉션

영국 속담에 '평범한 사람만큼 이상한 건 없다'란 말이 있다. 이상한 물건들을 모아두는 버릇이 있는 사람은 분명히 이런 범주에 들어갈 것이다. 현재의 77사이즈에서 55사이즈로 줄어들 수 있는 기적이 일어나길 바라며 여기에 매달리는 것은 충분히 그럴 수 있는 일이다. 그러나 읽지도 않을 신문이나 잡지를 몽땅 모으는 것은 다른 문제다. 우리는 이것저것 사서 모을 수 있는 잠재력을 갖고 있다. 그러나 지나치다면, 단지 앞으로 쓸 데가 있을까 봐 물건을 버리길 꺼리는 강박장애의 범주로 떨어진다(우리가 물건을 버리자마자 그게 필요하게 되는 것은 무슨 이유일까?).

우리 할아버지는 필요하지 않은 다른 모든 물건을 갖다 버릴 수 있었지만, 수표책은 예외였다. 그는 94세에 세상을 떠나면서 최근 70년간의 모든 수표책을 담아 상자 여러 개를 남겼다!

종종 괴짜로 취급받기도 하는 수집광은 어느 날, 내다 버릴 수 없었던 물건이나 쓰레기에 둘러싸여 있는 자신을 발견할지도 모른다. 그때 되면, 이런 취미는 손쓸 도리가 없어지고, 당황스럽지만 치우지는 못하는 뒤죽박죽 쌓인 물건 더미 때문에 고립을 초래할 수도 있다. TV 프로그램 〈당신의 집은 얼마나 깨끗한가?〉는 이를 잘 보여준다. 흥미롭게도, 수집광들이 필요한 물건을 찾으려 할 때 찾을 수 있는 경우란 거의 없다. 이는 이들의 수집 목적을 쓸모없이 만들어버린다. 극단적인 경우 집안 여기저기에 쓰레기가 흩어져 있어서 마치 집이 파손된 것처럼 보이기도 한다.

가장 유명한 수집 사례는 해군 변호사 랭글리 콜리어일 것이다. 그는 맨해튼의 3층짜리 호화 맨션에서 동생 호머와 함께 살았다. 1933~1948년 이들은 103톤 분량의 잡동사니와 쓰레기로 집안을 가득 채웠다. 여기에는 피아노 11대, 초기 방사선 시계, 포드의 초기 자동차 모델 T포드의 모든 부품도 포함되어 있다. 랭글리는 저녁에 수집할 물품을 찾기 위해 거리를 돌아다녔다. 그는 불쌍하게도 집안으로 들어설 때 쌓아둔 물건 더미가 무너지면서 깔려 죽었다.

수집은 두려움, 통제, 과거에 대한 집착, 그 물건을 버린다면 나쁜 일이 일어날 것이란 믿음 등에 관한 것이다. 우리는 물건에 매달림으로써 세상이 변하지 않을 것이며, 그래서 안전할 것이라고 느낀다. 과거를 보내기 두려워하면서, 우리는 과거를 상징하는 물건에 집착한다. 그것들을 보내는 것은 결국 우리의 일부를 보내는 것이다. 이는 우리가 분명히 두려워하는 것이다.

수집된 물건의 양은 집안이 건강이나 화재에 취약한 곳이 될 정도까지 모일 수 있다.

강박장애와 관련된 전형적인 수집 증상은 아래 행동을 포함한다.

 * 미래에 쓰기 위해 많은 양의 물건을 구입한다 – 일종의 종말 대비용이다.
 * 쓸모없거나 망가진 물건을 버리지 못한다.
 * 수백 개의 비누 묶음처럼, 특정한 형태의 물품을 많이 모아두고 쓰지 못한다.
 * 한 번도 읽지 않은 오래된 신문이나 잡지를 모아둔다.
 * 언젠가 쓸지도 모른다는 생각에 어떤 것도 버리지 못한다.
 * 휴지통을 뒤져서 다른 사람이 버린 물건을 주워온다.

수집광 중에는 타고난 사람이 많다. 특히 부모가 전쟁이나 빈곤으로 궁핍함을 겪었을 경우 등이 그렇다. '낭비하지도, 원하지도 말아라'라는 메시지는 극단적으로 받아들여질 수 있다. 많은 동물들이 겨울을 나기 위해 여름 동안 먹을거리를 모으는 것처럼, 이런 특질은 인간에게도 남아 있다. 우리는 상황이 그리 좋지 않을 때 이전에 버린 것들을 필요로 할지 모른다고 두려워한다. 그래서 미래가 풍요로운 것이라고 믿기보다는 물건들을 붙들고 있다.

일부는 학교 보고서라든가, 아기 담요, 또는 사건·사람·장소와 연관된 것 등 감성적인 물건을 모은다. 이런 종류의 수집은 성장을 두려워하거나, 과거를 붙들고 어린 시절이나 예전 관계가 그대로 머물길 바라면서 강화된다. 고인의 죽음 이후 몇 년간 그가 머물던 방뿐 아니라 그의 모든 물건을 그대로 남겨두는 일은 흔하다. 보내는 일은 너무 어렵다. 여기에는 오래된 것을 없애버린다면 고인의 비위를 건드려서 어떤 식으로든 나쁜 일이 일어날 것이라는 미신이 작용하기도 한다.

책임감이나 배려가 지나치게 넘치는 사람도 있다. 이들은 버리지 않는 물건이 다른 이에게 유용할 것이라고 믿으며, 그 물건을 필요로 하는 사람이 나타날 때까지 모든 물건을 모은다. 이들은 언젠가 유용하게 쓰일 물건을 버리는 데 죄책감을 느낀다. 실제는 대부분의 것들이 고칠 수 없을 정도로 망가졌거나, 고칠 가치도 없는 것인데도 말이다(나는 사용설명서 없는 요구르트 제조기, 전기 칼갈이, 가스가 새는 탄산음료 제조기 등에서 이를 깨달았다!).

수집광은 필연적으로 어떤 것을 버리고, 보관할지 결정을 내리는 것이 매우 힘들다고 느낀다. 이들은 물건을 모으며 결정을 회피한다. 이를 통해 유용한 것을 버리지 않으리라고 확신한다. 이는 올바른 선택을 하지 못할 것이라는 두려움에서 기인한다.

정리정돈은 자주 언급되는 문제다. 수집광은 물건을 모으고 정리하는 논리적인 방법을 유추하지 못한다. 그래서 그냥 물건 더미를 여기저기에 두는데, 모순적이게도 그는 여기에 어떤 질서가 있다고 느낀다. 모든 물건을 보이는 곳에 둠으로써, 수집광들은 물건이 필요할 때 그것을 찾을 수 있으리라고 믿는다.

잡지를 버리면 아주 중요한 기사를 잃어버릴 것이라고 믿는 수집광도 있다. 비슷하게, 봉투를 버린다면 그 안에 돈이나 중요한 물건이 들어 있을 수도 있는 것이다. 시간을 많이 들여 모든 것을 확인하기보다는 차라리 그냥 모아두는 편이 쉬운 것이다. 어떤 물건을 버릴 때 당신은 그때부터 더 이상 물건을 통제할 수 없다. 결과적으로, 수집은 통제하려는 열망으로 해석될 수 있다.

통제는 망각에 대한 두려움의 한 형태일 수 있다. 우리가 읽었던 것을 잊어버린다면, 그것을 어딘가에 보관하는 것은 다시 읽을 수 있는 기회를 준다. 우리는 읽었던 것을 모두 기억할 수는 없다. 그러나 기억하고 싶은 욕구 때문에 수집광은 어떤 정보와도 헤어지려고 하지 않는다. 한번 버려버리면 내용을 잊어버릴지 모르며, 영원히 되찾을 수 없다는 두려움을 느낀다.

다른 수집광은 컬렉션이 완성될 때 느낄 수 있는 만족감을 위해 품목들을 수집한다. 그러나 만족은 거의 일어나지 않으며 보상도 없다. 어떤 이들은 지적인 정보를 모으며, 다시는 읽지 않을 논점들을 기록한다.

수집광들이 물건을 놓아버리도록 돕는 것은 어려운 일이며, 인내심과 이해를 필요로 한다. 이들이 물건과 헤어질 수 있도록 서서히 북돋워야 한다. 적어도 1년간 물건을 사용하지 않았다면 없애야 한다는 것 같은 규칙을 만들어야 할 필요도 있다. 성과를 오래 유지하기 위해서는 정리 방법과 그것을 유지하는 법이 자리 잡도록 해야 한다. 이렇게 함으로써 많은 수집광들은 그들의 물건들이 사라지는 데 두려움을 느끼기보다는, 안도감을 느낀다. 한 여성은 오래된 바느질 옷본을 버리라는 설득을 받아들였다. "감정적·육체적으로 오래된 틀을 잃은 것 같았어요. 새로이 시작할 수 있을 것 같다는 느낌이 들었습니다. 그건 놀라운 경험이었죠!"

방출 과정은 4가지 방식을 포함한다.

1. 버리기

2. 재활용하기

3. 줘버리기

4. 치워버리기

이들 외에 다른 방식은 있을 수 없다. 예를 들어 12년 된 퐁듀 요리책을 갖고 있다면, 스스로에게 퐁듀 냄비가 있는지 물어보라. 없는가? 그렇다면, 그것을 갖고 있는 친구가 있는가? 없는가? 그렇다면 2번은 맞지 않는다. 3번, 4번도 마찬가지다. 해결책은 1번뿐이다. 그러므로 버려라.

유기된 동물들을 닥치는 대로 데려오는 그녀

1993년 4월, 비키 키틀스는 미국 오리건 주 아스토리아의 지저분한 버스에서 개 115마리, 고양이 4마리, 닭 2마리와 함께 살다가 발견됐다. 이들 동물은 배고픔과 질병으로 서서히 죽어가고 있었다. 키틀스는 이들 동물을 사랑했으며 잘 보살폈다고 확신했다. 하지만 현실은 달랐다. 키틀스가 법을 어긴 것은 이번이 처음이 아니었다. 이전에도 그녀는 플로리다에서 동물들(침실에서는 말 두 마리가 사육되고 있었다), 동물들의 배설물, 시체와 함께 살고 있었다. 극단적이긴 해도, 키틀스의 예는 동물 수집이 보기 드문 일이 아님을 보여준다.

전형적인 동물 수집광들은 자신들이 돌보고 있다고 주장하는 동물들이 심하게 방치되고 있음을 깨닫지 못하거나, 그런 사실을 인정하길 거부한다. 그들은 동물들이 얼마나 굶주리고 병들었든 간에 그들과 헤어지길 고집스럽게 거부하며, 현실을 부인한다. 그들이 묘사하는 바깥 세계와 개인적인 삶 사이에는 현저한 차이가 존재한다. 이들을 치료하기는 매우 힘든 일이며, 이들은 아주 빨리 예전의 버릇으로 돌아간다.

이런 습관을 불러일으키는 동인은 무엇인가? 실마리는 그들이 하고 있는 '좋은 일'을 하고 싶은 욕구와 동정심에 있다. 동물 수집은 그들의 어둡고 그늘진 면모가 떠오르려고 할 때 좋은 사람처럼 보이고 싶은 욕구를 충족시킨다. 이들은 영웅이나 순교자라는 원형을 발전시켜 자신을 홍보하려 한다. 이를 통해 자신을 주위의 다른 사람들보다 더 중요하며 고귀하다고 느낀다. 스스로 만들어낸 페르소나에 사로잡혀서, 동물을 안락사 시키는 것은 그런 페르소나를 더럽히는 것이라며 혐오한다.

통제도 중요한 문제다. 살면서 그들은 통제력의 부재나 무력함을 경험했을 수 있다. 이제 그들은 보금자리를 다스리며, 자신의 휘하에 있는 불쌍한 동물들에게 권력을 행사한다.

일부는 어떤 삶이라도 삶 자체가 없는 것보다는 낫다는 뒤틀린 가치관을 갖고 있다. 그래서 고통 받는 동물들을 내버려 두기보다, 설사 끔찍하더라도 동물들의 삶을 연장한다. 이런 사람들은 종종 자신들이 어떻게 동물을 '구했는지' 자랑하며, 죽음보다 더한 운명이라는 비난을 부인한다. 이들은 때로 똑똑하고 교활해서 미디어와 후원자들을 아주 잘 속인다.

동물 수집광 중에는 상황을 감당할 수 없을 때까지 고양이나 개를 수집하는 외로운 독신 여성도 있다. 이는 점점 집착이 되며, 현실이 흐려지기 시작한다. 이 여성은 생활환경이 말할 수 없을 정도로 지저분해지고 있다는 사실을 의식하지 못한다. 그녀가 돕고 구하려고 했던 동물들에게 삶은 때로 끔찍한 고통이 되며 결국 질병이나 근친교배, 굶주림 등으로 죽게 된다.

동물 수집광 중 가장 많은 부류는 중년과 노년 사이의 백인 여성으로, 얄궂게도 양육이나 교습과 관련한 직업을 가진 경우가 많다. 직업적으로 이들은 완벽하게 정상적으로 보이거나, 아주 약간만 이상하게 보일 뿐이다. 이들은 불안정한 부모 밑에서 혼란스러운 아동기를 보냈을 수 있다. 미국에만 수천 명의 동물 수집광이 있는 것으로 알려져 있다.

시도 때도 없이 코를 파는 사람들

우리는 인정하려 하지 않지만, 코 후비기는 엉덩이 긁기와 함께 아주 흔한 버릇이다. 누구나 코를 파긴 하지만, 어떤 사람들에게 이는 뿌리 깊은 버릇으로 운전 중이나 짬이 날 때마다 코를 판다.

코는 인식과 연계되어 있다. 코는 우리가 다른 사람의 얼굴을 볼 때 가장 주목하게 되는 부분이다. 다른 사람의 일에 간섭할 때 'nosey'라고 쓰는 것처럼, 코는 우리가 세상에 나아갈 때 가장 두드러지는 부위이다. 우리는 코로 숨을 쉬며 세상을 받아들인다. 코는 감기에 걸렸거나, 잠시 동안 세상에서 동떨어져 있고 싶은 상황이나 다른 사람과 교류하기 싫을 때 막힐 수 있다. 우리는 때로 사람들에게 이해받는 일에 장애물이 있다고 느낀다. 그래서 다른 이들을 더 잘 받아들이기 위해 코를 후비고 공기가 통하는 통로를 만들면서, 이런 장애물을 없애려고 시도한다.

더 심하게는 코딱지를 먹는 사람도 있다. 왜 당신은 신체가 뱉어낸 분비물을 수용하고 섭취하려 하는가? 무의식 중에 교류의 장애물이었던 것을 먹어버리려는 욕구일 수 있다. 그것을 먹음으로써 당신은 그것이 다시 비위를 건드릴 수 없게 되어 안도감을 느끼게 된다.

이상한 행동을 하는 당신의 아이, 왜일까?

살아 있는 사람이라면 누구나 문제를 지니고 산다.
삶은 쉽지 않지만, 우리의 불완전함을 부인하기보다는
받아들임으로써 우리는 자신의 상처뿐 아니라
같이 살고 있는 사람들의 상처까지 치유할 수 있다.

애완견이나 아이들은 주인이나 부모에게 억압된 감정적인 문제를 습관처럼 자주 표현한다. 다섯 살 난 아이가 코딱지를 먹는 버릇을 가졌거나, 사냥개가 충동적으로 공을 물어뜯는 것을 보고 당신은 '저런, 세상에!'라고 반응할 수도 있다. 우리는 무관심의 바다를 떠도는 외로운 개개의 섬이 아니다. 작가 데니스 린이 표현했듯, 우리 모두는 '무한한 신발끈으로 서로 묶여 있다.'

가족들 중 어떤 사람들은 근심거리를 참지만, 어떤 이는 그것을 표현한다. 아이들과 애완동물은 감정을 참는 데 익숙하지 않기 때문에 행동을 통해 무엇이 마음에 들지 않는지 보여주려고 한다. 평소에는 바르게 행동하던 아이들이 친인척이 방문하기만 하면 괴물로 변하는 것을 보지 못했는가? 때로 민감한 아이들은 가족 내의 불안을 이런 식으로 표현한다.

물이 차 있으며 양쪽 끝에 플라스틱 병이 채워진 U자형 파이프를 상상해보라. 병 하나를 짜면 물이 다른 쪽으로 솟으며, 다른 쪽 병을 짜면 반대 현상이 일어난다. 가족도 다르지 않다. 학교에서 질량 보존의 법칙을 배웠을 것이다. 물질은 다만 한 형태에서 다른 형태로 변할 뿐이다. 감정도 마찬가지다. 감정은 사라지지 않으며, 불안감은 전이된다. 별로 반갑지 않은 손님이 도착한 뒤 며칠이 지나면, 집안의 개가 갑자기 다른 개들을 공격하기 시작한다. 그리고 기다려 마지않던 손님이 떠난 후 잠잠해진다. 내가 표현하지 않은 분노가 개에게 전달된 것이다!

스트레스는 우리의 정신에 뿌리 박혀 있다. 몇 년 전 최면술사를 찾아갔을 때 이를 발견할 수 있었다. 그는 감정에 억눌려 있던, 과거의 쓰라린 경험으로 나를 이끌었다. 내가 어린아이였을 때 할머니 집에서 벌어진 일이 떠올랐다. 어머니는 나를 팔에 안고 울고 있었다. 나는 너무 어려서 어머니의 슬픔을 유발한 사건이나 원인을 기억할 수 없었기 때문에, 나중에 어머니에게 그런 사건이 있었는지 물었다. 어머니는 그런 일이 있었으며, 어떤 일이었는지 말해줄 수 있다고 했다. 이는 그녀의 분노가 어떤 식으로 내 감정에 영향을 미쳤는지 분명히 보여준다. 최면술사는 그 영향을 집어낼 수 있었던 것이다.

이 장은 부모로서 부족한 부분을 질타하기 위한 것이 아니다. 그보다는 당신의 아이가 지닌 버릇을 이해하기 위한 것이다. 어쩌면 전체로서 가족의 문제를 다룰 수도 있을 것이다. 살아 있는 사람이라면 누구나 문제를 지니고 산다. 삶은 쉽지 않지만, 우리의 불완전함을 부인하기보다는 받아들임으로써 우리는 자신의 상처뿐 아니라 같이 살고 있는 사람들의 상처까지 치유할 수 있다.

표현되지 못한 슬픔이 이불에 지도를 그린다

"네 살 된 아들이 우리 침대로 기어올 때마다 아주 따뜻하면서 축축한 것이 느껴지죠. 자기 침대에서는 오줌을 싸지 않아요. 이건 거의 습관이 된 것 같아요. 아이가 이런 행동을 하는 이유가 뭘까요?"

아이 엄마는 지쳐 보였고 당장이라도 눈물을 흘릴 듯이 보였다. 아이가 잠자리에서 일어났고, 방광이 꽉 차 있었으며 환경이 바뀌었기 때문에 그런 급작스럽고 반갑지 않은 반응을 불러왔다고 주장할 수도 있다. 신체적인 요인이 있을 수도 있지만, 아이가 자신의 침대에는 거의 오줌을 싸지 않는다는 점은 무언가 다른 요인이 있다는 것을 의미한다.

수세기 동안 선원들은 바다를 어머니 같은 존재로 여겨왔다. 바다는 고요하고 마음을 끌어당기다가도 거칠고 격렬해진다. 바다는 여성적인 문제와 관련되어 있다. 우리는 대양의 바닥에 무엇이 숨겨져 있는지 보지 못한다. 물은 무의식 속의 감정을 상징한다. 울 때 우리는 감정을 눈물이란 형태로 쏟아낸다. 전자기가 공기 중에 쌓이면 천둥과 비가 내리는 것처럼 말이다. 울음은 치료 효과가 있다. 그러나 우리는 많은 어린 소년들이 여전히 '소년은 울지 않는다'라는 말을 주입해 듣는 사회에서 자라난다. 의식적으로 말하지 않더라도,

이런 메시지는 많은 가정에서 무언의 규칙으로 남는다.

아이가 표현하지 못한 감정에 어떤 일이 일어나는가? 이런 감정은 차곡차곡 쌓이며, 무의식은 이불에 오줌을 싸게 하면서 이를 표현할 수 있는 대안을 찾아낸다.

눈물이 상징하는 것처럼 이불에 오줌을 싸는 것은 아이들의 마음을 어지럽히는 것이 있음을 암시한다. 위에 언급된 사례를 고려하면, 아이는 무의식적으로 자신의 두려움을 표출하는 것이다. 이는 도와달라는 울음이었지만, 화가 난 부모는 이를 들을 수 없었다. 그래서 이런 양식이 반복됐다.

한밤중 이불에 오줌을 싼다는 것은 아이가 두려움을 자각하지 못한다는 암시다. 이는 아이를 더욱 혼란스럽게 만든다. 아이에게 문제가 무엇이냐고 묻는다 하더라도, 두려움은 무의식적인 것이기 때문에 어떤 대답도 나오지 않을 것이다.

덫에 걸린 동물이 공격을 하듯, 두려움은 분노로 위장된다. 궁지에 몰린 개는 가까이 다가오는 개나 사람을 공격할 것이다. 이처럼 아이는 두려워하면서 동시에 화를 낼 수 있다. '진저리난pissed off'이란 표현은 분노와 발산이란 두 가지 개념을 담고 있다. 아이는 분노를 유발한 누구에게라도 매우 화가 났을 수 있다. 이불에 오줌을 싸는 것은 두려움과 분노를 발산하는 방법이다. 아이가 화난 이유가 무엇이며, 누구에게 화가 난 것인지 당신 자신에게 물어보라.

아이가 이불에 오줌을 싼다면, 같이 노는 아이들이나 학교 환경을 확인해보라. 아이가 누군가를 두려워하고 있는가? '왕따'를 당하고 있는 것은 아닌가? 아이들이 불안함을 느낄 수 있는 이혼이나 다른 큰 변화 같은 것이 있었는가? 아이가 학대를 당하고 있을 가능성이 있는가? 여기에는 깊은 죄책감이나 부끄러움이 작용하고 있을 수 있으며, 아이는 이를 표현할 다른 방법이 없는 것이다. 아이가 학교 친구들이나 가정의 형제들 사이에서 희생양이 되고 있는가? 아이가 부모 중 한 명을 두려워하고 있진 않은가? 보통은 아버지를 두려워한다. 부모가 매우 엄격하고 권위적이면 아이는 부모를 실망시킬까 봐 항상 우려하고, 이는 두려움과 긴장을 불러온다. 낮에 아이가 경험한 감정적인 압박감이 쌓이는데 그것을 발산할 다른 방법이 없다면, 오줌을 싸는 것이 해결책이 된다. 이는 또한 권력을 가진 부모에게 보복함으로써 부모를 무력하게 만들 수 있다. 눈물과 마찬가지로 이불에 오줌을 싸는 것은 무의식 속에서 도움을 요청하는 울음이란 것을 잊지 말아야 한다.

두려움을 느낄 때 동물과 인간은 모두 의지에 상관없이 오줌을 싼다. 오줌이 배출되면서 두려움의 일부도 배출된다. 이불에 오줌을 싸는 것도 비슷하다. 그러므로 이런 행동이 정기적으로 일어난다면 이는 따뜻한 관심으로 다뤄야 하며, 아이가 느끼는 것을 표현할 수 있는 기회로 만들어야 한다. 전문가의 도움이 필요할 수도 있다. 아이의 욕구가 무엇인지 관심을 갖는 것이 무엇보다 중요하다. 징계는 가장 나쁜 대응책이며 부끄러움과 두려움만 더할 뿐이라는 사실을 명심해야 한다.

친구들에게 거짓말로 허풍을 떠는 아이

기분이 저하됐을 때 우리는 자신을 부풀릴 수 있는 방법을 찾는다. 아이들에게 어느 정도의 허풍은 일반적이다. 하지만 정도가 지나치다면 아이의 자부심은 아주 약한 상태라는 것을 암시한다. 이는 일시적인 단계일 뿐 큰 문제가 아닐 수도 있다. 아이가 허풍을 떠는 것은 그런대로 받아들일 만하다. 그러나 어른이 말을 할 때 쓸데없는 허풍을 더한다면 곁을 떠나는 것이 상책이다.

자부심을 회복하고 싶어 하는 아이는 자신의 낮은 에고를 높일 수 있는 기회를 찾는다. 스스로를 높이려는 열망은 상대방에게 피해를 주기 때문에 허풍을 떠는 아이들은 인기가 없다. 자의식이 너무 강하면 우리는 다른 사람과 깊은 관계를 맺을 수 없다. 상대방을 위해 내어줄 공간이 없기 때문이다! 허풍과 거짓말은 종이 한 장 차이라서, 허풍을 떠는 아이들의 말은 믿을 수 없기 때문에 인기가 없다.

어린 나이일지라도 관계는 신뢰에 바탕을 둔다. 이는 허풍을 떠는 사람과 의미 있는 관계를 맺을 수 없는 이유가 된다. 별다른 제재 없이 아이가 오랜 기간 동안 허풍을 떨도록 놔둔다면, 아이들은 자신들만의 과장되고 왜곡된 진실을 믿게 된다. 허풍으로 다른 사람의 관심을 끈다면, '있는 그대로의 나는 충분치 않구나. 괜찮은 사람으로 받아들여지기 위해서는 끊임없이 더하고 과장해야 해'라는 일정한 양식이 자리 잡는다. 아이는 나중에 어른이 되어서도 있는 그대로의 자신은 가치가 없다고 느끼기 때문에 행복하지 않다. 이들은 또한 누군가 진실이 아닌 거품을 찾아내어 터뜨릴 것이란 두려움 속에 산다.

자부심이 낮기 때문에 에고는 제멋대로 움직이며, 시간이 지나면 격정적인 기질이 다른 문제 행동을 낳을 수 있다. 에고의 욕구는 채워져야 하며, 열망은 개인의 삶을 이끄는 힘이 되어야 한다. 그렇게 되면 인생은 절대 단순해질 수 없다. 우리는 인간적 삶에 대한 기본적 욕구를 항상 가지고 있다.

아이가 허풍을 떤다면, 그들이 해낸 것을 과장할 것이 아니라 아이의 자부심을 천천히, 진정으로 높일 수 있는 방법을 찾아보라. 아이가 운동에 소질이 없다 하더라도, 성공적이라고 느낄 수 있게 하는 다른 재능이 있을 수 있다. 당신은 지나치게 비판적인 부모인가? 아이에 대한 기대가 너무 높은가?

왕따를 시키는 아이와 당하는 아이는 종이 한 장 차이

왕따를 시키는 학생과 왕따를 당하는 학생 중 당신 아이가 어느 쪽에 속하는 것이 더 나쁜지 확신할 수는 없다. 원래 'bully'(불량배, 왕따 시키는 학생)란 말은 'Bully for you!'(잘한다, 근사하다)에서 보듯 긍정적인 단어였다. 또한 친구나 연인을 뜻하는 말이었다. 나중에 이런 뜻은 변질되어 '약자를 못살게 구는 사람'이 됐다.

최근 몇 년 사이 왕따에 많은 관심이 집중됐다. 때로 어떤 학교에서는 '왕따 학교'란 이름을 얻는 것이 두려워 소년들이 거칠게 굴거나 뒹구는 것도 허용하지 않을 정도로 지나친 규제를 하기도 한다.

왕따를 주도하는 학생은 다른 아이에게 권력을 행사하려 든다. 이들은 욕을 퍼붓거나 고립시키고, 위협하고, 물건을 손상시키며, 감정적·신체적으로 상처를 입히며, 자기들이 하기 싫은 일을 시킨다. 이런 행동으로 다른 아이들이 두려움을 느끼도록 만든다.

왕따를 시키는 학생들은 인기 있고, '두목'처럼 보이고 싶어 한다. 잘못된 감정이 아이들을 이런 행동에 끌리게 만드는 것이다. 자연스레 이들은 약하고 겁 많은 아이, 어떤 면에서 남다른 아이, 자립심이 부족한 아이를 택한다. 이런 아이들은 저항을 덜 하기 때문이다. 왕따를 시키는 아이는 자신도 부모나 형제로부터 왕따를 경험했으며 자신의 보금자리를 다스리는 방법으로 그런 행동을 배웠을 수 있다. 따라서 아이들은 자신의 행동이 잘못됐다고 생각하지 않을 수 있다. 아빠가 엄마를 때리고 학대하는데, 아이라고 학교에서 다른 식으로 행동할 이유가 있는가?

희생자는 자신이 고립됐으며, 불안하고, 자신감이 부족하며, 적합하지 않고, 다른 친구들과 다르다고 느끼게 되면서 다른 아이들과 어울리기 힘들어진다. 이런 영향은 오래가기 때문에 왕따가 위험한 것이다. 왕따에 동조한 아이나 친구를 위해 나서지 못한 아이들도 죄책감을 느낄 수 있다. 슬프게도 왕따의 희생자는 제대로 지도되지 않는다면 쉽사리 가해자로 돌아설 수 있다.

당신 아이가 습관적인 왕따의 희생양이라는 징후는 불면증, 분노,

성적 하락, 우울함, 타박상, 틀어박히기를 비롯해 형제를 향한 공격성이나 학교에 가기 싫어하는 것 등에서 찾을 수 있다. 아이들은 부모에게 어떤 일이 벌어지고 있는지 말하길 두려워한다.

왕따를 시키는 아이들은 자부심이 낮으며, 때로 비슷한 문제를 가진 부모 아래서 컸을 수 있다. 위축되고, 학대하거나 학대당하는 것을 지켜보면서 이들은 삶에 냉혹하게 대처하는 법을 배우게 된다. 때로 이들의 부모는 문제가 가정에서 시작된다는 생각에 동의하지 않는다. 따라서 학교에서 아이를 지속적으로 상담한다 하더라도 근본 원인은 남아 있다. 이는 슬프고 가슴 아픈 상황이다.

희생자는 자립하거나, 외롭다고 느끼는 다른 아이들과 유대를 형성하도록 북돋워질 수 있다. 뭉치면 힘이 생긴다.

너무 자주 화장실에 가는 아이

이불에 오줌을 싸는 것처럼 화장실에 자주 가는 행동은 두려움이나 분노와 관련된 경우가 많다. 보통, 아이가 집을 벗어난 환경을 두렵다고 느끼거나 겁을 낼 때 이런 행동을 한다. 아이들을 안심시키면 어느 정도 두려움이나 긴장을 없앨 수 있다. 쇼핑몰 한가운데서 물건을 잔뜩 실은 쇼핑 카트를 밀고 있는 부모에게 이는 아주 화나는 일일 수 있다. 그러나 화를 표현하는 것은 아이의 분노를 더할 뿐이며 문제를 악화시킬 수 있다.

이런 일이 학교에서 일어난다면, 이는 아이가 어떤 일이나 사람을 두려워하거나 분노를 느낀다는 것을 암시한다. 방광은 몸의 독소를 쌓았다 배출한다. 방광은 상당히 많은 양의 오줌을 저장하기 위해 풍선처럼 확장되고 수축된다. 적은 양의 소변도 참아낼 수 없다는 것은 아이가 삶의 변화에 적응하기 힘들어한다는 것을 암시한다. 이들은 새로운 경험을 견딜 수 없으며, 성급히 방출해낸다. 감정적 압박은 신체적 압박이 되며, 아이는 이를 배출해내고 싶어 한다. 또는 화장실에 가야 하는 욕구를 권력 수단으로써 상황을 조작하는 데 이용한다. 오줌이 거의 나오지 않거나 양이 적다면, 이는 아이가 쌓인 감정을 풀어낼 능력이 없다는 암시다.

때때로 이는 아이에게 너무 많은 일이 일어나서 받아들일 수 없을 때 일어나며, 아이는 상황의 압박을 수용하지 못하며 가능한 빨리 내보내길 원한다. 우리 아이들은 매우 바쁘게 살고 있다. 우리가 어렸을 때보다 훨씬 바쁘다. 학교 수업에 학원 강좌, 그 밖에 다른 활동들이 많아서 아이들, 특히 민감한 아이들이 이를 받아들이기 힘들어하고 두려워한다는 것은 놀랄 만한 일이 아니다. 아이들이 자신들의 시스템에서 빨리 이런 것을 내보내고 싶어 하는 것도 놀랍지 않다.

아이는 배변하는 법을 익히기 싫어한다

"우리 아이는 휴일에 친인척을 방문하기 전까지만 해도 완벽하게 배변 훈련이 돼 있었어요. 그런데 그 후에 바지에 자꾸 똥을 싸는 거예요. 이유가 뭐죠?"

우리가 어떤 사람을 '꼼꼼하다(anal 또는 anal retentive)'라고 일컫는다면, 그들이 문제, 보통은 물질적인 것에 매달려서 그것을 흘려보내거나 삶을 즐기지 못함을 의미한다. 항문을 통해서 우리는 물질을 언제, 어떻게 흘려보낼지 제어할 수 있다. 제어하는 이유는, 그것은 우리가 스스로 살고 있는 세상을 믿지 못하기 때문이다. 다른 사람을 통제하려고 시도하면서 우리는 세상이 더 안전하다는 안도감을 얻고자 한다.

아이들은 환경을 통제할 수 있는 방법이 거의 없다. 유일한 방법은 어떤 음식을 거부하거나 부적절하게 방출하는 것이다. 이들은 이런 행동이 부모에게 불편함을 안길 수 있다는 것을 알고 있으며, 이런 문제를 일으킴으로써 어떤 식으로든 힘을 얻었다고 느낀다. 이는 변기에서 오랜 시간 동안 앉아 있게 만드는 결과를 낳을 수도 있다. 스스로를 더럽힘으로써 아이들은 부모의 우위에 대해 분노를 표현할 수 있다. 이는 불쾌한 상황이나 감정적인 문제들을 부적절하게 표현해버리는 부모의 습관을 반영할 수도 있다. 똥을 싸는 것은 아이가 반항을 표할 수 있는 유일한 방법이다. 이와 반대로, 배변을 거부하는 것은 지배력을 놓아버리고 싶지 않다는 표시다.

위에 언급된 아이의 경우, 그는 의심할 바 없이 부모와의 시간을 방해하는 친척들의 침입에 분노한 것이다. 그는 또한 다양한 친척들 사이에 일어나는 감정적인 배설을 포착한 것일 수도 있다. 낯선 환경과 사람들이 그를 두렵게 만들었을 수도 있다. 실수는 두려움을 풀어내는 방법이면서 동시에 그가 상황을 더 잘 통제할 수 있다고 느끼게 만든다.

배변 훈련은 이전에는 자연스레 반응했던 근육을 통제하는 법을 배우는 것을 포함한다. 일반적으로 아이는 이런 기술을 익히고 싶은 특별한 욕구가 없다. 그래서 배변하는 법을 익힐 때 아이와 부모의 의지 사이에서 싸움이 일어난다. 언제 참고, 언제 배변을 할 것인지 배우면서 감정적, 육체적 단계에서 일생의 양식이 결정된다.

내가 본 최악의 사례는 반대로 배변을 거부하는 문제다. 3살짜리 아이는 부모, 형제들과 함께 외국의 섬으로 휴가를 갔다. 목적지에 도착한 뒤 아이는 부모가 관광에 나서고 둘만의 시간을 보내는 동안 보육 시설에 맡겨졌다. 작고 연약한 아이에게 익숙한 환경에서 완전히 떨어져 전혀 모르는 사람들의 손에 맡겨진 것은 분명 공포스러운 일이었을 것이다. 반항심과 두려움, 불안함을 느끼며 아이는 자신이 할 수 있는 한 통제권을 발휘하기로, 즉 배변을 거부하기로 택했다. 아이는 익숙한 것을 유지하길 원했다. 7일간의 휴가가 끝난 후에도 여전히 아이는 배변을 거부했다. 그래서 병원에 가서 관장을 해야 했다.

아이의 관점에서 볼 때, 욕구는 다시 한번 억눌렸다. 이는 끊임없는 의지의 싸움을 불러일으켰다. 그때부터 아이는 배변을 거부하는 습관을 형성해나갔고, 관장을 위해 정기적으로 병원에 가야 했다. 심리학자이자 작가인 아노디아 주디스는 "관장을 반복적으로 사용하는 것은 성적 학대에 버금가는 것으로, 다만 이 학대는 두 번째 생식기 차크라보다는 첫 번째 회음 차크라에 속한다. 이런 영역의 침범은 근본 차크라가 이 단계에 필수적인 신뢰를 무너뜨리고 개인의 실질적 감각을 깨뜨린 것과 밀접하게 연관돼 있다. 관통할 수 없는 벽이나 존재하지 않는 경계를 만들어내는, 경계와 관련한 어려움이 생긴다. 아이의 유일한 실질적 창조물이 몸과 조화되지 않을 때 자신의 의지와 상관없이 제거되면서, 첫 번째 차크라는 부인된다. 반작용으로 에너지는 머리 쪽으로 올라가 지나친 욕구를 붙들거나, 자제할 수 없는 결과를 불러온다. 자율적 감각이 손상된 것처럼 말이다(세 번째 차크라 문제)."라고 말했다. 문제를 다룰 때 아이를 덜 침해하는 방법으로 거듭거듭 관장을 했거나, 장기적으로 감정적인 영향을 미치지 않고 문제를 풀었을 수도 있다.

내장의 내용물을 배출하길 거부하면서 아이는 권위적인 대상에 대항해 의지와 통제력을 발휘하려 한다. 그들은 육체적인 배설물에 집착하면서 권력을 붙들려고 한다. 이 문제는 섬세하게 다뤄야 하며, 권한을 향한 아이들의 욕구를 건강에 덜 해로운 쪽으로 전환시켜야 한다. 엄격한 규율은 욕구를 더 심하게 만들 뿐이다. 반항하고 싶은 열망은 증가한다. 아이가 쉽게 강박을 털어내면서도 안전함을 느끼려면 세상에 대한 신뢰를 잘 정립해주어야 한다.

소년들은 방귀를 뀌면서 즐거움을 느낀다

아이들 대부분은 방귀 뀌는 것을 좋아한다. 이는 불필요한 가스를 빼내는 방법이며, 방귀를 뀌고 난 다음에는 기분이 나아진다. 사람들은 방귀를 통해 매일 1.5리터에 달하는 가스를 내보낸다. 이는 습관이라기보다 일반적인 몸의 기능이다. 방귀는 어떤 면에서 공격적인 행동이기 때문에 소년들은 방귀를 뀌면서 즐거움을 느낀다. 공기 중에 냄새를 남기면서 모든 사람들이 참아야 할 말썽을 일으킨다. 이는 무리 가운데 우위를 점하고 싶은 욕구를 보여준다. 떼지어 다니는 동물 중 우두머리 수컷이 오줌으로 그의 영역을 표시하듯이, 냄새는 주변 사람들에게 누가 그 자리를 다스리는지를 암시한다.

머리 부딪치기, 이유가 무엇일까?

아이가 특히 잠들기 전이나 당황했을 때 단단한 물체를 향해 머리를 반복적으로 움직이는가? 많은(20% 이상) 어린아이들이 머리를 부딪친다. 남자 아이들은 여자 아이들보다 이런 버릇을 갖고 있을 가능성이 3배 이상 높다. 어른들은 이를 걱정하지만, 사실 다치는 경우는 거의 없다. 이 버릇은 생후 6개월 전후에 시작해 2~3세까지 지속되다가 사라지지만, 때로 더 오래 지속될 수도 있다. 어떤 경우 이는 발달 장애나 자폐증의 징후일 수도 있다.

반드시 그럴 필요는 없지만, 걱정을 줄이기 위해 소아과 의사를 찾아가 검사를 받는 것이 좋을 수도 있다. 특히 아이가 3세가 지났는데도 여전히 머리를 부딪치고 당신과 교류하지 않거나, 발달이 늦어진다면 말이다.

머리나 몸을 굴리는 것도 머리를 부딪치는 것과 비슷하다. 유아는 이 버릇을 통해 즐거움과 편안함을 느끼는 것처럼 보인다. 이는 자궁 내에서 경험한 움직임과 엄마가 살살 흔들어 재웠던 경험과 관련이 있을 수 있다. 움직임을 감지하고 균형을 맞추는 내이의 전정과 관련되어 있을 수도 있다. 일반적으로 유아들은 이런 행동을 하면서 다치지는 않는다. 이들은 아직 너무 작아서 뇌 손상을 일으킬 만한 힘도 없다. 나이가 들면서 위험이 증가한다. 이 때문에 좀 더 자란 아이들이 이런 버릇을 가졌다면 더 걱정을 하게 된다.

때로 머리를 흔드는 것은 주의를 끌기 위한 시도일 수 있다. 특히 짜증과 결합되어 있을 때 그렇다. 반응이 클수록 버릇은 더 지속될 것이다. 이는 또한 지루하거나 실망했다는 신호일 수 있으며, 긴장을 푸는 방법일 수 있다. '무모한 짓을 하다(벽돌담을 들이받다)'란 말을 들어봤는가? 이런 긴장감은 아이나 환경 내에 존재할 수 있다. 지나치게 자극을 받거나 혹은 덜 받은 유아는 이런 습관을 발달시킬 수 있다.

나이가 들면서 아이들은 몸을 흔들거나, 춤을 추거나, 서로 들이받거나, 줄넘기를 하는 등 같은 결과를 낼 수 있는 다른 방법을 찾아간다. 나이가 좀 든 아이들이 머리를 부딪친다면 의견이 받아들여지지 않는 것, 이해받지 못하는 것, 혼란, 내재된 공격성 등에서 비롯된 분노를 보여주는 것일 수 있다.

하루 종일 부모를 방해하는 아이

중요한 업무를 종합하려고 할 때나 친구들과의 수다에서 흥미진진한 부분을 들으려고 할 때, 당신은 두 살짜리 아들이 무릎에 뛰어들어 머리를 잡아당기며 큰 목소리로 재잘대는 통에 제대로 듣지 못한다. 전화를 하거나 친구와 대화할 때, 말 중간마다 아장아장 걸어다니는 아이가 끼어든다. 이런 행동은 수그러들 줄 모르며 어떤 노력도 소용이 없어 보인다. 이런 끼어들기는 통제, 부모나 상황의 관심을 얻으려는 시도다. 이는 말하는 사람이나 듣는 사람 모두에게 아주 성가신 일이다.

끼어들기는 특히 나이든 어린이들에게서는, 경계에 관한 문제가 제자리를 잡지 못했음을 보여준다. 그들은 어디서 끝내고 어디서 시작해야 하는지 확신이 없다. 불안하기 때문에 끊임없이 대화를 통제하려 든다. 아이들이 당신의 경계를 침범하도록 허용한다면, 표현을 담아둘 안전한 곳이 없다는 불안을 조성할 수 있다. 조용하지만 단호한 '지금은 안 돼'는 두 사람 모두에게 올바른 경계를 만들어낼 수 있다. 대화가 끝난 후 당신은 아이에게 돌아가서 온전한 관심을 쏟을 수 있다. 경계가 없다면 아이는 불안함을 느낄 것이다. 그러나 지나친 경계는 같은 결과를 가져올 것이다. 부모로서 아이가 안전함을 느끼면서도 완전히 속박되지 않도록 균형을 잡아야 한다.

코를 파면서 장애물을 제거한다

아이나 어른이 코를 후비는 모습은 쉽게 볼 수 있다. 코는 지각을 상징한다. 코의 통로가 항상 막혀 있다면, 우리는 방해받은 욕구를 표현할 것이다. 그런 다음 코딱지란 장애물을 제거하기 위해 끊임없이 노력할 것이다. 코딱지는 콧물과 먼지의 혼합물이다. 콧물은 응고된 감정과 경화된 눈물을 상징한다. 코딱지가 누렇다면, 이 꽉 막힌 감정은 유독한 것이다. 이는 먼지와 결합된 흘리지 않은 눈물이며, 우리를 짜증나게 만든다. 코를 파는 버릇을 가진 아이는 어느 정도 자유롭게 숨 쉬려 하며, 꽉 막힌 성가신 문제를 치워버리고 싶어함을 암시한다. 인식되고 싶은 욕구는 스스로 장애나 어려움을 만들어내며, 그래서 골치 아픈 것을 없애기 시작한다. 그 결과물을 먹어버리는 것처럼 말이다!

코를 파는 아이는 회충이 있는 것이라는 미신이 있다. 그러므로 코를 파는 것은 아이를 괴롭히는 것을 감정적, 육체적으로 청소하는 시간일 수 있다.

길 한복판에서 소리를 지르며 떼쓰는 아이

바쁜 토요일 아침 쇼핑센터 한가운데서 두 살 난 아이가 바닥을 뒹굴며 큰 소리를 질러댈까 봐 불안하지 않은 엄마들은 없을 것이다. 특히나 지나가는 사람들이 엄마를 쳐다보며 고개를 저으면서 '불쌍한 아이'라고 말할 때 더욱 그렇다. 아이가 소란을 멈출 기미를 보이지 않을 때 이 몇 분은 몇 시간처럼 느껴지며, 당신은 점점 손쓸 도리가 없어진다.

짜증내기는 2세 이전에 시작해 훨씬 오래 지속될 수 있다(다 큰 어른이 일이 원하는 대로 풀리지 않을 때 물건을 집어 던지는 것을 보지 못했는가?). 짜증내기는 정상적인 성장 과정의 일부이지만, 아이들의 본성이 각기 다르기 때문에 정도나 빈도는 사람마다 다르다.

짜증내기를 '교육 기회'로 삼으라고 말하는 책이 많다. 사실 교육이란 쇼핑센터에서 소리를 질러대는 자녀 때문에 스트레스를 잔뜩 받은 부모가 마지막으로 마음속에 떠올리는 것이다. 짜증내기는 보통 반감, 좌절과 관계가 있다. 아이는 가질 수 없는 것을 원한다. 무언가를 선택했는데, 그것이 좌절된 것이다. 어른인 우리 대다수는 선택이 좌절됐다고(배우자가 TV 채널 선택권을 좌우할 때처럼) 부루퉁해지거나 짜증을 낼 것이 아니라, 분노를 자제하도록 배웠다. 그러나 아이들은 욕망의 자제를 다룰 수 있는 법을 배우지 못했다. 때로 아이들에게 세계를 마음대로 조종할 수 없다는 좌절은 마음속에 담아두기에는 너무 많다. 이는 아이가 피곤하고 배가 고프거나, 기분이 좋지 않을 때 더 격화된다.

이 나이의 아이들은 또한 마음을 정하느라 애쓴다. 아이들은 물건이 도착했을 때 단지 마음을 바꾸기 위해서 다른 것을 원하는 것 같다. 이는 아이 자신과 부모에게 더 큰 좌절을 안긴다. 엄마 품을 떠나기 시작하면서 아이는 엄마와 자신이 분리된 존재라는 것을 배우게 된다. 이들은 또 엄마와 자신의 의지가 다를 수 있다는 것을 배운다. 엄마가 아이의 뜻을 받아주지 않을 때, 아이는 말로 소통하는 법을 배우게 된다. 아이들은 단지 엄마가 원하는 것이기 때문에 받아들이지 않는 것으로 생각한다. 이제 막 자신의 의지를 발전시켜 나가고 있는 아이에게 뒤따르는 좌절은 크다.

짜증내기는 다른 사람에게 자신의 의지를 관철시키기 위해 의지력을 보여주려는 욕구를 보여준다. 그들은 졌을 때 스스로 무력하다고 느낀다. 그들은 이겼을 때 싸움에서 이기기 위해 다시 한번 소리를 지를 것이다. 지나치게 규율을 강조하고 아이의 의지를 꺾는다면, 자존심에 상처를 입어 자율적인 행동이 줄어들 것이다. 규율이 너무 적다면, 아이는 스스로 전능하다고 믿을 것이다. 균형 잡히고 조용한 방법을 택하라. 그러면 아이는 개인성과 건강한 자긍심을 발전시킬 것이다.

아이에게 굴복하는 것은 더한 짜증을 유발할 뿐이다. 이는 가장 쉬운 방법이지만 잠재적으로 가장 위험하다. '사과 주스랑 오렌지 주스 중 뭘 먹을래?'라고 묻는 것처럼 선택 범위를 줄이는 것도 아이의 짜증을 피할 수 있는 방법이다. 아이에게 선택권을 줌으로써 당신은 독립하고 싶어 하는 아이의 욕구를 채워줄 수 있다. 아이가 피곤하거나, 기분이 안 좋거나, 배가 고플 때는 데리고 나가지 말라. 아이가 짜증을 낸다면, 무엇이 아이를 성가시게 하는지 되돌아보라. 당신이 이해한다는 사실을 아는 것만으로도 소란을 진정시킬 수 있다. 화를 내지 않도록 애쓰라. 엄마와 아이가 모두 소리를 지른다면 문제를 악화시킬 뿐이다. 아이를 때리는 것도 도움이 되지 않는다. 아이에게 폭력을 써도 된다는 것을 가르칠 뿐이다. 당신이 동요되지 않는다는 것을 보여줌으로써, 당신이 기대하는 행동이 어떤 것인지 예를 보여주라. 아이들은 부모를 따라 한다. 학교에 다니는 나이라면 진정시키기 위해 방에 들여보낼 수도 있다.

왜 어떤 아이들은 다른 아이들보다 더 짜증을 잘 내고 유아기가 지나서도 이를 지속하는 것일까? 이는 좀 더 강한 의지, 더 격한 본성, 억눌린 분노, 낮은 자부심 때문이다. 또한 과거 짜증을 내면서 성공을 거뒀고, 부모가 소리지르는 모습을 보면서 이런 행동이 받아들여진다는 것을 배웠으며, 권위적이거나 버릇없는 부모 밑에서 자랐기 때문이다.

짜증내기는 성장하면서 겪는 정상적인 부분이다. 하지만 삶의 다른 것들처럼 지나치다면, 아이의 정신이나 환경이 균형을 상실했음을 의미한다.

아이들은 환경을 통제할 수 있는 방법이 거의 없다. 유일한 방법은 어떤 음식을 거부하거나 부적절하게 방출하는 것이다. 이들은 이런 행동이 부모에게 불편함을 안길 수 있다는 것을 알고 있으며, 이런 문제를 일으킴으로써 어떤 식으로든 힘을 얻었다고 느낀다. 이는 변기에서 오랜 시간 동안 앉아 있게 만드는 결과를 낳을 수도 있다. 스스로를 더럽힘으로써 아이들은 부모의 우위에 대해 분노를 표현할 수 있다. 이는 불쾌한 상황이나 감정적인 문제들을 부적절하게 표현해버리는 부모의 습관을 반영할 수도 있다.

늦더라도 안 하는 것보다 낫다

낙관주의와 밀접하게 결합된 자기기만은 꾸물거리는 사람에게서 무럭무럭 자란다.
에고가 확장되면서 우리는 꾸물거린다는 사실을 잘 인정하지 않는다.
대신 우리는 늘 주어진 일을 마치지 못했다는 사실을 정당화할 수 있는 완벽한 핑계를 찾는다.

"잔소리하지 마, 곧 할 거야."

　얼마나 많은 이들이 시한을 일주일 남겨둔 채 해야 할 일을 하지 않았다는 사실을 기억해내고 이런 말을 하는가? 해야 할 일을 산더미처럼 쌓아둔 채 동료와 얼마나 오랫동안 축구 이야기를 했는가? 중요한 마감이 다가오고 있는데, TV 앞에 늘어져 〈당신의 집은 얼마나 깨끗한가?〉 프로그램의 재방송을 봤던 적은 없는가?

　꾸물거림은 인간 고유의 것이며, 5명 중 1명은 고질적으로 지체하는 사람으로 분류된다. 인터넷의 발달은 꾸물거리는 사람들이 꼭 해야 할 일을 놔둔 채 더 즐거운 시간을 보낼 수 있도록 만들었다. 이메일을 확인하고, 게임을 하고, 웹사이트를 찾아보고, 온라인 데이트 업체에 등록하고, 채팅을 하는 것은 재미있다. 칼튼대학 팀 파이클 교수 팀은 우리가 온라인 상에서 보내는 시간의 47%는 업무를 회피하는 데 쓰인다는 연구 결과를 내놓았다. 이는 근로자의 회사

생활에 큰 지장을 초래한다.

시간 관리와 지체는 사람들이 생각하듯 그리 밀접하게 연관되어 있지 않다. 꾸물거리는 사람들 대다수는 플레이스테이션에 빠져 있는 와중에도 자신들이 무슨 일을 해야 하는지 잘 알고 있다. 그런데도 이들은 왜 지체하는가?

꾸물거리는 사람들에게 가장 두드러진 특질은 낮은 자긍심이다. 이는 여러 방식으로 모습을 위장한다. 자긍심이 낮은 곳에는 큰 에고가 있기 마련이다. 왜일까? 적절치 못하다는 느낌을 보상하기 위해 우리는 스스로를 높이고 싶어 한다. 우리의 에고는 더 높은 자아를 희생해 스스로 번성할 수 있는 세계를 창조해낸다. 낮은 자긍심이 꾸물거리는 사람에게만 보이는 특성은 아니다. 우리 대부분은 자신의 몸이나 성과, 자질·교양 부족, 실패한 인간관계 등 일부 영역에서 낮은 자긍심 때문에 괴로워한다. 낮은 자긍심의 많은 속성이 지체와 관련되어 있다.

지체할 때 우리의 낮은 자신은, 높은 자신보다 아래 형태로 널리 퍼져 있다.

* 그릇된 낙관주의와 자기기만
  ― 사물을 있는 그대로 보는 것이 아니라 원하는 대로 보기

* 공황 즐기기 ― 위기관리

* 완벽해야 한다고 믿기

* 실패의 두려움

* 비난

* 희생자라고 느끼기 / 자기연민

* 다른 사람을 통제·조종하려고 시도하기 / 권력욕

* 해야 할 일을 하지 않는 데 죄책감 느끼기 / 현재와 과거 모두

* 시간 없다고 느끼기 — 너무 바쁜 우리

* 업무가 너무 우습다고 느끼기 / 업무를 처리하기엔 부족하다고 느끼기

* 고집불통

* 기술이나 지식의 부족 / 업무의 척도

* 지루함

* 수동적 저항

* 다른 사람 즐겁게 하기 — 할 수 있는 일보다 많은 일 떠맡기

* 변화 거부하기

왜 꾸물거리는가?

낙관주의는 문제의 일부다. 지체하는 사람은 정해진 마감일을 맞출 수 있는 것이라고 믿으며 자신과 동료를 안심시킨다. 업무를 마치기엔 시간이 충분치 않다는 것을 마침내 깨달을 때까지 시간은 슬금슬금 흘러간다.

위기관리 : 베이스 점프를 즐기는가? 에베레스트산과 K2를 무산소 등정했는가? 스카이다이빙을 하고 싶은가? 그렇다면, 아마도 당신은 전율추구에 중독된 것이다. 삶은 땅돼지의 야행성 습관에 관한

논문을 써야 하는 작은 연구에 당신을 밀어놓았다. 그렇다면, 제출일 전날 밤까지 논문을 완성하지 못함으로써 전율을 느끼는 것보다 전율을 추구하고 싶은 욕구를 표현할 수 있는 더 나은 방법은 무엇인가? 당신이 이것을 성공시킬 수 있다면 자유의 여신상에서 번지점프를 하는 것도 전혀 문제가 되지 않아야 한다! 어쩌면 당신은 공황을 즐기는 것인지도 모른다. 행동 장애를 지닌 5세 미만 아동 치료에 전문화된 치과 진료 분야에서 일하는 것이 당신에게 효과가 있을 것이다!

지체하는 사람들은 "나는 압박감을 받을 때 일을 제일 잘해." "어려운 상황일 때도 강한 자들은 잘 헤쳐 나가." 등의 말로 스스로를 안심시키며 이를 되풀이한다.

국제적인 광고 회사에서 일했을 때, 나는 이것이 계속 반복되는 것을 보았다. 광고 제작 감독은 발표 전날 마감 때까지는 일을 거의 하지 않았다. 그러고 나서는 갑작스레 밤을 새며 허둥지둥 일을 하기 시작했다. 이는 매우 스트레스 쌓이는 상황을 낳았으며, 업무 기준을 볼 때도 논란의 여지가 있었다. 다음 날은 지칠 대로 지친 사람들이 술집으로 몰려가 광고 캠페인을 마친 것을 축하했다. 다른 업무와 마감이 먹구름처럼 머리 위에 드리웠는데도 말이다.

놀랍게도, 광고 캠페인은 자주 성공을 거뒀다. 우리는 업무에 투입한 노력이 부족하다는 것을 광고주가 감지하지 못했다는 데에 냉소적이었지만 말이다. 이 방식이 성공했기 때문에 '위기관리'를 바꿀 만한 필요를 느끼지 못했다. 제작 감독은 가능성을 두고 싸움을 벌여 성공을 거둔 것에 행복감을 느꼈고, 이는 아주 중독성이 강했다. 우리는 돌진, 행복감, 성취감을 원했다. 이는 우리의 자아를 고양시켰다.

낙관주의와 밀접하게 결합된 자기기만은 꾸물거리는 사람에게서 무럭무럭 자란다. 에고가 확장되면서 우리는 꾸물거린다는 사실을 잘 인정하지 않는다. 대신 우리는 늘 주어진 일을 마치지 못했다는 사실을 정당화할 수 있는 완벽한 핑계를 찾는다. 우리는 망상의 세계에 살고 있다. 이 세계는 "나는 압박감이 있어야 일을 잘해." "완벽하게 할 수 없다면 아예 하지 마." "해야 할 일이 너무 많아." "시작하기 전에 생각을 먼저 정리해야겠어." "내가 이 일을 해야 한다는 것은 공평치 않아." 등의 말을 통해 유지된다.

자기기만과 잘못된 낙관주의를 극복하기 위해서 우리는 감정적 거울을 통해 자신을 오랫동안 들여다봐야 한다. 왜 일의 해결이 늦는지 스스로에게 물어보라. 그리고 당신의 답변 옆에 그에 대한 반박을 적어보라. 스스로에게 정직하라. 불편하게 느껴질 수 있지만 이는 과정의 일부다.

그러고 나면, 에고는 우리에게 지나치게 높은 기준을 요구하고, 우리는 이를 완수할 수 있는 능력을 부인한다. 우리는 움직이길 거부하며 몸을 둥글린 겁먹은 고슴도치처럼 남는다. 에고는 완벽주의를 요구한다. 에고는 엄격한 판사와 배심원이며, 우리가 어떤 결과를 내든 적절치 않다고 판결할 것이다. 우리가 만들어놓은 그릇된 것을 대면하는 대신, 우리는 그 일을 회피한다. 완벽주의 문제를 해결하기 위해서는 세상에 완벽하다고 분류할 수 있는 것은 아무것도 없다는 것을 깨달아야 한다. 사람마다 완벽에 대한 판단 기준이 다르듯이 말이다. 누구는 빅토리아 베컴을 좋아할 수도 있지만, 또 다른 이는 브리트니 스피어스를 좋아할 수도 있고, 둘 모두를 싫어할 수도 있다. 어떤 것이 완벽하기 위해서는 완성돼야 한다. 세상에 어떤 것도 실제적으로 완성될 수는 없다. 우리가 죽는다면 생은 끝난 것이지만, 어떤 의미에서는 계속 살아 있는 것이다. 하루는 끝나지만, 또다시 살아난다. 완벽을 추구하는 것은 환상을 추구하는 것이다. 모든 것이 완벽하거나, 아니면 어떤 것도 완벽하지 않기 때문이다.

완벽하게 되지 않으리란 두려움 때문에 일을 시작하지 않고 기다리는 것은 결코 이뤄질 수 없는 것을 기다리는 것과 같다. 마지막 책을 쓰고 난 뒤 책을 출간하고 나자 첨가하고 싶은 부분이 너무 많았다. 이런 것이다. 모든 것은 진행 과정에 있다. 일반적으로 완벽을 향한 갈망은 자신감 부족의 핑계일 뿐이다.

내 친구 남편은 배관공에게 요청을 하거나 영수증을 청구하는 등 간단한 편지를 쓰는 데 너무 오랜 시간을 들였다. 그는 적절한 단어를 찾느라 밤을 지샜고, 다 쓰여지지 않은 편지를 뭉쳐서 쌓았다.

두려움은 언제나 완벽주의 뒤에 숨어 있다는 것을 기억하라. 두려움에 맞서고, 당신 자신에게 인간이면 그럴 수 있다고 인정하는 것은 역설적이게도 당신을 더욱 행복하고 생산적인 사람으로 만들 수

있다.　　　　　　　　　　　　　　　　　　－ 데이비드 M. 번즈 박사

　당신은 또한 실패를 두려워한다. 이를 인정하려 하지 않으면서, 에고나 낮은 자아는 일을 완수할 수 없었던 것에 비난을 돌릴 가능성이 있는 모든 사람을 향해 공격을 퍼붓는다. "어떻게 그가 이 일을 완수하는 데 2주밖에 안 줄 수 있지?" "내가 일을 시작하지 못하는 것은 그의 잘못이야." "그녀는 여기에 얼마나 복잡한 문제가 얽혀 있는지 이해하지 못해." "그들은 내가 이 일을 깊이 생각하는 데 시간이 필요하다는 것을 이해하지 못해." "나는 언제나 최악의 일만 맡게 된단 말이야." 식으로 말하며, 스스로를 상황이나 다른 이들의 요구에 대한 희생양이라고 느낀다. 일을 처리하지 못한 원인을 내부에서 찾기보다는 외부에서 찾으면서 우리는 자신에게 닥친 불행한 상황을 탓하며 자기 연민에 빠진다. 실패할 수밖에 없다고 느끼는 실패의 두려움도 우리가 일을 시작하지 못하도록 만든다. 우리는 이런 현실에 직면하기보다는 꾸물거리는 편을 택한다.

　우리는 자신의 안 좋은 성과를 축소하는 데 탁월하다. 그래서 상황이 우리를 희생자가 아닌 승리자로 끌고 갈 듯 보인다면 그것을 파괴한다. "나는 그들이 줄곧 나를 손에 넣으려고 했다는 걸 알고 있어. 그들이 비록 내게 승진을 제의하긴 했지만, 이 보고서를 완료하는 것은 의미가 없어 보여." 이는 우리가 스스로의 발등을 어떻게 찍는지 보여주는 전형적인 예다. 왜 성공하고 권력을 얻는 것이 두려운지 스스로에게 물어보라. 당신은 성공이 당신에게 온다면 거절당

할까 봐 두려운가? 어렸을 적 늘 부족하다는 소리를 들었는가? 이런 질문은 왜 당신이 성공보다 실패를 선호하는지 이해하는 데 도움이 될 것이다.

다른 사람을 통제하고 조종하는 더 나은 방법은 교묘하게 업무의 시작을 늦추는 것이다. 이는 그룹이나 팀 내 성과에 당신이 중요한 역할을 차지하는 상황에서 잘 통한다. 주위 사람들의 스트레스 수위가 높아지는 것을 보면서 느긋이 앉아 아무것도 하지 않는 것이다. 그들이 당신을 얼마나 필요로 하고, 업무에서 당신이 얼마나 중요한지 모든 이에게 인식시킴으로써 당신은 에고를 확실히 만족시킬 수 있다.

이는 내가 담당했던 기업체 아트 워크숍에서 확실히 드러났다. 각각의 팀은 큰 종이 한 장에 자신들의 초상화를 그리도록 되어 있었다. 그룹당 주어진 시간은 5분. 그녀는 팀의 나머지 다른 사람에게 주어진 시간을 희생시키며 자신의 그림을 공들여 그렸다. 결국 팀 중 두 사람은 주어진 시간 내에 자신들의 얼굴을 그리지 못했다. 실습 후 토론에서 이런 문제가 회사 내에서 벌어지고 있으며, 그녀가 동료들에게 분노와 실망을 안겼다는 것이 드러났다. 그녀는 동료들이 진행할 업무의 개요를 활자화하는 업무를 맡고 있었다. 그녀가 작업을 지연시키면서 다른 동료들이 부족한 시간을 채우기 위해 늦게까지 일하거나 마감 시한을 맞추지 못하는 일이 벌어졌다. 그녀는 업무 마지막에 배치되지 않았으므로, 경영진이 마감일에 업무 결과를 받지 못하더라도 비난을 받지 않을 수 있었다. 그래서 그녀는 힘을 휘두를 수 있었고, 다른 사람들은 이를 해결할 수 없다는 데 무력감을 느꼈다.

　다른 사람을 추락시키거나 마감 시한을 맞추지 못하게 한 것에 죄책감을 느끼는 것은 생각해볼 여지가 많다. 우리는 다른 프로젝트로 넘어가 거기서는 시한을 잘 맞추려고 애쓰기보다는, 일을 시작하지 못한 핑계로 죄책감을 이용한다. "다른 사람들에게 피해를 주어서 기분이 좋지 않아." 우리는 못했고, 그들은 잘했다. 우리는 경험을 반복할 것이란 우려 때문에 움직이길 두려워한다. 새로운 도전을 통해 얻을 수 있는 즐거움은 과거의 죄책감과 함께 사라진다. 우리는 새로운 일에서 얻을 수 있는 즐거움을 기피하며 스스로에게 벌을 내린다. 매력 없는 일을 하면서, 그래서 진행을 거부하면서 우리는 스스로에게 "이게 내가 받을 만한 벌이야."라고 말한다.

　기분이 저하되면 우리의 에고는 자신을 높이기 위한 방법에 매달린다. 우리는 해야 할 일이 너무 많아서 마감 같은 사소한 요구를 걱정할 만한 시간이 없다. "나는 회사 재조직 방안과 관련한 일을 하느라 바쁘기 때문에, 그 일을 하라는 당신의 사소한 요구는 쓸데없는 일이야." "기한 직전까지 기다린다면, 거기에 많은 시간을 낭비하지 않아도 될 거야." 우리는 업무에서 스스로를 분주하게 만들고, 자주 우리의 역할과 중요성을 지나치게 부풀리며, 왜 그렇게 바쁜지 정당화한다. 이런 시간은 일을 하는 데 쓰였어야 했다.

　에고는 우리에게 주어진 임무가 열등한 것이라고 믿도록 이끈다. 그래서 그 일이 우리를 작게 만들 것이라고 생각하며 피해버린다.

만약 우리가 그 일의 완수에 실패한다면 그토록 감추려고 노력했던 우리의 부적절함과 부닥치게 될 것이다. 동전의 다른 면은 우리가 열등하고, 그러므로 할당된 업무를 해낼 수 없다는 것이다. "새로운 것을 시도할 때마다 나는 항상 실패해."처럼 말이다. 당연히 우리는 새로운 것을 시도하길 거부할 것이다.

고집은 일을 해내는 데 저항하는 또 다른 방법이다. 우리는 이래라저래라 하는 사람에게 저항한다. "내가 이 일을 하기 위해서는 그에 들어맞는 곳에 있어야 하는데, 지금 나는 그렇지 못해. 그러므로 이 일을 할 수는 없어." "그는 무슨 권리로 내게 그 일을 하라고 하지?" "긴장하지 마. 골치 아파할 필요 없어. 이걸 하지 않는다고 세상이 끝나는 것도 아니잖아." 타협하지 않음으로써 우리는 복종하는 사람이 아니라는 것을 다른 사람에게 보여준다. 9살짜리 아이에게 방을 청소하라고 말해보라. 똑같은 반응에 부닥칠 것이다.

때로 일을 완수하는 데 필요한 기술이나 지식이 부족하다는 두려움은 우리를 꾸물거리도록 만드는 결정적인 요소가 될 수 있다. 우리가 그 일을 하길 두려워한다면 대신 바보들이 그 일을 시작하려고 달려들 것이다. 늦더라도 안 하는 것보다는 낫다. 우리는 무엇을 하기 전, 그것이 예술이든 제빵이든, 어떤 과정이나 학위를 거쳐야 한다고 믿도록 배웠다. 어릴 때 '공부를 하고 필기시험을 보기 전까지는 통과할 수 없어.'라고 배웠다. 우리는 어른이 되어서도 이런 생각을 지니며, 이는 우리가 어떤 일을 시작하려고 할 때 주저하게 만든다.

작가 캐롤린 미스는 '동기가 있다면 재능이 있는 것이다.'라고 말했다. 기술이 부족하다는 장애는 생각을 현실로 만들 때 큰 방해물로 작용한다. 많은 가치 있는 꿈들이 이 때문에 실현되지 않는다. 내가 존경하는 어떤 사람은 이렇게 말한다. 실행하기 가장 두려운 것을 찾아 그것을 하라. 그렇게 함으로써 우리는 급속히 자랄 것이다. 우리의 자존심 또한 그럴 것이다.

때로, 우리는 열정에 가득 차서 스스로 엄청나게 많은 일을 만들어낸다. "다음 달까지 몸무게 20kg을 빼고, 술과 담배를 끊고, 일주일에 여섯 번 체육관에 가서 운동을 해야지." 같은 것 말이다. 생각은 훌륭한데, 정도가 정말 수월치 않다. 자연히 우리는 실행을 주저하게 된다. 몇 달이 지나 몇 년이 돼도 우리는 여전히 담배를 피우고, 술을 마시고, 뭍으로 밀려 올라온 고래처럼 무력해 보일 것이다. 어떤 일을 완료하기 전 그 일의 작은 면을 해결하면서 얻은 자긍심은 다음번 작은 일을 성취하는 데 큰 동인을 제공하고, 그런 일이 반복될 것이다. 예를 들면, 하루에 맥주를 딱 두 잔만 마시고, 식단에서 크림은 빼겠다는 식으로 합의를 볼 수도 있다. 일을 하나씩 마칠 때마다 자존심이 쌓이고, 이는 우리가 스스로 설정한 다음 일을 성취할 수 있도록 해준다.

이를 설명할 수 있는 표가 있다.

자기 생각을 실행함으로써 자부심 쌓기

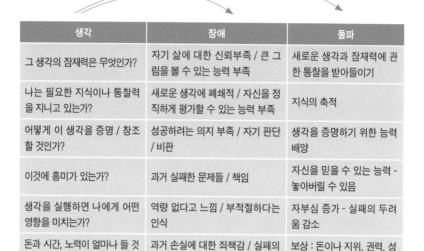

생각	장애	돌파
그 생각의 잠재력은 무엇인가?	자기 삶에 대한 신뢰부족 / 큰 그림을 볼 수 있는 능력 부족	새로운 생각과 잠재력에 관한 통찰을 받아들이기
나는 필요한 지식이나 통찰력을 지니고 있는가?	새로운 생각에 폐쇄적 / 자신을 정직하게 평가할 수 있는 능력 부족	지식의 축적
어떻게 이 생각을 증명 / 창조할 것인가?	성공하려는 의지 부족 / 자기 판단 / 비판	생각을 증명하기 위한 능력 배양
이것에 흥미가 있는가?	과거 실패한 문제들 / 책임	자신을 믿을 수 있는 능력 - 놓아버릴 수 있음
생각을 실행하면 나에게 어떤 영향을 미치는가?	역량 없다고 느낌 / 부적절하다는 인식	자부심 증가 - 실패의 두려움 감소
돈과 시간, 노력이 얼마나 들 것인가?	과거 손실에 대한 죄책감 / 실패의 예상	보상 : 돈이나 지위, 권력, 성취감
위험 요소가 얼마나 있는가?	확신 문제 / 두려움	자아 내에서 확신 발견

난관을 돌파할 때마다, 비록 그 생각이 우리가 처음에 계획했던 대로 현실화되지 않더라도 우리는 잠재력과 자부심을 증대시킨다. 장애를 넘지 못하고 멈출 때마다, 우리는 새로운 생각을 탐험할 미래의 능력과 잠재력을 감소시킨다.

세상에는 지루한 일도 있다. 나는 정원에서 개똥을 치웠고, 빨래를 널었다. 신나는 일은 아니었다. 특히 개가 먹은 해조류는 배설물에 영향을 미쳤다! 위생적으로 가능하기만 하다면 이 일을 미루고 싶은 것이 당연하다. 그러나 지루함은 삶의 접근법이 될 수 있다. 이는 우리가 일에 어떻게 접근하느냐에 달렸다. 비록 자극이나 보람은 없을지라도 일을 처리했다는 데서 큰 만족감을 얻을 수 있다. 해야 할 일을 나열할 때, 때로 우리는 목록 제일 위에 놓인 일을 회피하기 위해 아랫부분에 있는 일을 해내면서 행복감을 느낀다. 이 자연스런 선호도를 조종함으로써 전부는 아니더라도, 많은 양의 일을 해낼 수 있다. 예를 들면, 개똥을 치우는 일은 이 책이 완성되는 데 도움이 되지 않았지만, 글을 쓰는 도중 휴식 시간을 줬으며 무언가 완수했다는 느낌을 안겼다는 점에서 유용했다.

앞서 언급했던 BBC방송 프로그램 〈당신의 집은 얼마나 깨끗한가?〉에서 많은 참가자들이 집안을 청소해야 할 양이 너무 많아질 때까지 청소를 미룬다. 이들은 어디서부터 시작해야 할지 모르겠다고 고백한다. 작은 걸음을 시작하는 방안이 도움이 될 수 있다.

꾸물거림 자체가 일종의 소극적 저항이다

"개를 내보내요, 여보."

"응." 개를 쓰다듬으며 신문을 읽으면서 그가 답한다.

"여보, 티들스를 내보내라니까요."

"그래, 알았어. 그렇게 할게."

여전히 티들스는 집안에 남았다. 20분이 지나도록 말이다. 긴장과 분노가 방 안에 확연하다. "헨리, 나는 저녁 식사를 준비하고 있어요. 개가 집안을 어지르기 전에 내보내요."

소극적 저항을 살펴보자. 우리의 자아를 손상시키는 일에 관해 누군가에게 직접적으로 맞서고 싶지 않을 때, 그들이 우리보다 중요하고 자신감 있다고 느낄 때 우리는 노골적으로 '아니.'라고 말하길 두려워한다. 본심은 화가 나지만 그것을 표현하지 못하면서 그들의 요청을 소극적으로 거부한다. 이는 우리가 그들을 향해 설 수 있는 유일한 방법이다.

우리가 누군가에게 분노를 느낄 때 미적거리는 것은 무의식적으로 상대에게 앙갚음하는 방법이다.

'아니'라고 말할 수 있는 법을 배우는 것은 거의 모든 이들이 습득하지 못한 경계의 문제다. 그러므로 우리는 완수할 희망이 없는 일들을 점점 더 많이 받아들인다. 그럼에도 이 편이 '아니'라고 말하는 것보다 쉬워 보인다. 이 또한 낮은 자존심에서 비롯된 문제다. 우리는 다른 사람을 기쁘게 하거나 다른 사람의 동의를 얻고 싶어 한다. 우리는 '아니'라고 말할 때 죄책감을 느낀다. 그렇게 함으로써 우리는 모든 일을 완수할 수 없게 되면서, 스스로 커다란 중압감과 스트레스를 받는다. 그래서 시작을 거부하고, 종종 소극적이면서 공격적인 방법으로 우리를 압박한 사람에게 앙갚음한다.

만약 우리가 길고도 어려운 임무를 성공적으로 완수했다면 어떤 일이 일어날까? 승진이나 권한, 인식, 또는 다른 긍정적인 결과를 얻을 수 있으며, 이는 아마 변화를 초래할 것이다. 그래서 우리는 임무 완수를 거부하면서 결과물을 망쳐버린다. 우리가 할 수 없기 때문이 아니라, 완료는 변화를 수반하기 때문이다. 인간에게 변화는 에베레스트 산을 오르거나 구찌의 뾰족 구두를 신는 것처럼 인기 있는 것이다.

오늘 해야 할 일이 너무 많다면 새 미래로 나아갈 수 없다. 그래서 우리가 변화를 거부하는 데에는 "그래, 이러저러한 일들을 해야 하는 걸 알아. 하지만 나는 당장 할 수 없는 일들에 파묻혀 있어." 같은 고귀한 이유가 따라 붙는다. 감정적, 정신적, 영혼적으로 성장하려면 변해야 한다. 그러나 우리는 모든 이유를 동원해서 꾸물거리며 방해물을 만들어낸다. 지체를 고질적으로 하는 사람들이 일반 사람들보다 질병에 더 많이 노출된다. 우울증, 낮은 자존심을 비롯해서 불면증, 잘못된 식단, 소화불량, 감기 같은 것들이다.

지체하는 방법은 신체적, 감정적, 정신적인 세 가지 범주로 나뉜다. 산책을 하거나 잠을 자거나 영화를 보러 가면서 신체적으로 꾸물거릴 수 있다. 현실에서 도피하기 위해 술을 마시거나, 약을 복용하거나, 쓰레기 같은 잡지를 보거나, 시시덕거리면서 감정적으로 꾸물거릴 수 있다. 정신적으로, 우리는 '아무래도 달걀을 더 사야 할 것 같아.' '영감이 필요해.' '내일 시작해야지.' 등 이 일을 해서는 안 되는 이유를 열거한다.

✻ 지체를 멈추기 위해서 당신은 이렇게 해야 한다.

1. 당신이 꾸물거린다는 사실에 솔직하기

2. 꾸물거리는 원인 적기(이 장 앞부분에서 다룬 목록에서)

3. 이런 원인에 도전하기. 스스로를 쉽게 용서하지 말라. 낮은 자존심의 문제를 극복하기 위해서는 규율이 필요하다. '내일 하겠어.' '우선 재미/휴식/담배/커피가 필요해.' 라고 말하는 것이 당신의 에고라는 것을 깨달으라.

4. 임무를 제시간에 마치지 못했을 때 벌어질 결과 적기.

5. 임무를 작은 크기로 나누기 / 현실적인 목표 세우기.

6. 일 시작하기

7. 자신의 행동 긍정하기

8. 성공이 성공을 낳는다는 것 기억하기!

당신은 약속시간에 언제나 늦는 사람인가? 일찍 오는 사람인가?

당신이 늦을 것이라는 점을 감안해서 친구들이 당신을 다른 사람들보다 한 시간 일찍 저녁 식사에 초대했는가? 지각 때문에 해고할 것이라고 경고하는 편지를 고용주로부터 여러 차례 받았는가? 아니면 시간을 엄격히 지키는 당신은 일찍 온 당신 때문에 샤워를 하다 뛰쳐나온 안주인에게 "뭐, 몇 분 일찍 왔을 뿐인데요."라고 말하는가?

문화에 따라 시간에 대한 관념은 많이 다르다. 독일에서 늦는다면 주최 측으로부터 강한 반발을 살 것이다. 반면 중남미에서 정확한 시간에 도착한다면 이상한 사람으로 취급받을 것이다.

사회 심리학자들은 시간에 대한 시각이 다른 이유를 다양한 문화권의 문화적, 종교적, 개인적 특성이 다르기 때문이라고 돌린다. 적도에서 가까운 곳에 사는 이들보다 적도에서 멀리 떨어진 곳에 사는 이들이 작물의 파종 시기에 더욱 신중하다는 이론도 있다. 너무 일찍, 또는 너무 늦게 씨를 뿌린다면 눈이나 서리가 작물 전체를 망칠 수 있다. 그렇다면 이는 지중해 연안 사람들이 북쪽에 사는 사람들보다 시간을 덜 중요시하는 이유가 될 수 있다.

시간 엄수나 시간을 지키지 못하는 것에 대해 살펴보자. 어떤 이가 매번 모임에 늦는다면, 결국 다른 사람들도 시간을 꼭 지켜야 한다는 것을 덜 중요하게 여기게 된다. 이런 논리는 시간을 제대로 지키자며 모든 사람들이 시계를 맞추자는 국가 캠페인을 벌이고 있는 에콰도르에서 잘 통용된다. 한 연구 결과에 따르면, 고질적인 지각 때문에 에콰도르에는 연간 25억 달러에 이르는 비용이 초래된다. 이는 국내총생산GDP이 240억 달러인 점을 감안하면 상당한 규모다.

지각도 통제와 권한에 관련되어 있다. 자긍심이 없는 디바는 제시간에 입장하기 힘들 것이다! 'punctual(시간을 지키는)'이란 단어는 '끝' '따끔한'이란 뜻의 라틴어 'punctualis'에서 파생됐다. 늦게 도착하면 요점을 놓치게 되는가? 시간을 잘 지킨다면 요점을 잘 이해하게 된다. 늘 늦는다면, 우리 행동 뒤에 숨은 것이 무엇인지 진단할 필요가 있다.

지체가 자긍심 부족을 반영하듯, 시간을 지키지 않는 것도 그러하다. 자긍심 부족은 우리가 말하는 대로 행동하지 않는 것과 같이, 우리 내부의 통일성에 영향을 미칠 수 있다. 우리는 바쁜 척을 하며 스스로의 가치를 높이려 한다. 우리가 더 중요한 일에 전념하고 있다며 다른 사람을 기다리게 만들고 그들의 시간을 낭비하게 만드는 것처럼 다른 사람을 조종할 수 있는 더 나은 방법이 있는가?

늦게 도착하는 사람들은 서로 다른 전형으로 나뉜다. 아래 목록에서 당신이 어떤 유형인지 식별할 수 있을 것이다.

* 제멋대로 행동하는 사람(Ego-tripper)

* 디바(Diva)

* 바쁜 사람(Busy-ness)

* 소극적인 저항자(Passive resister)

* 멍한 사람(Space cadet)

유형별 지각생 진단

어딘가 부족하다고 느낄 때 우리는 스스로가 보다 중요하다고 느끼기 위해 노력한다. 우리의 에고는 이런 역할을 좋아하며, 결론적으로 우리가 실수하게끔 만든다. 우리는 종종 존경받기 위해 다른 사람을 우리가 도착할 때까지 기다리게 만드는 것이 괜찮은 일이라고 생각한다. 그러므로 상대방의 시간은 우리의 시간만큼 가치 있는 것이 아니다. 만약 상대방이 우리의 가치를 잘 모른다면, 우리는 늦음으로써 그들에게 이를 깨우쳐줄 것이다!

디바는 그들의 스타의식 때문에 '제멋대로 행동하는 사람'과 밀접하게 연관되어 있다. 이들은 '극적으로 등장'할 권리를 가졌다. 이들은 이미 오래 전부터 준비가 됐을지라도 신중히 시간을 택해 누구도 놓칠 수 없는 극적인 등장을 만든다.

바쁜 사람은 늘 바빠 보임으로써, 단지 일을 열심히 하는 것처럼 보일 뿐 아니라 또한 회사에 꼭 필요한 사람처럼 보일 수 있다고 믿는다. 종종 바쁘다는 것은 실제 일을 해낼 수 있는 능력이 없음을 가리는 가면이다. 그들이 바쁘다면 잘 해야만 한다. 분주함은 일을 완료할 수 없음에도 너무 많은 책임이나 임무를 떠맡고 있기 때문이기도 하다. 우리는 "이런저런 일 때문에 운전을 해야 해. 음, 그 경우에는 X네 집에 들러서 물건을 전해줄 거야. 거기에 있는 동안 우체국에 들르고, 전기 요금을 납부하는 것도 가능할 거야." 당신이 깨닫기 전에, 간단한 외출은 모든 것을 제때에 맞추기 위해서 긴장으로 가득 찰 것이다. 또 실제 약속보다 시간이 점점 지체될 것이다. 때로 이는 우리가 늘 분주하길 원하면서 삶에서 실제 중요한 것이 무엇인지 대면하길 원치 않을 때 일어나기도 한다. 늘 바쁘게 지내면서, 불편한 것이나 근심거리가 가까이 오지 못하게 하는 것이다. 이는 또한 누구도 우리보다 일을 더 잘할 수 없다는 믿음에서 비롯된 것이기도 하다. 이런 믿음은 자존심이란 동전의 또 다른 면이다.

소극적인 저항자는 자신들에게 주어진 일을 정말로 하고 싶어 하지 않는다. 늦는다는 것은 우리가 차라리 피하고 싶은 것과 대립하지 않고, 말로 표현하지 않으면서 저항할 수 있는 방법이다. 메이벌 숙모가 차 한잔 하자고 당신 가족을 초대했다고 생각해보자. 지난번 초대에는 기쁜 마음으로 응했지만, 그녀와 당신의 사촌은 그날 오후를 온통 당신에게 언제 결혼할 것인지, '적당한' 일자리는 언제 구할 것인지 집요하게 물어보면서 보냈다. 말할 필요도 없이, 당신이 초대에 응하기 싫어서 대처방법을 찾는 것은 "갈게요. 상황 봐서요."라고 말하는 방법이다.

멍한 사람은 상대성에 관한 새로운 이론을 개발하거나, 그 시간과 관련이 없는 독특한 예술 행사를 고안해내느라 바쁘다. 이 사람은 개념적인 사고의 영역에서 헤매느라 바빠서 실제 행동은 하지 않는다. 그러므로 그가 늦는 것이 아니라, 그냥 그 시간이 그에게 존재하지 않는 것이다. 그래서 늦거나 일찍 오는 것이 불가능하다. 오면 오는가 보다 하는 것이다.

그가 너무 일찍 오는 이유는 따로 있다

3시간 이른 것이 1분 늦는 것보다 낫다.
- 윌리엄 셰익스피어, <윈저의 즐거운 아낙네들> 2막 2장

이거 정말 싫지 않은가? 눈치채지 못하는 사이에 음식은 타고 있고, 고양이는 쥐를 먹고 있고, 아기는 이유식을 당신 옷 여기저기에 잔뜩 묻혀 놓고, 당신의 반쪽은 깨끗한 셔츠가 없다고 소리를 지르고 있는데, 초인종이 울린다. 이를 어쩌나! 첫 손님이 너무 중요한 15분을 앞서 도착한 것이다! 이제 당신은 차분하고 편안한 모습을 보여야 한다. 옷에 묻은 이유식이 진정한 요리사의 표상인 양 중얼거린다. "아니에요. 다 괜찮습니다."

왜 사람들은 일찍 도착하는가? 늦게 도착하는 것처럼, 이는 낮은

자존심, 통제력과 관련이 있다. 일찍 도착함으로써 우리는 영역에서 우위를 점할 수 있다.

일찍 도착함으로써 우리는 상징적으로 현재 시간에 존재하지 않게 된다. 늦게 도착하는 사람이 미래로 도망치길 원한다면, 우리는 과거에 머물고 싶다. 늦을까봐 염려하는 것은 또한 다른 사람의 비위를 건드리고 싶지 않은 것이다. 일찍 도착함으로써 우리는 기피하는 바로 그 일을 하는 것이다.

성실함과 사교 예법을 지켜라. 이는 정해진 시간에 도착하라는 뜻이다. 일찍 도착했다면, 짧게 산책을 하라. 시간을 지킨다는 것은 당신이 방문하는 사람이나 장소를 존중한다는 것을 의미한다. 당신이 그들에게 존경을 보이지 않으면서 어떻게 서로 좋은 관계를 갖길 바랄 수 있는가?

인생은 게임의 연속이다
속임수의 습관

진실 속에서 살 때 우리는 삶에서 원하는 것이
무엇인지 명시할 수 있는 능력을 갖는다.
동양의 전통에서 진실의 중심과
신체의 발현은 같은 것이기 때문이다.

우리가 다른 사람을 조종하려 하는 심리적인 원인은 두려움일 것이다. 우리의 세계가 통제권 밖이고, 스스로 무력하고 두렵다고 느낄 때 우리는 주변에 있는 사람을 통제하거나 조종함으로써 힘을 획득하려고 한다. 우리가 원하는 대로 그들이 행동할수록 우리는 더 힘이 있다고 느끼고 덜 두려워한다. 그러나 당신이 조종당하는 사람이라면 아마도 부정적으로 응답할 것이며, 그래서 조종하는 이를 실망시킬 것이다. 그러면 조종하는 이는 당신을 자신의 통제권 아래 다시 두기 위해 더 노력할 것이다. 조종자와 조종당하는 사람이 더 이상 게임을 하지 않겠다고 결정할 때까지 주기는 이런 식으로 반복된다. 특히 의존적인 관계에서, 우리는 조종자와 조종당하는 사람의 역할을 모두 할 수 있다.

　최소 두 명의 참가자로 이루어진 게임에서 한 사람에게 어떤 일이 일어나고 있는지 깨닫거나, 그의 자존심을 높이며, 더 이상 조종할 필요가 없을 때 게임은 끝날 수 있다.

우리가 다른 사람을 어떻게 조종하는지 일반적인 방법을 살펴보자.

거짓말의 씨를 뿌린다면 허위를 거둬들일 것이다

진실은 신이다.

– 마하트마 간디

습관에 관한 나의 많은 강연에서 많은 사람들이 손톱 깨물기부터 머리카락 꼬기에 이르기까지 다양한 습관을 가지고 있음을 인정했다. 하지만 단 한 사람만이 '나는 거짓말을 해요.'라고 말할 수 있는 용기를 갖고 있었다. 스스로 한 번도 거짓말한 적이 없다고 말할 수 있는 사람은 없을 것이다. 자신에게 한 거짓말이라도 거짓말이다. 우리는 문제가 있는데도 "문제 없어요."라고 말하고, "내일 할 거야." 라고 말해놓고 하지 않고, 잘못된 것이 있는데도 "아니, 잘못된 건 없어."라고 말한다. 이는 우리가 의식적으로든, 무의식적으로든 만들어내는 거짓말로 이뤄진 망의 일부다.

'lie'가 두 가지 의미를 지닌다는 것은 흥미롭다. 이 단어는 '가로 놓여 있다' '거짓을 말하다'란 두 가지 뜻을 내포한다. 두 의미 사이의 연결은 단어의 기원을 살펴보면 찾을 수 있다. 'to lie(눕다)'는 '거짓말하다' '쓰러지다'를 의미하는 히타이트어 'laggari'에서 파생했다. 그러므로 거짓말을 할 때 우리는 진실하지 못한 것일 뿐 아니라 정신적으로 떨어지거나 높는 것이다. 그렇게 함으로써 우리는 진행을 늦출 수 있다. 만약 우리가 거짓말을 하며 양심을 거스른다면, 우리는 자신에게 부정적인 결과를 초래할 수 있다. 거짓말의 씨를 뿌린다면, 허위를 거둬들일 것이다.

거짓말을 하는 우리의 에고

우리가 거짓말을 할 때는 에고가 이를 자주 담당한다. 에고는 우리가 영리하고, 돈 많고, 중요하고, 인기 있고, 권력이 있는 것처럼 보이길 원한다. 현실은 이러한 기대와 부합하지 않는다는 것을 자각한다면, 거짓말은 에고가 세계를 미화하는 방법이 된다. 곧 우리가 거짓말의 망으로 창조해낸 환상과 현실이 뒤얽혀서 둘 사이를 구별하는 것도 힘들어진다. 그렇게 되면 거짓말은 타인에게 우리가 창조한 환상의 세계를 믿도록 조종하는 방법이 된다.

아이들은 "우리 아빠는 제일 뛰어난 축구 선수야." "나는 태권도 유단자야." 등을 말하며 이를 자주 행한다. 둘 중 어느 것도 사실이 아니며, 둘 다 아이가 사실이 되길 바라는 것이다. 아이가 거짓말을 하면 할수록, 이는 점점 진실이 되기 시작한다. 자신뿐 아니라 그가 말을 전한 사람들에게도 말이다.

스스로를 다독이는 슬픈 방법, 거짓말

　습관적인 거짓말쟁이의 버릇은 욕구를 채우기 위해 엄마에게 의존하는 어린 시절에서 비롯된다. 그러나 엄마가 관심이 없거나, 여건이 그렇지 못해 우리를 보살피지 못할 때 우리는 분노한다. 소리를 지르며 화를 내고, 이에 응답이 없다면 슬픔을 품게 되며, 마침내 가장 중요한 보호자가 우리의 욕구를 채워줄 수 없다고 체념하게 된다. 우리가 배가 고파 울었는데 그 울음에 답이 없을 때, 엄마가 우리 곁에 없다는 현실을 마주하기보다는 별로 배가 고프지 않다고 스스로를 다독이는 것이다.

　어린아이들은 그들의 삶에 어떤 일이 벌어지든 항상 자신이 주 원인이라고 여긴다. 엄마가 회사 일로 너무 바쁘거나, 아빠가 젊은 여자랑 눈이 맞아 도망을 쳤든 간에 아이는 자신에게 어떤 식으로든 책임이 있다고 느낀다. 그들은 자신들의 행동 때문에 욕구를 채울 수 없는 것이라고 느끼며, 엄마나 아빠가 불완전하다고 인정하기보다는 스스로를 탓한다. 그들의 자존심은 고통 받게 되고, 발달하지 못한다. 자존심이 낮아지고, 거짓말을 할 잠재성이 높아지는 것이다.

　사실과 거짓 사이의 선은 흐려지기 시작하며, 거짓말을 통해 자존심을 회복하려고 하면서 거짓말의 양식은 점차 견고해진다. 거짓말에 사로잡혀 책임을 인정하지 않으면서 우리는 탓할 누군가를 찾는다. 그러므로 우리는 항상 희생자로 남게 된다. 이 편이 우리 내부의 약한 존재를 대면하는 것보다 덜 위협적이기 때문이다. 비록 스스로 거짓말을 하고 있다는 것을 자각한다 해도, 우리는 '주어진 상황상' 사실을 미화하는 것 외에는 선택의 여지가 없었다고 말하며 행동을 정당화할 것이다.

당신은 진실 속에 살고 있는가?

스스로를 높이려고 거짓말을 하는가? 삶의 과정을 얼마나 믿는가? 당신 자신과 남들을 믿지 못하는가? 충돌을 피하고 싶어서 거짓말을 하는가? 진실해서 변화해야 한다면 차라리 스스로에게 거짓말을 하는가?

진실 속에서 살 때 우리는 삶에서 원하는 것이 무엇인지 명시할 수 있는 능력을 갖는다. 동양의 전통에서 진실의 중심과 신체의 발현은 같은 것이기 때문이다.

요가 경전 '요가 수트라'에는 진실을 말하는 사람만이 말을 실현시킬 수 있는 능력을 지닌다고 되어 있다. 요한복음 1장 1절에서 '태초에 말씀이 계시니라'라고 했듯, 하나님이 상징적으로 '말씀하셨을' 때 존재가 된 것처럼 말이다.

충동적으로 거짓말을 하는 사람들은 자신에게 문제가 있다는 것을 인정하지 않는다. 그러나 당신이 스스로 이런 양식이 있음을 자각할 수 있는 용기가 있다면, 개선해나갈 수 있는 몇 가지 방법이 있다.

거짓말을 했을 때마다, 그것이 작은 것이라 하더라도, 글로 적으

라. 그러고 나서 각각의 거짓말 옆에 진실하지 못한 동기가 어디에 있는지 적으라. 두려움? 욕심? 부적절함? 복수? 스스로를 높이고 싶은 욕구? 자신을 후하게 심판하지 말라. 단순히 거짓말과 그 뒤에 숨은 동기를 인정하라. 스스로에게 동정심을 가져라. 그런 다음 흘려보내라. 당신 자신과 다른 이를 용서하고 앞으로 나아가라. 이런 일기를 적는 것은 당신 스스로 언제 거짓말을 하는지, 무엇이 거짓말을 유발하는지 점차 자각할 수 있도록 도울 것이다.

거짓말을 함으로써 양심에 어긋날 때마다, 당신이 허위를 받아들일 때만 고쳐질 수 있는 불균형을 만들어내고 있다고 인정하라. 그래서 다음번에 누군가 당신에게 수표가 운송되고 있는지 물을 때 "죄송합니다. 아직 부치지 않았습니다."고 말하라. 그럼으로써 업보와 양심이 쉴 수 있도록 하라.

한 손가락으로 다른 이를 가리키면 세 손가락이 자신을 가리킨다

'critical(비판적인)'이란 단어는 '판단'을 뜻하는 그리스어와 라틴어 'krites'에서 따왔다. 다른 사람에 대해 비판적일 때 우리는 그들을 판단하고 손가락으로 가리킨다. 한 손가락으로 다른 사람을 가리키면 세 손가락은 자신을 가리킨다는 옛날 속담은 유효하다. 다른 사람에게서 좋아하지 않는 부분은 결국 우리가 스스로에게서 좋아하지 않는 부분을 보기 때문이다.

우리가 다른 사람에게 비판적일수록 마음속으로는 스스로를 싫어한다. 이를 이해할 때 당신은 비판적인 사람들이 실은 자신들에게 비판적이라는 것을 알기 때문에, 그들에게 동정심을 갖기가 쉽다. 그들이 판단하겠다고 마음먹은 대상은 다만 자신들의 문제를 반영할 뿐이다. 스스로를 발전시키고, 좋아하지 않는 자신의 영역을 인정할 때 우리는 다른 사람을 덜 비판하게 된다. 그러나 우리가 가진 감정적인 문제들을 관찰하고 대면하는 것은 고통스러운 일이며, 많은 용기가 필요하다. 게다가 다른 사람을 혹평하는 것이 더 쉽고 재미있다!

비판은 해롭다. 많은 어린이들이 지나치게 비판적인 부모나 교사 밑에서 스스로 쓸모없다고 믿게 되면서 잠재성을 실현하지 못한다.

만약 당신이 누군가에게 인색하다고 비난한다면 당신 자신을 돌아보라. 스스로도 줄 수 없을 것이다. 인간의 에고는 기만의 대가라는 점을 기억하라. 당신은 어려운 사람들에게 물질적인 도움을 주기 때문에 인색하지 않다고 믿을 수 있다. 그러나 가까운 사람에게 감정적으로 자신을 허용하는 데에는 아직 인색할 수 있다.

당신은 의지가 약하고 스스로를 다스리지 못한다면 뚱뚱한 사람들을 싫어할 수 있다. 그러나 당신 삶의 다른 영역에서 음식이나 규율과 관련한 문제를 갖고 있을 수도 있다. 줄리아는 폭식증과 약물중독에서 회복됐다. 그녀는 아름다웠고, 키가 컸으며, 날씬했다. 그런데 그녀는 체중이 좀 나가는 사람을 혐오 수준에 이를 정도로 싫어했다. "나는 뚱뚱한 사람에게 가까이 가는 것도 참을 수 없어요."

그녀의 고객 중 두 명이 특히 좀 뚱뚱했고, 그녀는 이런 문제를 발견할 수 있었다. 과체중이 폭식증을 유발한 자신의 문제를 반영한다는 사실을 깨달았을 때, 그녀는 그들이 아니라 자기 자신을 받아들일 수 있었다.

비판을 받으면 화살을 자신에게로 돌리는 당신

우리는 끊임없이 다른 사람에게 비판받을 때 우리 자신이 괜찮지 않다고 믿기 시작한다. 그러므로 우리는 우리가 해낸 것으로 다른 사람의 관심과 사랑을 얻기 위해 정말 열심히 노력하게 된다. 그러나 우리가 더 열심히 노력할수록 이런 사람들에게 인정을 받기란 더 힘들어진다. 점점 더 노력하지만, 자존심은 여전히 우리를 회피한다.

이 악순환이 계속되는 자멸적 프로그램을 어떻게 무력화할 것인가? 우리가 스스로를 부족하거나 부적절하다고 느낀다면, 작은 일이라도 어떤 일을 실행하고 성취하는 것은 스스로 좋은 기분을 느낄 수 있도록 만드는 방법이다.

여기서 정말로 일어나고 있는 일은 조종이다. 사랑받고, 인정받고 싶다는 욕구 때문에 우리는 다른 이들이 우리를 조종할 수 있도록 허용한다. 그들이 승인을 미룰수록 우리는 그것을 얻기 위해 더 노력할 것이고, 그들은 더욱 보류할 것이다. 왜냐고? 그렇게 하는 것이 그들을 우위에 두기 때문이다. 실제는, 우리의 힘이다. 그런데 우리는 그것을 기꺼이 넘긴다. 순간의 승인을 얻겠다는 희망으로 그들이 우리를 다스릴 수 있는 길을 택한다. 그러나 그렇게 하는 것은 우리의 선택이므로, 그들을 탓할 수 없다.

우리가 다른 사람의 자유의지에 개입할 때, 우리는 스스로 부정적인 결과를 만들어낸다. 자유의지는 인간이 다른 생물들과 구분되는 점이다. 어떤 동물이나 광물, 식물도 우리가 가진 만큼의 자유의지를 지닐 수 없다. 우리는 다른 사람의 결정을 존중해야 한다. 비록 그것이 우리가 원하는 것과 배치되는 일이라 하더라도 말이다. 선택은 우리 각자에게 부여된 것이기 때문에 우리를 만물의 영장으로 만들었다. 그러므로 비판으로 조종한다는 것은 우리의 높은 자아가 아닌, 낮은 자아나 에고의 행동이다. 발전하고 싶다면, 우리는 다른 사람을 자신이 바라는 대로 만들고 싶은 욕구를 버려야 한다.

학대당하는 사람들의 오류

결혼 생활에서 학대는 보통 다음 양식을 따른다. 학대하는 사람이 언어로 배우자를 학대할 때, 배우자의 자긍심은 점점 줄어든다. 따라서 이들은 학대하는 배우자의 욕구를 만족시키기 위해 더 노력할 것이다. 그러나 학대하는 사람이 권력을 유지하는 한 그를 만족시킬 수는 없다. 얼마나 그를 돌보든지 간에 충분치 않을 것이다. 배우자가 조심스레 걷더라도 걸음은 언제나 올바르지 않을 것이다. 이는 학대하는 이가 원하는 것이다. 그는 당신을 자기가 원하는 대로 만들기 위해 당신을 조종할 것이다. 우스운 것은 우리가 그것을 따른다는 것이다.

연구 결과는 혼자 남겨지는 것을 두려워하는 사람은 학대받는 사람이 아니라 학대하는 사람이라는 것을 보여준다. 학대하는 사람은 허세를 부리고, 당하는 사람은 하찮아 보이지만, 정작 학대하는 이들은 혼자 남겨질지 모른다고 두려워한다. 그들은 배우자를 하찮은 존재로 추락시키면 무의식적으로 배우자가 떠나지 못할 것이라고 믿는다. 그들은 가치가 없으며, 누구도 그들을 원하지 않을 것이기 때문이다. 이렇게 믿으면서 학대가 시작된다. 마침내 학대받는 사람이 떠날 때 무너지는 쪽은 학대하는 사람이며, 학대받는 사람은 새로운 삶으로 나아갈 힘을 찾는 경우가 많다.

우리가 스스로를 높이려고 다른 사람을 낮출 때, 우리는 그들을 어린아이처럼 취급한다. 그들이 작고 어린아이 같다면, 우리는 거만한 부모처럼 그들을 통제할 수 있다. 우리는 종종 비판적인 마음이 우리에게 남아 있다는 것을 알게 된다. 통증을 치료할 때는 어떤 사건과 연계된 기억이, 그 기억이 붙들고 있는 감정과 함께 종종 떠오른다. 이 경우, 감정적인 고통을 내보낼 수 있을 때 신체적인 증상도 사라져버리곤 한다(어떤 경우 신체적 고통이 더 크다면 반응하는 데 시간이 좀 더 걸릴 수 있다).

제니는 오른쪽 무릎의 통증 때문에 고통스러워했으며, 밤중에도 고통 때문에 일어나는 때가 많았다. 왜 그런 통증이 있는지 명백한 원인을 찾지 못했고, 통증은 지속됐다. 제니를 상담하면서 그녀의 남편이 아내의 사회적 성공에 위협을 느끼고 있으며, 그녀가 이룬 성과를 끊임없이 비판하고 낮춰 말하고 있다는 것이 드러났다. 그녀는 죄의식을 느꼈고 좌절했다. 그녀는 상황이 나아지길 바랐지만 그녀가 사회적으로 이룬 공은 둘의 관계에 실망감만 더할 뿐이었다. 이런 고통은 어린 시절 비슷한 사건으로 거슬러 올라갈 수 있었다. 당시 그녀는 같은 수업을 들었던 오빠보다 성적이 더 우수한 것에 죄책감을 느꼈다. 오빠는 그녀가 이룬 성과를 제대로 평가하지 않았고, 그녀를 낮추려고 애썼다. 오른쪽 무릎은 남성과 관련된 문제와 연계되어 있었다. 무릎은 동료와 연관된 문제를 드러내며, 우리가 삶에서 앞으로 나아가는 데 쓰는 부위이다. 따라서 다른 사람의 비판이 제니의 무릎에 도사리고 있었던 것은 놀랄 만한 일이 아니다. 원인을 알고 나서, 제니는 고통을 확연히 줄일 수 있었다.

종종 이런 감정은 사람이 의식적으로 기억할 수 없는 과거의 비판과 연관되기도 한다. 생각 없이 내뱉은 비판이 상대에게 커다란 감정적 상처를 남길 수 있다. "바보 같으니! 넌 절대 배우지 못할 거다!"라고 말하고 있는 자신을 발견했다면, 당신은 그 아이의 마음에 하루가 지나고, 해가 바뀌어도 "나는 바보 같아서 절대 배우지 못할 거야."라고 반복되는 프로그램을 만들었다는 것을 자각하라.

당신이 말한 것의 진폭이 누군가의 뇌에 부정적인 기록을 새기는 데 중요한 역할을 할 수 있다. 신랄한 비판이라도 부드럽고 조용히 말했다면 영향이 오래 지속되지는 않을 것이다. 그러나 '너는 쓸모가 없어'란 단순한 말을 큰 소리로, 부정적인 에너지와 함께 내뱉었다면 더 심한 손상을 일으킬 가능성이 높다. 언제나 사람으로부터 행위를 떼어놓고 생각해라. 여기 예가 있다. "네가 한 행동은 바보스러웠고 위험했어. 이유는 이래." 당신은 사람보다는 그가 한 행위를 나무란 것이다.

불평불만을 입에 달고 사는 사람

어떤 사람은 늘 다른 사람들과 사이가 안 좋다. 이들은 항상 분노에 차 있어서 사람이나 상황을 공격할 수 있는 기회를 놓치지 않는다. 그러나 이런 사람들은 스스로를 공격자라고 생각하지 않으며, 그들의 행동이 방어적인 것이라고 여긴다. 얼마나 자주 싸움에 휘말리든 간에 그들은 정말로 책임 있는 것은 자신들이 아니라고 생각한다. 그냥 그들을 싸우도록 만드는 사람들에게서 원인이 끊임없이 이어지는 것이다. 매일 공격하고 복수를 정당화하도록 느끼는 기회가 생겨난다.

당신 친구들의 차가 차도를 가로막게 주차를 하지 않도록 해달라고 예의 바르고 조용히 요구하는 대신, 경찰에 신고를 하고 당신에게 온갖 욕설을 퍼붓는 이웃이 있다. 그는 그러고도 무사할 수 있는지 보자고 당신을 위협하기도 한다. 그때부터 당신은 친구들이 주차를 제대로 하는지 주의했지만, 당신의 고양이가 자신들의 마당을 가로질렀다거나 바비큐 때문에 냄새가 난다는 등의 사소한 일에 대해 무례한 편지, 민원 제기, 위협적인 전화 등이 날마다 제기된다.

페트라는 좌절감 때문에 어쩔 줄 몰라 했다. "이웃이 담을 넘어 우리 정원으로 이 개똥들을 계속 던지고 있어요. 그들은 우리 개가 자기들 앞마당에 싼 것을 넘기는 것이라고 주장하고 있죠. 그를 설득하려고 해봤는데, 그 사람은 화가 나서 비난을 퍼붓거나 내 말을 믿지 못하겠다고 거부할 뿐이에요. 내가 말을 하면 그는 늘 화를 내요. 우리 집 개들이 너무 늙어서 세상을 뜬 후에도 개똥이 계속됐죠. 그래서 그에게 찾아가, 이걸 보면 우리 개가 한 짓이 아니란 걸 알 수 있는 거 아니냐고 따졌죠. 그 남자는 사과하는 대신, 화를 내며 말을 퍼부어대고 내 딸을 비방하더라고요. 그때 나는 그 남자가 단지 말싸움을 좋아한다는 것을 깨닫고 포기했어요."

마치 말다툼은 그들에게 살아가는 이유인 것 같다. 이들은 활화산 같은 열정을 갖고 어떤 방향으로든 분노를 터뜨린다. 이들은 끊임없는 말다툼에서 엄청난 에너지와 시간의 낭비가 아닌, 커다란 즐거움을 이끌어낸다.

우리가 내면에 지나친 화와 격노를 담고 있을 때 이는 우리가 스스로에게 화가 났다는 것을 의미한다. 우리는 마음 안에 내재된 악한 존재와 맞설 수 있는 능력이 부족하다고 느끼며, 다른 사람에게 반영된 그들을 발견했을 때 기쁨에 넘친다. 예를 들면, 음악을 너무 크게 틀어놓는 생각 없는 행동은 평소 배우자를 향한 부주의한 행동을 반영하는 것일 수 있다.

'quarrel(다툼)'이란 단어는 '불만'이란 뜻을 지닌 라틴어 'querella'에서 파생됐다. 우리가 말다툼을 할 때는 세상이 우리 뜻대로 돌아가지 않는다고 다른 곳에서 잘못을 찾고 불평하고 있음을 의미한다.

말다툼의 시초는 상대방을 향한 기대이다

첫째, 우리가 욕구와 열망을 가지기 시작한다. 둘째, 우리가 다른 사람에게 얻을 수 있다고 예상하는 나의 욕구에 대해 반응이나 성과를 얻는다. 셋째, 이런 결과에 대한 우리 자신만의 전형적인 반응이 있다.

당신의 기념일을 예로 들어보자.

우리는 (1)파트너가 기념일을 기억하며 우리를 특별하고 사랑스런 존재라고 느끼게 해주리라고 바라면서 시작한다. 이것이 우리의 욕구다.

그러고서 우리는 감정(우리가 일반적으로 관계에서 기대하게 된 것들)에 의존하는 그 욕구에 대해 (2)예상된 결과를 가진다. 만약 과거에 우리가 거부당한 적이 있거나 상대가 우리의 욕구에 둔감했다면, 이것이 우리가 기대하는 결과를 결정한다. 이런 경우, 우리는 이것이 관계에서 일어났던 (또한 배웠던) 일이기 때문에 파트너가 둔감하며 우리를 거부할 것이라고 예상할 것이다. 그래서 날짜가 다가오지만, 우리의 욕구와는 달리 파트너는 그것을 기억하지 못하는 것으로 보인다.

우리는 감정이 상처 받고 거부됐을 때 보통 적용했던 방식으로 (3)응답한다. 화가 나서 침묵을 지키며 파트너에게 말을 하지 않는다. 만약 말을 한다면 밉살스러운 어조로 말할 것이다. 이는 어쩔 수 없이 말다툼을 이끌며, 우리가 익숙해진 싸움의 양식이 반복된다.

반면에, 과거가 거부나 감정의 상처가 아닐 수 있다. 예를 들어, 우리가 어렸을 때와 어른이 되어서도 사랑과 용인을 경험했다면 결과나 응답이 크게 다를 수 있다. 우리의 욕구가 이뤄지지 않을 것이라고 예상하고, 거부와 상처, 말다툼으로 이어지는 시나리오를 짜는 대신 사랑과 수용을 기대할 수도 있다. 파트너가 잘 잊는 경향이 있는 것을 고려해, 이벤트가 있기 전 이를 상대에게 조용히 일러줄 수도 있다. 아니면 기념일을 잊은 것을 사랑이 부족한 것으로 이해하지 않고, 깜빡 잊은 것으로 받아들일 수 있다. 대신 우리는 스스로 특별한 것을 준비하고 파트너를 놀라게 하면서, 우리의 사랑과 관심을 보여줄 수도 있다. 우리가 대접받고 싶은 대로 그들을 대접하는 것이다.

그러므로 결과를 좌우하는 것은 우리의 감정적 구조다. 과거와 현재의 기대 때문에 우리는 욕구와 열망을 파괴한다. 스스로 바라는 것을 제한 없이 관계에 투영시키고, 그렇게 함으로써 실망스런 결과를 만들어낸다. 그러므로 관계에서 말다툼을 멈추려면 우리의 감정적 목록을 소유하고 일체화해야 한다. 당신 자체로 사랑받고, 존경받고, 이해받고, 귀 기울여지고, 좋은 기분을 느끼길 원하는가? 만약 당신이 이 모든 질문에 '예'라고 대답하지 않았다면, 이는 당신이 이런 대접을 받길 기대하지 않음을 의미하며, 이는 실망스런 결과의 원인이 된다. 당신이 창조해낸 양식을 직면할 때, "나는 사랑과 존경을 받을 자격이나 자긍심이 없어. 이해받거나 귀 기울여지지 않을 거야."란 응답이 나올 것이다. 자연히 그런 일들이 일어날 때 당신은 슬프고 상처받을 것이며, 이는 상대방에게 분노에 차 응답을 하게 만들 것이다.

말다툼의 양식을 바꾸기 위해 당신은 자긍심 문제를 다뤄야 한다. 스스로를 존중하고, 내면의 목소리에 귀 기울이는 것 등등 말이다. 그러나 이는 어려운 일이고 큰 용기가 필요하기 때문에, 이를 실행하는 대신 우리는 다른 사람에게 비난을 퍼붓는다.

소극적 권력싸움, 삐치기

부루퉁해하기는 소극적이면서 공격적인 행동이다. 부루퉁한 사람은 화를 내는 사람과 대면할 수 있는 힘과 자신감이 결여되어 있다. 그들은 충돌을 피하고 감정적으로 움츠러들지만, 분노와 분개심을 감춰두고 있다. 전형적으로, 그들이 왜 화가 났는지 물으면 이들은 실제로 화가 난 게 아니라고 부인하거나 시무룩하게 침묵을 유지한다.

'sullen(시무룩한)'이란 단어는 '혼자'를 뜻하는 라틴어 'solus'에서 파생했다. 우리가 단어의 근본적인 의미를 그 근저에 깔린 감정적인 의미의 암시라고 받아들인다면, 이는 우리가 단지 소극적으로 분개하는 것이 아니라 실제 매우 외롭다는 것을 보여준다. 세상은 실제로는 아무도 우리 자신을 이해해줄 수 없다고 인식하는 곳이다. 우리는 모두 이해받고, 공감받고 싶어 한다. 이를 경험하지 못한다면, 이는 우리의 고통이 이해되거나 심지어 인정받지도 않는 곳에 외따로 떨어졌다는 느낌을 자아낼 것이다. 감정적으로 움츠리고 반응이 없어지면서, 우리는 다른 사람은 우리와 연계될 수 없다고 확신하고는 친밀한 관계를 향한 욕구를 파괴해버린다.

우리는 친밀한 관계와 이해를 바라면서도 손을 뻗기보다는 물러나 버린다. 이는 물과 여성적인 반응이며, 불이나 남성적인 반응과 반대되는 것이다. 말다툼을 시작하면서 우리는 예상된 결과를 마음속에 그리고, 그것이 발생하면, 소극적이고 공격적인 후퇴라는 전형적인 방식으로 반응한다. 이는 관계에서 권력이 적다고 느끼는 사람이 상대를 죄의식을 느낄 정도까지 몰아 권력을 부여하는 훌륭한 조종 도구가 된다.

조앤은 활동적이고 열정적인 운동 강사였고, 그녀의 남편 벤은 조용하고 내성적인 광고 카피라이터였다. 조앤이 집안일을 좀 하라고 말할 때마다 벤은 알겠다고 답하고 아무것도 하지 않았다. 이는 조앤을 미치게 만들었다. 어쩌면 자신이 남편에게 잔소리를 하고 있는 것일지도 모른다는 생각에 그녀는 집안일을 도우라고 강요하지 않았다. 하지만 남편이 일을 거의 하지 않았으므로, 이는 그녀를 화나게 만들었다. 결국 분노는 잔소리를 하지 않으려는 그녀의 노력을 무산시켰고, 그녀는 남편에게 일을 하라고 요구했다. 벤은 아내의 분노를 감지했지만 그녀의 요구에 화가 나서 일을 하지 않았고, 이는 아내를 더 화나게 만들었다. 그가 일을 하지 않거나 늦출 때마다 그녀는 점점 더 화가 났다. 아내의 분노와 대면할 수 없었던 벤은 감정적으로 물러나서 부루퉁해졌다. 감정적으로 말함으로써 그는 아내가 내밀한 관계를 원한다면 자신에게 맞춰야 한다고 강요했다. 조앤이 좀 더 '잘 해주려고' 노력했음에도 벤은 더 무시했다. 이제 그가 우위에 섰다. 그는 아내에게 자신을 따라오라고 강요하면서 그녀를 조종했다. 이 카드를 갖는 한 그는 통제권을 획득했다고 느낀다. 그가 부루퉁해지길 그만둔다면 스스로 무력하다고 느낄 것이다.

벤은 그가 하는 일이 가정에서 제대로 평가받길 원했다. 그는 오랫동안 근무했기 때문에 집에 와서는 다리를 올리고 쉬고 싶었다. 조앤은 아침에만 일했기 때문에 가계에 대한 공헌도 눈에 띄게 작았다. 벤은 그렇기 때문에 집안일을 적게 하는 것이 공평하다고 생각했다. 이것이 그가 부모에게서 배운 양식이었다. 그러나 그가 집에 돌아왔을 때 기대한 결과는 잔소리를 샀고, 쓸모없는 것으로 여겨졌다. 그렇다면, 그의 반응은 이미 설명한 대로 물러나는 것이었다. 감정의 과거를 지니고 다니면서, 벤은 자신을 현재의 결과에 맞췄다. 이것이 드러났을 때 이는 그를 분노로 밀어 넣었다. 그는 무력하다고 느꼈고, 조앤과 이 상황에 대해 어떻게 느끼는지 상의하는 식으로 적절히 대응할 수 없었다. 대신 그는 스스로에게 힘을 부여할 수 있는 방법을 찾았다. 물러남으로써 그녀가 손을 뻗었고, 그렇게 함으로써 스스로를 더욱 약하게 만들었다.

또 다른 예는 어떤 사람에게 접시 닦기 같은 도움을 요청했을 때다. 그들은 일을 하고 싶지 않다고 느껴서 화가 났고, '우연히' 귀중한 접시를 깨는 식으로 대응했다. 간단히 "아니, 점심 때 설거지를 했잖아."라고 말하는 대신 그들은 공격성을 감추고 임무를 수행했다.

우리는 말을 하지 않더라도 우리 내면에서 어떤 일이 일어나는지 사람들이 알고 이해해주길 바란다. 실패하면, 우리는 화가 난다. 그들의 대응은 무력하고, 학대당하고, 영향력 없고, 우리를 잘못 이해하고 있다는 느낌에 확신을 더할 뿐이다. 그러면 우리는 그들에게 분노의 초점을 맞춘다. 우리가 왜 이런 식으로 느끼는지 탐구하고 입력된 프로그램을 다시 작성하는 대신, 그들을 벌한다. 이는 매우 효율적인 대응이기 때문에 우리는 상황에서 지배력을 얻고 우리의 방식을 관철하는 데 이 방법을 자주 쓴다.

문제는 대화가 복구됐다 하더라도, 싸움을 일으킨 실제 사건은 거의 논의되지 않는다는 것이다. 상처를 남긴 채, 우리 관계는 내밀한 것에서 일종의 상호의존으로 움직인다. 존 그레이 박사는 책 《화성 남자 금성여자의 결혼 지키기*What You Feel You Can Heal*》에서 이런 왜곡을 저항, 분노, 거부, 우울이란 4단계로 묘사했다.

저항할 때 우리는 스스로가 우스꽝스럽게 여겨지거나 가치 없다고 느껴질지 모른다는 두려움 때문에 터놓고 소통하길 주저한다. 이는 우리 자신을 완전히 타인과 공유할 수 없다는 분노로 이끈다. 그러면 우리는 부루퉁해지거나 물러남으로써 다른 사람을 거부한다. 마침내 우리는 문제를 극복하고 화해한 것처럼 보이지만, 처음 촉발된 분노의 원인을 표현하지 않으면서 우리의 진실한 감정을 억압한다. 시간이 지나면, 관계는 긍정적이든 부정적이든 모든 감정을 억누르는 정도로까지 훼손되며, 우리가 누구인지도 잘 알지 못하는 사람과 동거하고 있다는 사실을 발견하게 된다. 친밀함이나 이해를 위한 공간이 없기 때문에 우리는 이런 장애물을 만들어냈다. 'intimacy(친밀)'란 단어의 발음이 'into me see(나를 들여다봐)'와 비슷하다는 것은 흥미롭다. 이해가 없는 곳에 'into me see' 친밀함은 없다.

한 친구가 이런 접근법을 썼다. 문제가 있냐는 질문을 받았을 때 일반적인 대답은 "아니, 별일 없어."일 것이다(저항). 그는 어떤 문제 때문에 크게 분노해서, 억압된 화가 대기 중에 드러날 때까지 물러나 부루퉁해짐으로 우리를 거부했다. 몇 년간 죄책감을 느껴야 했던 우리는 반발했고, 죄책감을 더 이상 느끼지 않기로 했다. 우리는 우리가 느끼는 바를 억눌렀고, 결국 어떤 깊이나 가까움도 없었기 때문에 문제의 타개와 함께 의미 있는 관계에 대한 희망은 완전히 깨져버렸다. 친밀에 대한 희망은 깨져버렸고, 관계는 정중한 무관심으로 이동했다.

당신은 다른 사람에게 자신의 감정, 특히 분노를 진실하게 표현할 수 있는지 스스로에게 물어보라. 당신은 그들에게 조용히 "당신이 하고 있는 일이 나를 화나게 해요. 당신이 나를 학대하고 있다고 느껴지기 때문이에요." 또는 "내 욕구를 무시함으로써 당신은 내가 사랑받지 못하며 가치 없다고 느끼게 만들어요."라고 밝힐 수 있는가? 오히려 발끈해서 아무 말도 하지 않음으로써 그들이 고통 받도록 복수하고 있지 않은가? 왜 이를 멈추고 좀 더 정직한 관계에 들어서지 않는가? 답은 간단하다. 부루퉁해짐은 당신이 무력하다고 느꼈을 때 힘을 안긴다. 누가 자발적으로 이를 포기하려 하겠는가?

부루퉁해짐은 당신이 상황을 통제하고 조종할 수 있도록 만든다. 자긍심이 없을 때 우리는 언제나 조종 도구를 통해 사람이나 상황을 통제하려 든다. 부루퉁해하길 멈추고, 자긍심이나 자아를 세우는 문제를 다루라. 그렇게 함으로써 우리는 내적이고 진실한 힘을 획득할 수 있다. 그러고 나면 죄책감으로 다른 이를 조종함으로써 외부적인 힘을 얻으려고 애쓸 필요가 없어진다.

분노를 느끼자마자 다른 사람과 터놓고 의사소통을 시작해보라. 다른 사람은 당신이 말하는 것이 즐겁지 않을 수 있지만, 며칠 동안 죄책감을 느끼며 지내는 것보다는 문제를 말하는 편이 훨씬 선호할 만하다.

당신의 삶에 심각한 영향을 미치는
해로운 습관들

감정적 고통이 너무 강도가 높아서 그것을 느끼거나 다룰 수 없을 때
신체적으로 우리 자신에게 손상을 입히는 것은 그것을 처리하는 방식이 된다.
우리는 상처를 내는 것이 표현하지 못한 감정을
눈에 보이는 실제적인 것으로 만드는 방법이라고 느낀다.

담배를 피우고, 치즈가 잔뜩 들어간 커다란 햄버거를 먹고, 커피 한잔을 또 마시고, 초콜릿 바를 먹어 치우고, 떠들썩한 술판에 빠져들 때마다 우리는 스스로를 해친다. 이런 것들이 신체적으로 해로울 수 있다는 많은 증거가 있음에도 사람들 대부분은 이런 행동을 쉽게 한다. 실제, 우리는 위의 예시 중 적어도 한 가지는 정기적으로 탐닉한다. 왜일까? 이런 것을 함으로써 기분이 좋아지기 때문이다. 비록 숙취나 체중 증가, 심장질환 가능성 증가 등 우려할 만한 결과가 있을 수 있다는 것을 알지라도 말이다. 때로 죄책감은 우리가 이런 습관을 남몰래 하도록 만든다. 아내가 자리를 비웠을 때 담배를 피운다거나, 증거가 될 수 있는 초콜릿 포장을 모두 치워버리는 식으로 말이다.

그렇다면 우리는 왜 누군가가 스스로를 칼로 긋거나 머리카락을 뽑는 등 자신을 해칠 때는 놀라는 것일까? 이는 자신을 해하고 싶다는 명백한 열망이며, 다루기 힘든 문제이다. 누군가 자신의 팔을 온통 칼로 그어댈 때 우리는 그들이 겪고 있는 감정적 고통을 부인할 수 없다. 반면 술을 너무 많이 마실 때 우리는 거기에 실제적인 문제가 깔려 있다는 사실을 대면하거나 인정하길 피하면서, 그 방법으로 부인을 사용한다.

이 장의 많은 부분은 여성과 긍정적인 자아상의 결여를 다룰 것이다. 아마도 이는 지난 수년간 '진정한' 여성이 어때야 하는지 미디어가 마구잡이로 생산해낸 완벽한 여성상이 우리를 지나치게 낮은 자아상으로(때로는 자기혐오의 수준까지) 이끌었기 때문이다. 우리 자신이 인식하는, 열등한 이미지는 이런 기준과는 한참 거리가 멀다. 우리는 충분히 날씬하지 않고, 얼굴에는 여드름이 있고, 살이 울퉁불퉁 처졌으며, 가슴 크기가 적당하지 않다는 등등의 수많은 이유로 끊임없이 자신을 꾸짖는다. 여기에 불안정, 때로 가정에서의 학대가 결합하면서 문제는 복잡해진다.

연예인이나 모델이라 할지라도 자신이 완벽하다고 믿는 여성은 거의 없다. 전통적인 가정이 붕괴하면서 학대는 증가했고, 종교의 역할은 줄어들었다. 이 장에서 언급된 습관들이 증가하는 것도 이상할 건 없다.

✻ 자해, 자기 파괴의 행동

자해란 무엇인가?

자해는 감정적인 고통을 육체적인 방법으로 해결하는 방법이다 −

입을 열지 않고 소리를 지르는 것처럼 말이다

- 사마리아인의 대변인

가드씨,

내가 무엇을 하는지 누군가에게 말하는 것은 이번이 처음입니다. 아주 어렸을 때부터 나는 손톱과 볼을 깨물었고, 눈썹을 잡아당겼고, 피부를 할퀴고 찔렀습니다. 언젠가는 아무런 이유도 없이 내 모든 눈썹을 뽑아버릴 겁니다. 또 다른 날은 내 볼을 깨물어서 피가 나도록 할 것입니다. 그렇지 않으면 나는 아주 정상적으로 보입니다. 내 남편을 포함한 누구도 내가 하는 일을 알지 못합니다.

이 편지는 습관이 그녀의 삶에 어떤 영향을 미쳤으며, 그것이 그녀에게 자기혐오를 초래했다는 것을 보여준다. 이는 아주 멀리 떨어진 이가 도움을 요청하는 가슴 아픈 호소였다. 여러 해가 지난 후 펜을 들어 완전한 이방인에게 비밀을 드러내기 위해서는 큰 용기가 필요했을 것이다.

그녀는 나의 전작 《습관 고치기》를 읽고 난 후 이 편지를 보냈다. 이는 내가 이 문제를 훨씬 깊이 들여다볼 수 있게 만들었다. 넓게 말해서, 자해는 누군가 자기 자신에게 화상 입히기, 면도날이나 가위로 스스로를 베기, 머리카락 뽑기, 날카로운 것으로 피부 쑤시기, 알약 과다 복용하기, 물건이나 주먹으로 자기 때리기 등을 통해서 육체적인 고통을 가할 때를 일컫는다.

체모 뽑기와 피부 쑤시기는 자해의 범주에 놓이며 원인과 치료에서 많은 부분이 비슷하지만, 워낙 광범위한 문제라서 따로 다뤘다.

영국에서는 자해를 한 10대가 해마다 2만 4,000명 이상 병원에 입원한다. 소녀들은 소년들보다 자해를 할 확률이 4배 이상 높다. 자해 발생은 증가하는 추세다(차일드라인 UK에 따르면, 2004년에만 30% 가량 증가했다). 이는 가정이 제 기능을 하지 못하고 있는 데서 기인하며, 감정적 스트레스와 낮은 자존심도 원인으로 꼽을 수 있다. 자해를 하는 사람들 대다수가 전문적인 도움을 받지 못한다는 것은 큰 문제다. 영국에서는 10대 청소년 10명 중 1명이 자해를 하는 것으로 추정된다. 이런 추세는 성인이 되면서 줄어들긴 한다. 가장 일반적인 방법은 칼로 베는 것이며, 독극물 마시기가 그 뒤를 잇는다.

* 이들이 감정적인 고통을 줄이기 위해 스스로를 해칠 정도로, 깊은 분노를 갖게 하는 것은 과연 무엇인가?
* 당신이 자해를 하는 것일까봐 두렵다면, 스스로에게 물어보라.
* 당신은 계획적으로 자신에게 신체적 해를 가하는가?

만약 위의 질문에 '예'라고 답했다면 당신은 십중팔구 자해를 하고 있는 것이며, 문제가 훨씬 커지기 전에 전문가의 도움을 구해야 한다.

대체 왜 자신을 해치는가?

 과거 학대를 당한 경험이 가장 큰 원인이 되곤 한다. 정신적·신체적·성적 학대를 모두 포함한다. 종교의 영향력이 줄어들고, 사회구조가 무너지면서 가정 내에서 많은 청소년들이 감정적인 문제를 처리해야 할 때 외로움을 느낀다. 따라서 근친상간, 강간, 학교에서의 압박감, 가족 문제, 학대, 사랑하는 이의 죽음, 왕따, 재정적인 문제, 우울증, 인간관계 문제 등에 관해 상담할 사람이 없다.

 때로 무지한 사람들은 자해를 주의를 끌기 위한 고의적인 계획이라고 여긴다. 그러나 자해를 하는 사람들 대부분이 이런 습관을 숨기며, 다른 가족이나 친구도 전혀 눈치채지 못한다는 점에서 이런 경우는 거의 없다. 이는 이들이 도움과 이해를 절실히 구하고 있다는 것을 보여주는 것이다.

 자해를 하는 사람들은 종종 충분히 화를 낼 만한 상황에서도 어떤 것도 할 수 없다. 자해는 누적된 분노에 대한 순간적인 반응에서 출발하고, 이로 인해 스트레스가 줄어들게 되면 점차 고통스런 감정에서 비롯된 스트레스를 경감하기 위한 패턴이 된다. 자해는 수년 동안 다른 사람들이 눈치채지 못한 채 지속될 수 있다. 바깥 세계를 통제할 수 없다고 느끼는 사람에게 자해는 일정 정도 통제의 기분을 안긴다. 자해를 하는 사람들은 고통을 안김으로써 그들의 삶에서 잃어버린 힘을 되찾으려고 한다. 주어진 고통의 양과 감정적인 문제의 크기가 반드시 일치하는 것은 아니다. 시간이 지나면 사람은 고통에서 회복되고, 같은 정도의 안도감을 느끼기 위해서는 가해 정도가 증가해야 한다. 자해 수준이 통제를 벗어나 확대되면 심각한 상처를 불러일으킬 수 있다.

안에서 곪고 있는 감정들

감정적 고통이 너무 강도가 높아서 그것을 느끼거나 다룰 수 없을 때, 신체적으로 우리 자신에게 손상을 입히는 것은 그것을 처리하는 방식이 된다. 우리는 상처를 내는 것이 표현하지 못한 감정을 눈에 보이는 실제적인 것으로 만드는 방법이라고 느낀다. 문제를 대면하든, 스스로 벌을 주든 말이다. 이는 심한 비탄에 빠진 사람의 징후며, 절대 관심을 끌기 위한 시도라고 여겨져서는 안 된다. 자해하는 사람들의 몸과 그것에 가해진 상처는 심각한 감정적 고통을 보여준다. 어떤 경우, 그들은 자해가 자신들을 해친 사람들에게 복수할 수 있는 방법이라고 여긴다. 자살 시도는 자주 일어나지 않지만, 자해를 하는 사람들은 살아가면서 자살을 시도할 가능성이 높다. 낮은 자존심은 이들이 자신의 감정을 다른 이에게 표현하지 못하는 이유이자 원인이다.

자해하는 사람들은 자기 모습 그대로 보여지지 않거나, 다른 이들이 자신들의 이야기를 듣지 않는 데 분노를 느끼며 좌절한다. 우리가 우리 자신을 맘에 들어 하지 않는다면 우리는 두려움을 느끼며,

우리의 문제를 다른 이와 공유할 수 있다는 자신감을 상실한다. 스스로 가치가 없으며 무력하다고 느낄 때, 우리가 어떻게 느끼는지 표현할 수 있는 방법은 없는 것처럼 보인다. 그래서 우리는 감정 자체를 부인하려 한다. 그들은 관심이 가치 없다고 느끼지만, 그것을 받지 못한다면 분노한다.

소녀들은 소년들보다 성적 학대로 고통 받을 가능성이 높다. 그렇기 때문에 특히 자해가 여성들에게 많이 일어난다. 어린 시절에 학대를 받는다면, 우리는 그런 일이 자신 때문에 벌어졌다고 생각한다. 그래서 나쁜 짓을 한 사람이 아닌 자신에게로 분노를 돌린다. 이는 극심한 자기혐오의 행동이다.

나이든 여성에게 자해는 자아 상실과 관련되어 있을 수 있다. 그들은 자신들의 욕구는 부인한 채 다른 이들을 위해 삶을 헌신했을 것이다. 이는 모욕적인 부부 관계와 결부되어 자신이 쓸모없다는 느낌을 갖게 되며, 결국 자신의 감정을 드러내는 데 두려움을 느끼게 될 것이다. 결국 우리를 아프게 하는 것이 우리를 기쁘게 하면서, 사도마조히즘처럼 고통과 기쁨 사이의 경계가 흐려질 것이다.

가슴 아픈 상황에서 살아남기 위해 우리는 종종 감정적으로 무감각해진다. 자해도 삶의 고통스런 경험들이 멀리 떨어진 것처럼 느껴지게 한다. 우리가 특정 약을 계속 복용하면 느낄 수 있는 경험처럼 이런 무감각한 느낌을 불러오는 것이다.

우리가 어떤 사람이며, 어떻게 행동했는가 하는 관점에서 죄책감과 수치심은 늘 자해와 함께 동반된다. 새로운 칼자국과 화상은 죄책감과 수치심을 증가시키고, 또다시 자해하고 싶은 욕구에 불을 붙인다. 이는 도널드의 예에서 살펴볼 수 있다.

도널드는 10대 초반 부모가 이혼한 후 기숙학교에 다녔던 젊은이였다. 전 학교에서 그는 유치하고 바보 같은 친구들과 멀리 떨어져 있다고 생각했다. 그는 고독을 느끼면서, 친구들과 럭비와 축구를 하기보다는 음악과 예술을 가까이했다. 친구들은 그의 이런 다른 점을 무능하다고 받아들였으며 그를 끊임없이 괴롭혔다. 그는 스스로 정말 이상하다고 믿기 시작했으며, 그의 자아 존중감은 곤두박칠쳤다. 그의 부모는 막 혼란스런 이혼 과정을 거친 뒤였기 때문에 가정이라고 상황이 더 낫지는 않았다.

그의 아버지는 기대에 차지 않는 도널드에게 끊임없이 비판을 가했다. 도널드를 기숙학교에 보낸 것은 어머니의 부담을 덜고, 아버지가 없는 상황에서 '남성적인' 교육을 시키기 위한 방법이었다.

도널드는 고립되고 학교 친구들로부터 바보 취급을 당하는 데서 비롯된 고통과 분노를 누구에게도 털어놓지 못하면서 오랫동안 우울해했다. 그는 학교 기숙사에서 나와 자기만의 방을 마련했는데, 여기서 자기혐오와 감정적인 고통이 내부로 방향을 틀었다. 그는 주머니칼로 스스로를 베기 시작했다. 그런 짓을 하는 유약함을 못마땅하고 부끄럽게 느끼면서, 아버지가 이를 어떻게 바라볼 것인지 생각하면서 이런 행동을 하고 싶은 욕구는 커져만 갔다. 상황은 치료를 시작할 때까지 걷잡을 수 없이 반복됐다.

조이스는 인생 후년에 자해를 시작했다. 16세 때 학교 선배랑 결혼한 뒤 네 아이 중 첫째가 태어났을 때는 학교 가방이 재빨리 기저 귀 가방으로 바뀐 것 같았다. 10년 후 조이스는 누구나 갖고 있는 젊 었을 때의 재미있는 추억을 떠올릴 수 없었다. 그녀는 자신이 까다 로운 가족들에게 봉사하는 하인이 된 것처럼 느꼈다. 특히 남편은 마치 학대하는 아버지처럼 아내를 다스렸다. 자아의 완전한 부재와 함께 우울증이 시작됐다. 그 뒤에는 그녀가 희생한 것을 이해하거나 고마워하지 않는 사람들에게 젊은 시절을 바쳤다는 극심한 분노가 자리하고 있었다. 가정에서 벌어지는 일을 참을 수 없어지면서 조이 스는 가족에게 전달하지 못하는 고통을 표현하기 위해 자해를 시작 했다.

사실 우리는 모두 자해를 하고 있다

우리들 대부분이 어느 선까지는 자해를 한다. 건강에 해로운 것을 먹고, 지나치게 술을 마신다. 일을 너무 많이 해서 스트레스를 받게 만들고, 학대에 가까운 관계를 유지하며, 다니기 싫어도 직장에 다 닌다. 단지 이런 것들을 떠나는 것이 불안하기 때문이다. 목록은 끝 이 없다. 이런 행동들은 어느 정도까지는 사회적으로 용인되며, 우 리 중 이런 것들을 의도적인 자해라고 생각하는 사람은 거의 없을 것이다. 그러나 넓은 의미에서 자해가 매우 자주 일어나는 것이 사 실이다. 자해가 용인할 수 없는 것으로 받아들여질 때는 손상이 실제적이고, 눈에 보이고, 신체적인 것일 때다.

자해가 불러오는 부정적 결과들

자해는 감염, 없어지지 않는 상처 자국, 언젠가 자살을 시도할지 모른다는 위험 등 부정적인 결과를 많이 불러온다. 신체적인 해를 가하는 일 외에도 그것을 가리기 위해 거짓말을 해야 한다는 것도 스트레스 쌓이는 일이다.

팀은 모든 면에서 정상적인 가장이었다. 두 아이와 집이 있었고, 학력이 높았으며, 건축가란 좋은 직업도 갖고 있었다. 겉으로 드러나는 이런 모습 아래 어떤 혼란이 있는지는 알 길이 없었다.

나는 팀 부부와 꽤 오랫동안 친구였다. 어느 날 그의 얼굴에 깊은 상처가 있는 것을 발견했다. 그는 핸드폰을 강탈하려던 강도들에게 당한 것이라고 말했다. 그가 피하려고 하자 강도 한 명이 얼굴에 상처를 낸 것이라고 설명했다. 완벽하게 그럴듯한 설명이었다. 그의 아내를 만나 다른 이야기를 들을 때까지 나는 그 이야기를 믿었다.

팀은 격노해서 스스로 그런 상처를 낸 것이었다. 이런 사실을 말하기엔 부끄러웠기 때문에 강도 이야기를 지어냈다. 팀은 오랫동안 자해를 해왔다. 벽을 차서 발이 부러지거나, 문을 쳐서 손목이 부러진 적이 있었고, 알약을 너무 많이 섭취해서 회사에 오랫동안 결근하기도(이유는 언제나 '사고'나 '질병' 같은 것이었다) 했다. 대부분의 사람들은 그가 단지 사고가 잘 나고, 아주 운이 없는 사람이라고만 생각했다.

그는 화를 잘 내는 성향 탓에 생겨난 분노를 가까운 이들에게 퍼붓기보다는 자신에게 돌렸다. 이는 어쩌면 약간 고귀한 것으로 들릴 수 있지만, 실상은 그의 공격을 목격한 아이들에게 큰 스트레스와 감정적인 상처를 남겼다. 자신의 행동이 사랑하는 이들에게 미치는 결과를 깨닫고 그는 자해를 멈추기 위해 노력을 집중했다. 음주가 주 원인이었다. 술을 끊으면서 그는 분노가 폭발하는 강도를 줄일 수 있었고, 반응을 제어할 수 있었다.

분노에서 사랑으로

자해를 하는 사람들에게 상황을 통제할 수 있는 능력을 일깨우기 위해서는 심리학자나 우수한 건강 전문가들의 상담과 개입이 필요하다. 다른 습관처럼 자해도 감정적인 문제들을 감당하지 못해 습득된 방법일 수 있다. 자해를 멈추기 위한 방법에는 여러 다른 방법이 있다. 개개인에 따라 이런 방법은 효과 면에서 차이가 날 수 있다.

분노가 빠져나갈 수 있도록 펀치백 같은 스포츠에서 출구를 찾아보라.

＊ 요가나 단전호흡
＊ 일기에 자신의 감정 기록하기

* 주변에서 잠재적인 자해 도구 제거하기

* 자신이 어떻게 느끼는지 다른 이에게 이야기하는 법 배우기

* 얼음 이용하기 — 고통스럽지만 해롭진 않다

    자해를 하는 사람을 대할 때 그들의 행동을 섣불리 판단하거나 당신 자신의 부정적인 투영으로 보지 말라. 그들의 행동이 당신을 불편하게 만들기 때문에 그만두라고 강요하는 것은 긍정적인 결과를 낳을 수 없다. 이들에게 필요한 것은 비판이나 비난이 아니라 지지, 조건 없는 용인과 사랑이다.

* 습관적으로 자꾸 체모를 뽑는 사람들

충동을 제어할 수 없다

    체모를 뽑아버릴 정도로 삶이 스트레스를 주는가? 발모벽TTM 또는 체모 뽑기는 사람들이 머리, 눈썹, 속눈썹, 겨드랑이, 성기에서 털을 뽑는 행동이다. 이는 습관이나 중독, 병적 집착, 강박장애, 가장 일반적으로는 충동조절장애로 구분된다.

    일반적으로, 털을 뽑고 싶은 충동이 일기 바로 직전이나 그런 행동을 하지 않으려고 저항할 때 감정적인 긴장이 증가한다. 당연히 행동의 결과는 보기 흉하다. 그러나 보기 흉해질 것이란 두려움보다

뽑으려는 충동이 더 강하다. 이는 그 사람의 삶 전반에 두드러진 고통을 초래한다.

충동의 정도가 다르듯, 체모를 어느 정도 뽑는지는 사람마다 다르다. 이들은 벗겨진 곳을 가리기 위해 스카프를 두르거나, 가발이나 모자를 쓰거나, 화장을 해야 하는 지경에까지 이르는 경우가 많다. 시간이 지날수록 이들은 자신들의 문제가 드러날지 모른다는 두려움에 다른 사람과 교류를 하지 않게 된다. 외모에 신경을 쓰는 10대 청소년들은 특히나 더 고통을 겪게 된다.

체모 뽑기는 1990년대 초반까지는 미디어에 거의 알려지지 않았다. 오늘날에도 자신들이 겪는 문제나 치료법에 대해 모르는 사람이 많다.

체모를 뽑는 사람 중 일부는 한 번에 한 가닥씩 털을 뽑고, 다음 털을 뽑기 전 그것을 살펴본다. 경우에 따라 이들은 털을 씹거나 먹을 수도 있다. 일부는 충동적으로 세탁을 하거나 확인하고, 숫자를 세는 등 강박충동장애 증상을 보일 수 있다. 원인이나 결과가 잘 알려지지는 않았지만 우울증도 문제가 된다.

체모 뽑기는 가장 흔하게 12살 전후의 어린 시절에 시작된다. 따라서 이는 사춘기 호르몬의 변화와 관련된 것으로 여겨진다. 체모 뽑기는 또한 삶의 초반이나 후반에 일어날 수도 있다. 해로운 다른 습관처럼, 가족의 죽음이나 학교의 변화, 혼란이나 학대 등 스트레스를 수반하는 사건 때문에 시작됐을 수 있다. 전체 인구 중 1~2%는 체모를 뽑는 습관이 있으며, 이 중 90% 정도는 여성이다(남성의 경우

치료법을 찾는 경우가 드물기 때문에 이 수치는 정확하지 않을 수 있다).
이는 또한 나이든 사람들보다는 10대들에게 많이 일어난다.

영혼과 연결된 고리, 머리카락

성서에서 삼손의 머리카락은 그의 힘과 신성을 상징했다. "내 머리카락이 잘려나간다면 나는 힘을 잃을 것이고, 다른 이들처럼 약해질 것이다." 그에게 힘을 준 것은 머리카락이 아니라 그것이 상징하는 것, 즉 하나님과의 연결이었다. 이 연결이 그에게 커다란 힘을 준 것이다.

아메리칸 인디언들도 그들의 머리카락을 영혼과 연결된 고리로 생각했다. 따라서 깃털로 머리를 장식하는 것은 이런 연결을 강화하는 방법이었다. 싸움에서 무찌른 적의 머리 가죽을 벗김으로써 사후적이 인디언 주신 '그레이트 스피릿'과 다시 연결되는 길을 없앴다. 동양 전통에서, 머리카락은 7번째 활력체에서 자라므로 머리카락을 통해 현실에서 벗어난 정신적인 면을 감지할 수 있다고 보았다. 예를 들면, 하시디 유대인들은 머리카락을 우주와 신으로 연결하는 선으로 보기 때문에 머리를 깎지 않는다.

수녀서약에서 수녀들은 신에게 복종하고 새로운 삶을 시작한다는 상징으로서 머리를 자르거나 밀어버린다. 다양한 종교의 수도자들도 그러하다. 인도에서 신도들은 특정 연례 의식에서 신전까지 수

km를 무릎으로 기어가야 하며, 정화의 의미로 그곳에서 수도승들에게 머리를 뽑히게 된다.

군에서 신병을 모집할 때 제일 먼저 머리를 미는 것은 개인으로서의 힘을 빼앗는다는 의미다. 비슷하게, 신 나치운동은 일체감의 상징으로 머리를 밀어버린다. 이렇게 함으로써 단체의 소속감과 힘, 원칙이 개인의 욕구나 힘보다 더 중요해진다.

빛나는 머릿결은 건강한 신체를 드러낸다. 종종 우리는 머리를 자르거나 색깔이나 스타일을 바꿈으로써 우리 삶에 일어난, 또는 일어나길 바라는 변화를 시각적으로 보여준다.

무서운 상황을 '머리털이 곤두선다hair-raising'고 표현하는 것은 그 사건이 신성으로부터 힘을 끌어내야 해결됨을 암시한다. '머리가 쭈뼛해질hair stood on end' 때는 그 상황을 헤쳐나가기 위해 특별한 힘을 모아야 한다. 반대로 '머리를 풀다, 느긋하게 쉬다letting one's hair down' 란 표현은 세속적 즐거움을 위해 정신적 연계를 저버리겠다는 의미다. 이는 또한 먼 옛날 여성이 머리를 푼 것은 처녀임을 의미한 데서 비롯된, 성적 억압에서 벗어난다는 뜻과 관련되어 있다.

죄책감과 수치감, 두 개의 족쇄

부끄러움과 죄의식이 체모 뽑기에서 비롯된 결과라면, 긴장과 좌절은 그 원인이다. 사춘기의 시작은 그 시기에 느껴지는 좌절감과 관련이 있을 수 있다. 사춘기는 바보같이 느껴질까 봐 자기 생각과 감정을 완전히 표현할 수 없는 데 좌절감을 느끼는 시기다. 자신의 의견이 있더라도 여러 우려 때문에 표현하길 주저하며, 충돌을 피하기 위해 자신의 욕구를 부인한다. 당신은 낮은 자존심으로 자신의 의견과 감정이 가치 없다고 느낀다. 그러나 우리가 누구인지 표현할 수 없을 때 좌절의 잔재는 남는다. 일반적으로 소년들은 운동 같은 신체적 활동으로 좌절을 배출할 수 있는 데 비해 소녀들은 덜 활동적이기 때문에 이런 문제로 더욱 고통을 겪을 수 있다.

죄책감과 수치심이란 두 가지 면은 우리의 부족함을 확인시킨다. 우리는 결점이 있다고 느끼며, 이런 결점이 드러날까 우려해 우리가 진정 어떤 사람인지 들려주길 두려워한다. 그러면 수치심은 우리가 관심을 받을 만한 가치가 없다고 말하는 내부 비판으로 작용한다. 우리가 멋지거나 예쁘지도, 똑똑하지도 않기 때문에 우리의 욕구는 표현되거나 충족될 필요가 없다는 것이다. 체모를 뽑는 것에 대한 죄의식과 수치심은 이 같은 가정을 뒷받침한다.

결점이 많다는 감정은 대부분 어린 시절 무시당하거나 방치되고, 지나치게 비판을 받고, 경계가 부적절해지고, 감정적·성적 학대를 받거나, 극도로 권위적으로 양육되는 등의 학대에서 비롯된다. 종종 부모가 잘살지 못할 때 아이는 이를 부끄러워하며, 이로써 부모의 수치심이 아이에게 전이된다. 그렇게 되면 우리는 스스로 결점이 있다고 느끼며, 더한 모욕을 받을까 봐 우려해 평화를 유지하기 위해 다른 이에게 굴복한다. 이렇게 되면 우리의 삶은 다른 이를 기쁘게 하기 위한 것이 되며, 이는 우리의 욕구를 억누르게 된다.

우리가 살면서 하는 모든 것들은 이런 신뢰 시스템을 재확인하고 만들어낸다. 우리의 의지를 희생하면서 다른 사람의 의지에 끊임없이 굴복하는 것은 큰 긴장감을 자아내며, 이는 체모를 뽑으면서 경감된다. 체모를 뽑는 부위는 억압되고 좌절됐다고 느끼는 부분을 암시한다. 머리털은 사고와 생각, 음모는 성적 감정, 눈썹은 통제와 표현에 관련된 문제, 속눈썹은 다른 이들이 진정한 우리를 보지 않는 데서 비롯된 좌절감과 관련있다.

어떻게 고칠 것인가?

통상적인 치료법은 특별히 숙련된 심리학자에게 인지행동 치료를 받는 것이다. 사람들은 체모를 뽑는 행동을 유발하는 문제를 확인하고, 이를 덜 해로운 다른 것으로 대체하거나 방향을 바꾸도록 배운다. 손가락에 반창고를 붙인다거나, 털을 뽑고 싶은 욕구가 들 때 일기장에 기록을 하는 식으로 말이다. 의학적으로, '프로작' 같은 항우울제가 털을 뽑고 싶은 욕구를 줄이는 것으로 알려졌다(머리털을 뽑는 사람의 충동은 감소시켰으나, 다른 체모의 경우는 효과가 없었다). 이런 문제를 겪는 것이 혼자가 아니라는 사실을 깨닫게 되는 것도 도움이 될 수 있다.

최면술, 무술, 운동, 식단의 변화, 자신감 프로그램, 요가, 명상, 좌절과 부끄러움을 풀어내고 자신감과 의지를 높일 심리 치료 등 대체 치료법도 있다.

적절한 개입이 있다면 대부분의 사람들이 결국 체모를 뽑고 싶은 충동을 멈출 수 있다는 것은 고무적이다.

※ 여성들의 은밀한 자해법

고통과 즐거움을 동시에 누린다

종종 작은 결점을 제거하기 위해서, 반복적으로 피부를 긁거나 찌르거나 파는 습관이며 자해와 밀접하게 관련되어 있다. 대부분의 사람들은 손가락이나 손톱을 이용하며, 일부는 핀이나 가위 등을 이용하기도 한다. 심각한 경우 큰 상처나 감염을 유발할 수도 있다. 체모 뽑기처럼 피부 찌르기는 감정적 스트레스와 분노가 쌓이면서 비롯된 것으로 보인다. 이 또한 커다란 부끄러움과 죄책감을 수반하며, 때문에 사람들은 이런 행동을 인정하거나 도움을 요청하지 않는다.

여러 연구 결과에 따르면 대학생 중 4%, 피부병 환자의 2% 이상이 두드러진 흔적을 남길 정도로 피부를 찌르는 것으로 조사됐다. 체모 뽑기처럼 이 버릇도 증가세다. 대부분의 자해처럼 여성이 대부분인 것도 특징이다. 사빈 빌헬름 팀이 연구한 결과에 따르면 피부를 찌르는 사람의 87%가 여성이며, 이 중 절반 가량이 결혼한 것으로 드러났다. 이들 중 74%는 대학 졸업자였다. 이런 습관이 시작되는 평균 나이는 15세로, 다른 자해 행위처럼 환경에 따라 편차가 있었다. 피부를 쑤시는 사람의 39%는 이런 행동이 시작될 당시 여드름이나 피부와 관련된 문제를 겪고 있었다. 또한 절반 가량은 가족 중 다른 사람이 이런 행동을 하는 것으로 드러났다.

피부는 감정과 생각을 노출하는 스크린이다

피부는 신체에서 가장 넓은 기관이며 우리가 바이러스에 감염되지 않도록 보호하거나, 독소를 배출하고, 땀으로 피부의 온도를 조절하는 등 다양한 기능을 갖고 있다. 우리는 피부를 통해 세계와 어느 정도 교류를 하는 것이다.

피부를 통해 우리는 가장 깊숙한 내면을 드러낸다. 피부는 부끄럼에 불그스름해지고, 분노로 붉어지며, 두려움으로 하얗게 질리거나 땀을 흘리며, 우려할 때는 소름이 돋고, 건강할 때는 발그레하게 빛난다. 피부 접촉을 통해 우리는 다른 사람과 관계를 맺으며, 또한 피부를 통해 대화보다 더 깊은 관계를 경험하지만, 이런 접촉은 또한 우리를 약하게 만들기도 한다.

피부는 내면을 반영한다. 이 때문에 피부를 더 많이 드러낼수록 우리는 더 취약해지고, 내적인 감정을 더 노출하게 된다. 낯선 사람 앞에 알몸으로 선다는 것은 옷을 입었을 때보다 훨씬 더 상처받기 쉬운 상태다.

거짓말 탐지 테스트에서 피부의 미묘한 변화는 그 사람의 말이 진실한지 판단하기 위해 전자적으로 감지된다. 피부는 당신의 감정과 생각을 보여주는 커다란 스크린이다. 자연히 얼굴은 우리를 가장 잘 드러내는 부위이다. 우리는 스스로 되고 싶은 내면을 드러내기 위해서 얼굴을 돋보이게 만들려고 하며, 성형수술이나 화장 등에 엄청난 돈을 쓴다.

내적인 자신을 싫어한다면, 우리는 외적인 자신을 돋보이게 하려고 끊임없이 노력할 것이다. 피부를 쑤시면서 눈에 띄는 모든 결점을 없애려고 한다. 그러나 이는 더한 자국을 남기며, 우리가 완벽해질 때까지 이런 과정은 끝나지 않는다.

진정한 모습을 보여주는 것에 대한 두려움

피부는 근본적으로 경계, 의사소통과 관련된 면을 포함한다. 피부를 쑤시거나 파는 것은 피부 아래 우리를 괴롭히는 것을 제거하는 방법이다. 땀구멍이나 혹으로부터 감춰졌던 무언가를 파내는 것은 커다란 기쁨을 안긴다. 이는 지루함과 분노, 슬픔과 감정적 스트레스를 줄여준다.

피부와 관련된 문제는 세상에 우리 자신을 보여줌을 암시한다. 우리는 어떻게 해서든 결점이 적어 보이길 원하며, 이 때문에 우리의 결점을 쑤셔서 문제를 줄이려고 한다. 이런 행동을 할 때는 기분이 좋아지지만, 그 후에는 죄책감과 부끄러움이 남는다.

이는 우리가 스스로를 얼마나 싫어하며, 주변 사람들 사이에서 얼마나 고립돼 있다고 느끼는지를 말한다. 우리는 주변 사람들에게 진정한 모습을 보여주길 두려워한다. 어쩌면 이들은 우리가 가치 없다고 느끼는 감정에 동조할지도 모른다.

자존심을 회복하라

치료법은 다른 자해 습관과 비슷하다. 인지행동 치료가 이런 행동을 일으키는 원인을 찾는 데에 이용된다. 원인을 찾아낸다면 이런 행동을 대체할 만한 전략을 배우게 된다. 장갑이나 반창고 등을 쓰는 것은 감각상의 자극을 줄이는 방법이다. Stoppicking.com은 당신의 문제를 이해하고 치료를 돕기 위해 매일 지켜야 할 방법을 알려주는 웹 프로그램이다.

자기 수용, 부끄러움·죄책감 분출, 의지 개발 등을 다루는 의지 치료처럼 자아상과 자존심을 높여줄 수 있는 프로그램이 도움이 될 것이다. 신체적·감정적 유해 효과라는 측면에서 일시적인 후퇴가 있을 수도 있지만, 치료가 가능하다. 기관이나 전문가의 도움을 받는 것이 혼자서 문제를 해결하는 것보다 손쉬운 방법이 될 수 있다.

※ 습관적인 도둑질

가게 절도를 일삼는 절도범들

모든 가게가 절도를 막기 위해 엄청난 돈을 소비한다. 미국에서는 이로 인한 공공비용이 2002년 기준으로 한 해 330억 달러에 이른 것으로 조사됐다. 첨단 기술의 발달에도 문제는 지속되고 있다. 가게 절도는 작은 소매점들이 문을 닫는 주요 원인으로 여겨지며, 이는 증가하는 추세다. 나는 한때 스포츠 용품을 판매하는 회사에서 일한 적이 있다. 어느 날 한 좀도둑은 갖가지 종류의 값비싼 스포츠 패션 용품이 걸린 커다란 금속 옷걸이를 들고 나갔는데도 도둑질이 걸리지 않았다.

가게 절도의 종류는 다양하다. 10대의 비율이 25%로 넓긴 하지만 나이, 인종, 성별, 경제적 배경은 분산돼 있다.

이는 아래 원인 때문에 발생한다.

* 전문적인 절도 활동 ─ 절도로 생계를 유지한다.

* 전율 추구

* 당연한 권리 ─ 정부/세계/업체가 나를 돌볼 의무가 있다.

* 사회적·경제적 반응 ─ 사람들이 특정 물건을 살 수 없을 때

* 습관적인 도둑질

* 병적 도벽처럼, 특정 심리 문제에 대한 반응

좀도둑들의 유형에는 다른 원인이 깔려 있다. 그러나 유형이 다르다고 해도 감옥에 간다는 점은 같다.

도둑질도 이들에게는 직업

전문적인 절도는 높은 가격의 상품을 목표로 하며, 가게로 걸어 들어올 때 훔치고 싶은 물건이 무엇인지 정확하게 파악한다. 이들은 직업 대신 절도를 하거나, 마약 등을 사는 데 돈을 구하려고 도둑질을 할 수 있다. 이들은 보통 훔친 물건을 팔 수 있는 네트워크를 갖추고 있다. 이들은 체포에 저항하고 대부분 반성하지 않는다. 도둑질을 직업으로 선택한 절도범들이 만든 웹 사이트가 있을 정도다.

전율을 추구하는 절도범

십대들이 대부분 이 그룹에 들어간다. 이들에게 무엇을 훔치느냐는 그리 중요하지 않다. 훔친다는 사실이 중요하다. 훔친 물건을 갖고 간다는 것은 또래 집단에서 지위와 관련된 문제일 뿐 아니라 즐거운 전율을 안긴다. 이들은 훔치려고 가게에 들어가는 것이 아니며, 그들이 살 수 없는 물건을 구하거나 친구들 사이에서 지위를 높일 수 있는 방편으로 절도를 한다.

권리를 주장하는 절도범

이들은 사회적 규범이 자신들에게는 해당되지 않으며, 자신들이 특별하다고 느낀다. 이들은 자신들이 남보다 위에 있다고 믿는다. 법이나 규범 등은 다른 사람들이 져야 할 멍에이지 그들이 져야 할 것은 아닌 것이다. 이들은 자신들 때문에 다른 이들에게 부담이 지워진다는 것을 의식하지 못한다. 이 경우, 훔쳐간 양이 많아지면서 절도품의 가격도 오른다. 이들 중에는 원하는 것을 모두 가질 수 있는 부유한 배경을 지닌 사람들도 있다. 이들은 자신들의 행동에 책임을 질 필요가 없었기 때문에 이기적이고, 충동적이며, 미성숙한 어른으로 자랐다.

이런 범주에는 호텔 숙박비를 냈기 때문에 비치된 물품을 가지고 갈 권리가 있다고 생각하는 사람도 포함된다. 이들은 체포되어 판결 받을 때가 되어서야 정신을 차릴 것이다.

사회·정치적 책임

전형적인 '권리를 지닌 절도범'과 달리, 어떤 사람들은 어린 시절에 사랑이나 관심, 물질적 필요 등을 받지 못했다. 어른이 되어서는 어린 시절 받지 못한 것들에 대한 보상으로 무엇이든 가질 수 있다고 생각한다.

불평등한 사회에서는 가진 자와 가지지 못한 자 사이에 큰 차이가 존재한다. 동등한 교육·취업 기회를 갖지 못한 사람들은 그들이 부여받지 못한 것을 가져갈 권리가 있다고 믿는다. 이는 생존의 수단이다.

습관적인 절도범

흡연자가 담배를 피우기 원하는 것처럼, 도박사가 도박을 원하는 것처럼, 습관적인 절도범들은 알코올 중독자에게 술을 마시지 말라고 말하는 것처럼 쉽게 도둑질을 멈추지 않을 것이다. 그들은 절도를 통해 전율을 느끼고, 자신들의 기대를 저버리고 부당하게 대한 사회를 향해 복수한다. 그들이 훔치는 물건은 때로 엉뚱하다. 전율은 복수하는 데서 얻어진다. 불행히도 이런 전율은 중독성이 될 수 있으며, 처음 느낀 전율을 또다시 느끼려 하면서 거의 영구적으로 절도를 지속할 수 있다.

억압된 분노와 좌절은 다른 스트레스와 감정적 압박감처럼 도둑질을 통해 경감된다. 그러고 나서 다음 절도까지 스트레스가 다시 쌓인다. 이런 식으로 도둑질은 부정적이고 표현되지 않은 감정을 해소하는 습관적인 수단이 된다.

도벽도 병이다

절도광은 충동적으로 행동한다. 즉, 이들은 훔치려고 계획을 세우지 않으며, 별로 필요치 않은 물건을 훔치곤 한다. 가게에서 절도를 하는 사람의 5% 정도만이 이 범주에 들어간다. 이들 중에는 35세 전후의 여성이 가장 높은 비중을 차지한다. 이는 감정적 혼란에 대한 반응에 가까우며, 복수나 욕구 때문에 행해지는 것이 아니다. 절도광들은 우울증이나 분노 같은 심리적 장애로 자주 괴로워한다. 병적 도벽은 세로토닌이 부족하면 생길 수 있다. 이들은 자신들의 행동에 대해 죄책감을 거의 느끼지 않으며, 잡혔을 때는 법석을 떨며 놀란다. 이들은 긴장을 도둑질로 경감한 경험이 있을 수 있다.

창의적인 절도 방식

빈 가방은 도둑질에 쓰이는 가장 일반적인 방법이다. 일부는 좀 더 창의적으로 유모차나 우산에 물건을 밀어 넣기도 한다. 신문은 작은 물건을 훔치는 데 이용되며, 허벅지 사이에 물건을 집어넣어 빠져나가기도 한다. 온갖 물건을 이런 방법으로 훔칠 수 있다! 탈의실에서 매장의 옷을 겹쳐 입고 나가는 방법도 있다.

좀 더 뻔뻔한 도둑들은 매장 직원들이 조심스럽게 반응한다는 데 기대어 원하는 것을 그냥 가져간다. 엑스포 매장에서는 직원이 불과 몇 발짝 떨어진 곳에 서 있었는데도 컴퓨터 여러 대가 없어지기도 했다. 많은 사람들의 시선이 쏟아지는 고급차 출시 행사에서 차의 부품들이 사라진 적도 있었다.

긍정적 대체물

당신이 하고 있는 행동이 매우 해로운 것이란 점을 깨달아야 한다. 붙잡혀서 감옥에 들어가거나 사회봉사 명령을 받을 수 있다. 당신이 추구하는 것이 복수라면, 사회는 이렇게 마지막 진술을 할 것이다. 도둑질은 법이 존재하는 사회에 대해 복수하는 방법이 아니라고. 유혹이 느껴진다면, 체포되는 자신의 모습이나 그것이 당신과 사랑하는 사람들에게 미칠 영향을 그려보라. 도둑질을 일으키는 우울증이 당신에게 있을지도 모른다. 붙잡히기 전에 도움을 구하라. 도둑질을 대체할 만한 긍정적인 방법을 찾는 것도 방법이 될 수 있다.

다른 사람의 습관은 눈에 잘 들어온다. 다리를 떨거나, 펜 뚜껑을 물어뜯고, 말을 더듬는 등 다른 이의 습관은 금방 눈에 띈다. 그러나 정작 본인이 갖고 있는 버릇은 눈치채기 쉽지 않다. 긴장하면 손가락으로 탁자를 두드리거나 눈을 깜박인다거나 머리카락을 꼬는 것처럼, 자신이 무의식적으로 하는 행동은 잘 인지하지 못하는 경우가 많다.

우리는 자신이 어떤 행동을 하는지, 왜 그런 행동을 하는지 고민하지 않고 습관을 지속한다. 안 좋은 습관을 반복함으로써 자신의 건강이나 인간관계에 악영향을 끼치고, 다른 이에게 불쾌감을 줄지라도 쉽게 변화하지 못한다. 자신은 비정상적인 행동을 하지 않는다고 자신 있게 말할지도 모른다. 그러나 친구나 동료, 가족에게 당신의 습관에 대해 물어보라. 그들은 당신이 미처 인지하지 못하던 습관을 알려줄 것이다.

《습관의 탄생》은 우리 자신과 주변 사람들이 갖고 있는 습관을 발견할 수 있도록 해주며, 왜 그런 행동을 하는지 분석한다. 저자 앤 가드는 잘 보이지 않는 것이 잘 보이는 것에 영향을 미친다고 말한다. 안 좋은 습관을 갖고 있다는 것은 우리 자신이 균형 잡힌 상태가 아니라는 암시이며, 삶의 어떤 부분에 제대로 대처하지 못하고 있음을 의미한다고 주장한다. 습관이 반복되는 것은 우리가 여전히 과거 어딘가에 머물러 있음을 뜻하며, 현재를 온전히 살기 위해 과거의 문제를 정리할 필요가 있다고 강조한다.

왜 습관이 생겨나는가? 습관은 우리를 초조하게 만드는 분노, 두려움, 질투, 열망 등 감정적 유인과 연관되어 있다. 우리는 의식적으로 어떤 행동을 하고, 그것이 감정을 완화하는 데 도움이 된다는 것을 알게 된다. 이후 같은 압박을 받을 때마다 자연스레 같은 행동을 반복하게 된다. 머지않아 그런 행동은 특정 상황에 대한 상습적인 반응으로 굳어진다.

일반적으로 부정적인 행위를 반복하게 만드는 것은 스트레스다. 두려움이나 분노, 질투, 근심 등 여러 감정적인 요소는 스트레스를 유발하고, 이는 우리가 특정한 방식으로 행동하게 만든다. 감정을 자연스레 발산하지 않고 억누를수록 이는 더욱 습관으로 발현된다. 따라서 습관을 들여다보기 위해서는 스트레스뿐 아니라 스트레스를 일으키는 감정적인 원인을 살펴볼 필요가 있다.

습관을 바꿔야 할 필요가 있을까? 자신의 습관을 잘 인지하지 못하고, 설령 습관을 자각하고 있더라도 이를 심각하게 받아들이지 않는 사람들은 굳이 습관을 파헤치고 그 근저의 원인을 분석할 이유가 있냐고 강변할지도 모른다. 저자는 습관을 이해함으로써 스스로가 어떤 사람이며 어떤 상처를 털어버려야 하는지 자각할 수 있다고 답한다. 이러한 자각은 과거의 상처에서 벗어나 성장할 수 있는 동력을 제공할 것이라고 밝힌다.

《습관의 탄생》은 습관을 고칠 수 있는 기술적인 방법을 알려주지 않는다. 이 책은 습관이 발달하는 정신적·심리적 원인을 살펴본 후, 이를 건전한 방향으로 풀어내는 것을 우선적인 방안으로 제시한다. 저자는 오랜 상담 경험을 통해 얻은 실제 사례를 통해 생생한 정보를 제공한다. 그가 지적하는 습관의 유형은 다양하다. 씹기, 이갈이, 빨리 먹기 등 입과 관련한 행동, 노출증이나 관음증 같은 성적 행동, 건망증이나 요실금처럼 나이가 들어가면서 생기는 버릇, 빨리 말하기와 더듬거리기, 수다 등 말하기와 관련된 습관, 머리를 부딪치거나 이불에 오줌을 싸는 것 같은 아이들의 습관, 지체와 거짓말, 자해 등 다양한 습관을 살펴보고 그런 습관이 왜 발달하는지, 우리 내적으로 어떤 문제가 있는지 고찰한다.

역자도 이 책을 읽기 전에는 스스로 그리 나쁜 습관이 없다고 생각했다. 하지만 책을 한장 한장 넘길수록 습관이라 생각하지 않았던 내 습관들이 적시됐고, 그 원인이 모습을 드러냈다. 평소에는 잘 나타나지 않다가 당황할 때나 좌절할 때마다 발현되는 행동도 여럿 있었다. 내 가까이 있는 사람들의 행동도 이 책이 제시한 목록에 들어가 있었다. 이 책을 통해 습관의 근저에 어떤 감정적·심리적 유인이 있는지 들여다볼 수 있었고, 나와 다른 이들이 왜 그런 행동을 하는지 조금이나마 이해할 수 있었다.

변화에 부딪힐수록 배울 수 있는 기회가 많아진다. 평온하고 순탄

할 때가 아니라, 변화에 직면했을 때 우리는 감정적·정신적으로 성장한다. 이 책은 정체돼 있는 자신을 성장시키겠다는 의지로 변화를 적극적으로 끌어안고 용기 있는 발걸음을 내디디라고 독려한다. 습관이 무언가를 바꿀 수 있는 기회를 주며, 긍정적인 변화를 이끌어낼 수 있는 잠재력을 가지고 있다고 강조한다.

한상덕

습관의 탄생

초판 1쇄 인쇄 · 2021년 10월 15일
초판 1쇄 발행 · 2021년 10월 22일

지은이 · 앤 가드
옮긴이 · 한상덕
펴낸이 · 김형성
펴낸곳 · (주)시아컨텐츠그룹
편 집 · 강경수
디자인 · 이종헌
인쇄제본 · 정민문화사

주 소 · 서울시 마포구 월드컵북로5길 65 (서교동), 주원빌딩 2F
전 화 · 02-3141-9671
팩 스 · 02-3141-9673
이메일 · siaabook9671@naver.com
등록번호 · 제406-251002014000093호
등록일 · 2014년 5월 7일

ISBN 979-11-88519-30-9 (03190)